Vincenzo Vozza

Valentin Krautwald
(1490-1545)
La Riforma in Slesia tra ermeneutica biblica e radicalismo teologico

Firenze
Edizioni CLORI
MMXVIII

Studi storici, filologici e letterari

La collana *Studi storici, filologici e letterari* pubblica – in formato *ebook*, secondo i principi del *gold open access*, e cartaceo – saggi, edizioni e monografie di ambito storico e filologico-letterario. La collana dispone di comitato scientifico internazionale. Le proposte di pubblicazione sono sottoposte a *double-blind peer review*. Tutte le opere della collana sono disponibili al *download* gratuito sul sito internet dell'editore, a cui si rimanda per ogni informazione. http://www.edizioniclori.it

Edizioni CLORI

ISBN 978-88-942416-6-2

In copertina: *Nissa Silesior Sedes Episcopalis - Liginicium*, de *Théatre des Principales Villes de tout l'Univers*, ed. Georg Braun & Franz Hogenberg, Cologne, Chez Abraham Hogenberg, 1618, vue n° 18.

Non moriar, sed vivam
et narrabo opera Domini

Ps. CXVIII, 17

Indice

Introduzione

Lo studio della Riforma in Slesia è stato fino ad oggi appannaggio di una scuola interpretativa che ha sede oltreoceano, in Pennsylvania, soprattutto in relazione agli eventi di cui è stata teatro in seguito alla vittoria del luteranesimo sui gruppi radicali.

Gli storici della regione hanno affrontato lo studio di fonti di un territorio complesso, un mosaico di culture, lingue e tradizioni che si situano in una zona di confine: troppo tedesca per aspirare a diventare territorio polacco, troppo slava per rappresentare degnamente la cultura germanica.

Valentin Krautwald è figlio di questa realtà: un uomo che ha trascorso la propria vita nel dubbio sull'oggetto della propria fede, nel timore di tradire gli insegnamenti della Sacra Scrittura, disposto ad abdicare alla propria scienza, allo studio delle *humanae litterae*, pur di trovare la salvezza.

Krautwald è un nome che – come vedremo – la storiografia ha inevitabilmente studiato in relazione al più noto ispiratore della *Via Media*, Caspar Schwenckfeld von Ossig, gli studi sul quale hanno ben tratteggiato la personalità: un entusiasta, di nobile famiglia, vicino alle posizioni di Andrea Carlostadio e Thomas Müntzer, dapprima luterano e poi zwingliano, ispiratore di un gruppo di spirituali in Slesia. La sua figura è stata studiata, e celebrata, a tal punto da mettere in ombra, fino ad anni recenti, l'autonomia di pensiero e azione dei suoi collaboratori. E per questo motivo, in questo studio, si è deciso di lasciarlo sullo sfondo di tutta la trattazione, per lasciare emergere l'originalità di chi, nel contesto della riforma religiosa, può senz'altro averlo influenzato e ispirato.

Un secondo tratto che caratterizzerà questo lavoro è la lunga ricostruzione storica che occuperà la prima parte: si sono voluti cercare nella formazione dell'identità della Slesia, nella storia culturale di questa regione, gli elementi che possono aver contribuito alla costruzione di una personalità teologica *borderline*, difficilmente inquadrabile negli standard della Riforma protestante. Non solo quindi le guerre hussite, fenomeno religioso che ha segnato la storia della Slesia nel tardo Medioevo, ma anche il rapporto con la cultura tedesca (il fenomeno dell'*Ostsiedlung* culturale), con Roma e le comunità ebraiche, l'economia e il fiorire dell'umanesimo accademico.

L'autonomia religiosa della Boemia, regno di cui era parte, seppur con una certa indipendenza, la Slesia, ha favorito lo sviluppo di personalità meno legate all'ortodossia come il vescovo Thurzo, vescovo, mecenate e filantropo della città di Breslau, e grande catalizzatore degli interessi dell'élite culturale.

È in questo contesto che si forma l'identità di Valentin Krautwald, e sempre in questo ambiente, lontano dalle formalità del curialismo romano, ma intriso di spiritualità, che avrà modo di produrre opere fondamentali per la costituzione di un movimento religioso come quello degli spirituali slesiani. Che, a cinquecento anni di distanza, sopravvive nella giovane *Schwenckfelder Church*, residente negli Stati Uniti[1]. Poco meno di millecinquecento anime che, nel secolo della globalizzazione e dei grandi cambiamenti che stanno coinvolgendo il mondo della Riforma, alle soglie del primo Cinquecentenario (nel 2017), ancora professano e difendono gli insegnamenti ricevuti, per ispirazione, la notte del 16 settembre 1525 da Valentin Krautwald, che nel timore "di indurre molti alla bestemmia e lasciare altri nell'ignoranza" (cit.), trascorse un mese, ininterrottamente, a studiare la Scrittura per restituire alla Chiesa la verità delle parole di Cristo.

---

[1] Samuel K. Brecht, *"Supplementary History—The First Schwenkfelder Church of Philadelphia,"* The Genealogical Record of the Schwenkfelder Families, Board of Publications of the Schwenkfelder Church, Pennsburg 1923.

Al termine della trattazione storica analizzeremo un'opera minore, appartenente al genere della finzione epistolare, tralasciata dalla storiografia, ma importante per conoscere il pensiero umanistico e le capacità filologiche di Krautwald, il *De Caena dominica et verbis Caenae epistolae due*, soprattutto la prima delle due lettere, indirizzata all'amico Matthias Funck.

Una Riforma, quella in Slesia, che ha visto in Krautwald un ermeneuta, un *grammaticus*, non solo esperto delle strutture sintattiche delle lingue classiche, ma anche un erudito: questo studio pertanto risponde non solo alle esigenze di una ricostruzione storica, mettendo in luce le dinamiche evenemenziali e di lungo periodo che hanno coinvolto la Slesia tra la fine del Medioevo e la metà del Cinquecento, ma affronta anche la storia del pensiero teologico occidentale e di come questo abbia influito nella formazione del potere dominante e abbia influenzato, a modo suo, i mutamenti politici e sociali.

Del *De Caena Dominica* e del MS 718, dove è contenuta la biografia di Krautwald scritta da Adam Reissner, si dà una traduzione a cura dell'Autore.

Indice delle abbreviazioni

ADB «Allgemeine Deutsche Biographie», hrgb von der Historischen Kommission bei der Bayerischen Akademie der Wissenschaften, voll. 1-38, Munchen - Leipzig, Duncker & Humblot, 1875-1912.

BBLK «Biographisch-Bibliographisches Kirchenlexikon», Brbt/hrsg von Friedrich Wilhelm Bautz, voll. 14 (+ 16 supp.). Hamm, Bautz, 1975-2013.

CS «Corpus Schwencklfeldianorum», a cura di Chester David Hartranft, Elmer Ellsworth Schultz Johnson, Selina Gerhard Schultz, voll. 1-18, Leipzig - Pennsburg, Breitkopf & Härtel - Board of Publication of the Schwenckfelder Church, 1907-1961.

DBI «Dizionario Biografico degli Italiani», voll. 1-81, Roma, Istituto dell'Enciclopedia Italiana, 1925-2014.

NDB «Neue Deutsche Biographie», hrgb von der Historischen Kommission bei der Bayerischen Akademie der Wissenschaften, voll. 1-24, Berlin, Duncker & Humblot, 1953 – 2015.

PG «Patrologia Graeca», Jacques-Paul Migne, *Patrologiae cursus completus. Series Graeca*, voll. 1-161, Paris, 1856-1866.

PL «Patrologia Latina», Jacques-Paul Migne, *Patrologiae cursus completus. Series Latina*, voll. 1-221, Paris, 1844-1864.

Per le citazioni bibliche si è scelto di utilizzare come traduzione italiana di riferimento, qualora non specificato diversamente, la *Bibbia di Gerusalemme*, edizione italiana e adattamenti a cura di un gruppo di biblisti italiani, testo biblico de *La Sacra Bibbia* della CEI, "editio princeps" 2008, note e commenti de *La Bible de Jérusalem* (nuova edizione 1998), Bologna, EDB, 2009. Per il testo latino della Bibbia si è invece utilizzata la *Nova Vulgata Bibliorum Sacrorum Edtio. Editio typica altera*, Città del Vaticano 1979 (URL: http://www.vatican.va/archive/bible/nova_vulgata/documents/ nova-vulgata_index_lt.html)

Capitolo I
Il panorama bibliografico della Riforma in Slesia

1. "Cristiani senza chiesa". Storiografia di un movimento spirituale

Per uno studio della personalità e del pensiero teologico di Valentin Krautwald non si può prescindere dal contesto storico nel quale lo slesiano si trova a vivere, né tantomeno dalla cultura religiosa che inevitabilmente lo oltrepassa e che diventa predominante negli studi di settore.

Avvicinare la figura di Krautwald significa innanzitutto comprendere quali siano le vicende che in un arco temporale di quasi un secolo coinvolgono la Bassa Slesia, una regione contesa nel più ampio panorama europeo tra la Polonia e la Boemia, ma profondamente divisa al suo interno in complesse dinamiche dinastiche, che fanno del territorio un mosaico di realtà differenti.

Valentin Krautwald si situa proprio in questo contesto. Senza anticipare quanto verrà esposto *infra* sulla ricostruzione biografica dell'autore, il teologo slesiano sarebbe nato tra il 1465 e il 1490 – una forbice temporale molto discussa nella bibliografia recente – e sarebbe deceduto, con molta più certezza, nel 1545. Contemporaneo di Martin Lutero e di altre personalità legate alla riforma religiosa del primo Cinquecento, il nome di Krautwald tuttavia è inscindibilmente unito, nella bibliografia, alla formazione del primo nucleo di quella che diverrà la Chiesa Schwenckfeldiana, e quindi a Caspar Schwenckfeld von Ossig.

Il pensiero teologico di Krautwald si sviluppa seguendo una linea parzialmente indipendente da quella delle grandi correnti della Riforma, i cui princìpi possono essere ricondotti alla grande famiglia della riforma radicale. Dopo la pubblicazione nel 1962 di quella che si può considerare la pietra miliare per gli studi dei movimenti interni al radicalismo, *The Radical Reformation*[2] di George Huntston Willams la storiografia sull'argomento ha fatto un significativo passo in avanti verso la comprensione delle divisioni interne ad esso, divisioni che l'autore aveva proposto, cristallizzandole, nei tre movimenti maggiori dell'anabattismo, dello spiritualismo e del razionalismo[3].

Una divisione che, allora sufficiente per orientarsi negli studi, aveva tuttavia irrigidito le personalità degli autori che animavano ogni movimento delle origini, indebolendo le caratteristiche specifiche per mettere invece in evidenza quanto poteva accomunarli. Lo studio di Williams pertanto dovette essere integrato da due approfondimenti successivi, quello di Walter Klaassen che già nel 1963 mise in guardia gli studiosi da questa prospettiva nel suo contributo *Spiritualization in Reformation*; e lo studio di Hans Jürgen Goertz, *Profiles of Radical Reformers*, nel quale l'autore presentò, a vent'anni di distanza, una bibliografia aggiornata[4].

---

[1] L'edizione di riferimento è George Huntston Williams, *The Radical Reformation*, Westminster Press, Philadelphia 1992[3].

[3] Per un approfondimento sull'argomento si veda almeno il recente saggio di Mario Biagioni – Lucia Felici, *La Riforma radicale nell'Europa del Cinquecento*, Laterza, Roma-Bari 2012 con discussione della bibliografia precedente. Si veda anche Geroge Hunston Williams – Angel M. Mergal, *Spiritual and Anabaptist Writers: Documents illustrative of the Radical Reform*, Westminster John Knox Press, Louisville 1957.

[4] Si veda Walter Klaassen, *Spiritualization in Reformation* in «Mennonite Quarterly Review», 37, 1963, pp. 67-77 e Hans-Jürgen Goertz, *Profiles of Radical Reformers*, Herald Press, Kitchener 1982, in particolare le pp. 9-24.

Chi non godette appieno dell'apertura degli studi sullo spiritualismo radicale, soprattutto dopo il nuovo approccio introdotto dagli autori citati, fu proprio il movimento legato fino a quel momento alla personalità di Schwenckfeld. Il primo autore ad occuparsene in modo monografico fu Horst Weigelt, nel 1973, che pubblicò un volume, *Spiritualistische Tradition im Protestantismus. Die Geschichte des Schwenckfeldertums*, seguito successivamente dalla pubblicazione di Robert Emmet McLaughlin, *Caspar Schwenkfeld, Reluctant Radical*[5], nel 1986, sul quale si avrà modo di tornare.

La vita e il pensiero di Schwenckfeld, che precede nella notorietà la personalità di Krautwald, hanno sofferto per lungo tempo il pregiudizio degli storici e persino degli archivisti; i contributi più significativi della storiografia americana e tedesca tesero tutti alla sua riabilitazione, primi fra tutti quelli di Chester David Hartranft (1839-1914)[6] e del suo contemporaneo Gerhard Eberlein (1858-1923)[7].

Hartranft fu il fondatore e l'editore del più grande progetto storiografico e bibliografico riguardante Schwenckfeld e il movimento di cui fu ispiratore. Insieme ad Howard Kriebel collazionò tutto il materiale riguardante la genesi e lo sviluppo del movimento, rac-

---

[5] Si veda Horst Weigelt, *Spiritualitische Tradition im Protestantismus. Die Geschichte des Schwenckfeldertums*, De Gruyter, Berlin 1973 e Robert Emmet McLaughlin, *Caspar Schwenkfeld, Reluctant Radical*, Yale University Press, New Heaven 1986.

[6] *Hartranft, Chester David* in *Encyclopedia Americana*, The Encyclopedia Americana Corporation, 13, 1919, p. 742.

[7] Per un riferimento biografico sullo storico e teologo tedesco si veda Paul Gerhard Eberlein, *Prägend in der schlesischen Kirche. Ein Erinnern an Superintendent D. Gerhard Eberlein zu seinem 150. Geburtstag* in «Schlesischer Gottesfreund», 59, 2008, pp. 183-184.

cogliendoli in XIX volumi che compongono il *Corpus Schwenfeldianorum*[8]; l'opera venne cominciata nel 1884 – e più precisamente dal 27 ottobre, in seguito ad una lettera circolare[9] con la quale Hartranft comunicava alle comunità schwenckfeldiane la sua intenzione di pubblicare la monumentale opera del fondatore – in occasione del centocinquantesimo anniversario dell'emigrazione dei seguaci del riformatore slesiano in Pennsylvania, e portata a termine nel 1961 con un avvicendamento di nomi illustri della storiografia di settore nella redazione.

È nell'introduzione dell'opera che Hartranft denuncia il pregiudizio storiografico nei confronti di Schwenckfeld e della tradizione spiritualista, pregiudizio sedimentato nella formazione culturale tedesca e slesiana, mettendo in evidenza uno sdegno diffuso degli storici, motivato soltanto dalla tradizione poco scientifica e generalmente prodotta nell'ambito dell'accademismo luterano ortodosso. Storici e archivisti formati in quell'ambiente consideravano il riformatore slesiano soltanto in relazione all'approssimazione o alla divergenza da Lutero, o ai riferimenti occasionali ai teologi di Strasburgo o svizzeri.

---

[8] *Corpus Schwenkfeldianorum*, a cura di Chester David Hartranft, Elmer Ellsworth Schultz Johnson, Selina Gerhard Schultz, Breitkopf & Härtel - Board of Publication of the Schwenckfelder Church, Leipzig - Pennsburg 1907-1961 [= d'ora in poi, *CS*].

[9] Si veda a tal proposito Wayne Kyrel Meschter, *Schwenckfelders in the Twentieth Century*, Schwenckfelder Library, Pennsburg 1984, con particolare attenzione al II^ capitolo; sull'emigrazione della comunità dalla Slesia si vedano Howard W. Kriebel, *The Schwenckfelders in Pennsylvania*, Pennsylvania German Society, Lancaster 1904, pp. 31-54 e il più recente Horst Weigel, *Von Schlesien nach Amerika. Die Geschichte des Schwenckfeldertums*, Bölhau Verlag, Köln 2007.

Ma non erano gli unici: anche i riformatori a lui contemporanei ne criticavano il metodo e la devianza dall'azione riformatrice e dal pensiero teologico dell'agostiniano di Wittenberg[10].

La rivendicazione di una posizione non solo neutrale ma soprattutto scientifica nello studio delle fonti primarie relative alla costituzione della Chiesa Schwenckfeldiana, portata avanti da Hartranft e dal suo imponente progetto editoriale, aprì la strada agli storici verso una ricerca delle affinità tra il pensiero dello slesiano e i capisaldi del pietismo[11]. Due autori del secolo XVIII vengono portati alla luce come difensori del pensiero schwenfeldiano: Gottfried Arnold[12] e Christian August Salig[13]. Il primo ebbe il merito di riabilitare Schwenckfeld tra le figure minori ma fondamentali della Riforma nell'opera *Unparteiische Kirchen und Ketzer-Historie[14]* del 1699,

---

[10] Si veda CS, *Introduction*, vol. I, pp. LV. Melantone criticava Schwenkfeld soprattutto poiché quest'ultimo non scrisse mai un'opera simile ai *Loci Communes*, che il teologo tedesco aveva concepito per condensare il pensiero di Lutero. Le critiche postume hanno come promotori nomi poco conosciuti della Riforma protestante, quali Johann Wingand, Jacob Heilbrunner e Veit Ludwig von Seckendorf. Per una bibliografia generale si rimanda a Gottfried Maron, *Einleitung: Die Gestalt Schwenkfelds im Spiegel der teologischen Literatur seit der Ortodoxie* in *Individualismus und Gemeinschaft bei Caspar von Schwenckfeld*, a cura di Gottfried Maron, Evangelisches Verlagswerk, Stoccarda 1961, pp. 10-34, p.13.

[11] Per un approfondimento sul pietismo e in particolare sulla posizione di questo movimento in relazione alla chiesa luterana, dalla quale si discostava, si veda Yeide Herry, *Studies in classical pietism: the flowering of the ecclesiola*, Peter Lang, New York 1997; Dale Brown, *Understanding Pietism*, Evangel Publishing House, Nappanee 1996; Douglas H. Shantz, *An Introduction to German Pietism: Protestant Renewal at the Dawn of Modern Europe*, Johns Hopkins University Press, Baltimore 2013.

[12] Gerhard Dünnhaupt, *Gottfried Arnold* in *Personalbibliographien zu den Drucken des Barock,* Hiersemann, Stuttgart 1990, vol. 1, pp. 314 – 352.

[13] Richard Hoche, *Salig, Christian August* in ADB, 30, 1890, p. 231.

[14] Gottfried Arnold, *Unparteiische Kirchen und Ketzer-Historie*, Fritsch, Leipzig und Frankfurt am Main 1699.

mentre il secondo fu considerato per quasi due secoli l'unico grande riferimento imparziale per la ricostruzione della biografia e del pensiero di Schwenckfeld[15].

Le basi poste da Arnold e Salig, il progetto editoriale di Hartfranft e il ritrovato interesse per l'oggettività storica nell'ambito degli studi religiosi hanno portato una prima generazione di studiosi ad occuparsi in modo intensivo di molti aspetti diversi riguardanti Schwenckfeld e il suo movimento. Il *Corpus* dava la possibilità di studiare le fonti in relazione soprattutto alla produzione letteraria di altri riformatori, primo fra tutti di Lutero, ma permise anche la conoscenza di personalità fino a quel momento ignorate o subordinate alla grande storia. Tra questi, Valentin Krautwald.

Terminando questa breve nota sullo stato attuale degli studi su Schwenckfeld e Krautwald, non si possono ignorare i nomi di alcuni grandi studiosi che si sono imposti per la quantità di contributi ma soprattutto la ricerca di scientificità nel panorama degli studi, costituendo la prima generazione, gli epigoni della riabilitazione storiografica del movimento di riforma slesiana: Selina Schultz, che nel 1946 pubblicò una prima biografia[16] di Schwenckfeld basata completamente sulle fonti del *Corpus*, di cui era divenuta anche curatrice; ma anche Karl Ecke[17], il già nominato Gottfried Maron,

---

[15] *CS* I, *Introduzione*, p. LXV; si veda Christian August Salig, *Vollständige Historie der Augspurgischen Confeßion und derselben Apologie,* Halle 1730.

[16] Selina G. Schultz, *Caspar Schwenckfeld von Ossig,* The Board of the publications of the Schwenckfelder Church, Norristown 1946.

17 Karl Ecke, *Schwenkfeld, Luther und der Gedanke einer apostolischen Reformation*, Martin Warnck, Berlin 1952.

Paul Maier[18], Eric Gritsch[19], Joachim Seyppel[20] e George Hunston Williams, dal quale avevamo cominciato[21].

La seconda generazione di studiosi di Schwenckfeld e della riforma radicale che prese avvio dalla sua formulazione teologica, comprende quattro nomi estremamente importanti soprattutto per l'attenzione che hanno prestato alle personalità fino a quel momento ritenute secondarie o marginali nel contesto generale.

Il primo è Horst Weigelt che nel 1973 pubblicò il suo studio *Spiritualitische Tradition im Protestantismus. Die Geschichte des Schwenckfeldertums* seguìto, nel 1985, dal monografico *The Schwenckfelders in Slesia*[22]. Weigelt è anche uno dei primi a studiare singolarmente Valentin Krautwald in relazione al movimento spiritualista nel saggio

---

18 Paul L. Maier, *Caspar Schwenckfeld on the person and work of Christ: a study of Schwenckfeldian theology at its core*, Van Gorcum, Assen 1959. Maier enfatizza il cristocentrismo del pensiero del riformatore slesiano, suggerendo che il centro della sua teologia non sarebbe l'eucaristia e l'idea di chiesa, ma le dottrine concernenti la persona e l'opera di Cristo.

19 Eric W. Gritsch, *Fortress Introduction to Lutheranism*, Augsburg Fortress, Minneapolis 1959.

20 Joachim Seyppel, *Schwenckfeld, Knight of Faith*, Schwenckfelder Library, Pennsburg 1961.

21 In particolare Maron, Seyppel e Williams osservarono che, basandosi proprio sullo studio delle fonti primarie, Schwenckfeld fosse più vicino all'anabattismo di Pilgram Marpeck piuttosto che allo spiritualismo di Sebastian Franck, con i quali lo slesiano si trovò in diverse occasioni a confrontarsi. Questo dibattito interpretativo fu oggetto di molte critiche, poiché lo stesso Williams fu ritenuto incapace di argomentare in modo fluido la personalità dello slesiano nel contesto in cui si trovava ad operare (si veda in tal caso l'*Introduzione* a cura di Peter C. Erb, al volume di Selina Schultz, *Caspar Schwenckfeld von Ossig, Pennsburg*, The Board of the publications of the Schwenckfelder Church, Pennsburg 1972, pp. VIII-XIX). Per una bibliografia sull'attuale stato del dibattito si veda John Roth – James Stayer, *A Companion to Anabaptism and Spiritualism, 1521-1700*, Brill, Leiden 2007.

22 Horst Weigelt, *The Schwenkfelders in Silesia*, trans. Peter C. Erb, Schwenckfelder Library, Pennsburg 1985.

Valentin Krautwald: Der führende Theologe des frühen Schwenckfeldertums[23] per la collana *Bibliotheca Dissidentium*, diretta da André Séguenny dell'Università di Strasburgo. Un secondo nome è quello di Robert Emmet McLaughlin, il quale, sulla stessa linea interpretativa di Weigelt, non solo considerò il contesto nel quale Caspar Schwenckfeld visse e sviluppò il proprio pensiero, ma studiò anche il retroscena politico e il panorama culturale, confrontando le oscillazioni del pensiero del riformatore slesiano con glie eventi della microstoria. La bibliografia di Emmet McLaughlin è molto estesa, e si sviluppa soprattutto in articoli specialistici e voci enciclopediche. Per la serie della *Bibliotheca Dissidentium* si ricorda il contributo *The Freedom of the Spirit, Social Privilege, and Religious Dissent: Caspar Schwenckfeld and the Schwenckfelders*[24]. Il terzo nome è quello di Peter Erb, il quale nel 1985 si occupò della personalità storica e teologica di Valentin Krautwald con un volume per la *Bibliotheca Dissidentium*[25] e con altri contributi che verranno presi in considerazione in questo studio. A Peter Erb si deve soprattutto la curatela di un volume miscellaneo pubblicato in occasione della settimana di studi su Schwenckfeld e il movimento radicale del 1984, *Schwenckfeld and Early Schwenckfeldianism*[26]. Ultimo è Edward J. Furcha, che, come si avrà modo di esporre successivamente, centrò il suo studio sul concetto distintivo della teologia schwenckfeldiana, quello di "homo

---

[23] Horst Weigelt, *Valentin Krautwald: Der führende Theologe des frühen Schwenckfeldertums*, in *Bibliotheca Dissidentium, Scripta et Studia,* vol. 1, Koerner, Baden-Baden 1983, pp. 175-190.

[24] Robert Emmet McLaughlin, *The Freedom of the Spirit, Social Privilege, and Religious Dissent: Caspar Schwenckfeld and the Schwenckfelders* in *Bibliotheca Dissidentium* (Scripta et Studia, 6), Koerner, Baden-Baden 1996.

[25] Peter C. Erb, *Valentin Crautwald* in *Bibliotheca Dissidentium* (Scripta et Studia, 6), Koerner, Baden-Baden 1985.

[26] *Schwenckfeld and Early Schwenkfeldianism*, ed. Peter C. Erb, Schwenkfelder Library, Pennsburg 1986.

novus", in contrasto con la dottrina luterana della giustificazione, nel saggio *Schwenckfeld's Concept of the New Man*[27].

Possiamo individuare una terza generazione di studiosi, momentaneamente rappresentata da due nomi significativi nel settore degli studi teologici: Hans Martin Rothkegel e Douglas Howard Shantz. Il primo, dopo gli studi di filologia classica, teologia protestante e pedagogia, completati ad Amburgo nel 1996, ha proseguito i suoi studi post-laurea in teologia presso la Karlsuniversität di Praga e ha conseguito il dottorato in scienze teologiche. L'argomento della sua tesi fu *Die Nikolsburger Reformation 1526–1535: Vom Humanismus zum Sabbatarismus*. Attualmente si sta occupando in alcuni contributi scientifici di Schwenckfeld e Krautwald in relazione all'anabattismo di Pilgram Marpeck[28].

Douglas Howard Shantz invece, dopo la discussione della tesi di dottorato alla Waterloo University nel 1986 con uno studio sull'opera *Cognitio et communicatio Christi interna* di Valentin Krautwald, ha ottenuto la cattedra di 'Storia del pensiero cristiano' presso la Calgary University, continuando ad occuparsi del Nostro in molti dei suoi studi successivi che costituiscono la bibliografia secondaria di riferimento più aggiornata per questo studio[29].

---

[27] Edward J. Furcha, *Schwenckfeld's Concept of the New Man*, Board of the Publications of the Schwenckfelder Church, Pennsburg 1970.

[28] Hans Martin Rothkegel, *Ein Aktenstück zur Biographie Caspar Schwenckfelds*, in «Archiv für Reformationsgeschichte», 91, 2000, pp. 373–376.

[29] I due contributi a cui si devono gran parte delle informazioni generali e che rappresentano le linee interpretative della biografia e del pensiero di Valentin Krautwald sono Douglas H. Shantz, *Crautwald and Erasmus: a Study in Humanism and Radical Reform in Sixteenth Century Silesia*, Koerner, Baden-Baden 1992; Id., *The Crautwald-Bucer Correspondence 1528: a Family Feud within the Zwingli Circle*, in «The Mennonite Quarterly Review», 68, 1994, pp. 78-94; oltre a questi, si ringrazia l'autore per la messa a disposizione di una copia dattiloscritta della tesi di dottorato, *"Cognitio et Communicatio Christi Interna": The Contribution of Valentine*

1.1 La sintesi storiografica del pensiero di Schwenckfeld: gli autori citati

Gli autori citati fino a questo punto, oltre ad aver studiato le fonti primarie riguardanti Caspar Schwenckfeld e ad averle interpretate alla luce degli eventi storici e degli sviluppi teologici della Riforma, hanno anche contribuito a delineare i capisaldi del pensiero del riformatore slesiano in continuità con la chiesa che in Pennsylvenia, negli Stati Uniti, lo rivendica come padre fondatore. L'esposizione che segue tiene in considerazione la sintesi di una voluminosa bibliografia che gli stessi autori hanno per lo più condensato nelle pagine introduttive dei loro contributi, con la netta consapevolezza che la formazione così recente del *Corpus* lascia spazio ancora a novità interpretative e a ripensamenti.

Prima di approfondire la biografia e il pensiero di Valentin Krautwald, che sarà oggetto prevalente di questo studio, si vede necessario almeno esporre brevemente le posizioni degli autori dai quali si trarranno le informazioni e di cui si adotteranno le linee interpretative. Infatti, malgrado Krautwald preceda il più noto pensatore slesiano e sembri essere l'architetto della costruzione teologica schwenckfeldiana, viene oltrepassato nella notorietà e nella rilevanza teologica. Il presupposto fondamentale di questa sezione è pertanto quello di mettere in evidenza il pensiero di Schwenckfeld per studiare, successivamente, dove abbia subìto l'influenza di Krautwald o dove invece sia stato d'ispirazione per quest'ultimo.

Crautwald to 16th century Schwenckfeldian Spiritualism, PhD thesis, University of Waterloo, 1986.

1.2.1 La prima generazione: Hartranft, Schultz, Maron e Maier

Nel saggio introduttivo che apre il primo volume del *Corpus*, Hartranft sostiene che il primo dogma del pensiero schwenckfeldiano sia l'individualismo (*Individualismus*) ovvero la relazione intima ed immediata dell'uomo con Dio. L'intimità e l'immediatezza – nel significato più forte di *non-mediato* – genera la libertà morale della coscienza nella religione e sottolinea l'importanza della Parola interiore che esalta lo spirito oltre la lettera. L'intimità è la dimensione che permette quindi all'uomo di diventare totalmente servo di Cristo pur restando libero. L'intimità è poi rappresentata dal sapere del cuore, che rappresenta una conoscenza libera e immediata di Cristo, affrancata dalle strutture clericali, istituzionali e liturgiche[30].

Selina Schultz considera l'intimità come la possibilità per l'uomo di rendere la propria vita una sola cosa con Dio, costruendo così un cristianesimo personale che si arricchisce delle singole esperienze di vita. La somma di tutta la dottrina schwenckfeldiana, che ha la pretesa di essere anche la somma del cristianesimo originario, è la vera conoscenza di Cristo[31]. La riforma di Schwenckfeld pertanto è basata sulla conoscenza di Cristo attraverso l'interpretazione delle Scritture secondo lo Spirito, la libertà del cristiano sotto la guida dello Spirito stesso, la fede e una coscienza libera[32].

L'individualismo è anche il punto cardine dello studio di Maron *Individualismus und Gemeinschaft*. Esso è descritto come la relazione diretta dell'uomo con Dio, dove il credente è come un discepolo

---

[30] Hartranft, *CS* I, XIII-XIX.
[31] Schultz, *Caspar Schwenckfeld von Ossig*, pp. 401-402.
[32] Selina Schultz, *A Course of Study in the Life and Teachings of Caspar Schwenckfeld von Ossig (1489-1561)*, Board of the Publications of the Schwenckfelder Church, Norristown 1964, p. 42.

che ha Cristo stesso come maestro interiore[33]; Maier sottolinea come la teologia di Schwenckfeld sia concentrata nella conoscenza di Cristo, considerato come non creaturale, tramite l'immediata apprensione e l'appropriazione spirituale di Dio. Questa è senz'altro una peculiarità della cristologia dello slesiano, sulla quale si avrà modo di tornare[34].

In merito alla dottrina eucaristica, Maier continua sostenendo la convinzione di Schwenckfeld che il Cristo spirituale non può essere rinchiuso nel mondo materiale, e per esteso, nel pane. La deificazione dell'umanità di Gesù in quanto Cristo avviene pertanto nel momento della glorificazione della sua carne nel cuore umano.

---

[33] Maron, *Individualismus und Gemeinschaft*, pp. 83, 160.

[34] La complessa formulazione cristologica di Schwenckfeld è frutto di una elaborazione tarda che, secondo il giudizio degli storici della cosiddetta "seconda generazione", in particolare di Edward J. Furcha, avviene dopo il distacco e la divergenza dalla cristologia luterana del primo periodo e abbracciando appieno i presupposti dello spiritualismo radicale. Presupposti che spiegavano la natura di Cristo con un lessico che si avvicinava alla dottrina monofisita di Eutiche. Schwenckfeld stesso ha ricevuto, tra gli altri, l'appellativo di "Eutychian und Valentinian" (Kriebel, *The Schwenckfelders in Pennsylvania*, pp. 5-6). Per una bibliografia si veda Hans J. Schoeps, *Vom Himmlischen Fleisch Christi*, Mohr, Tübingen 1951, e il più recente compendio teologico di Stephen H. Webb, *Jesus Christ, Eternal God: Heavenly Flesh and the Metaphysic of Matter*, Oxford University Press, Oxford 2012, nel quale l'autore, riportando una bibliografia aggiornata, rileva l'unicità della trattazione del volume di Schoeps riguardo alla *Himmlischen Flesh*, altrimenti nota come "carne celeste". La trattazione, che ripercorre la dottrina negli scritti dello gnostico Valentino, Apollinare di Laodicea, Ilario e Schwenckfeld, considera anche l'apporto di altri due nomi dello spiritualismo tedesco, Sebastian Franck e Valentin Weigel (cfr. Elisabetta Lo Vecchio, *"E il Verbo si fece carne". La figura di Gesù Cristo nell'immaginario moderno e contemporaneo*, dissertazione di dottorato, Università degli Studi di Bologna, 2007, pp. 30-39). Si vedano anche le voci *Sebastian Franck, Valentin Weigel, Spiritualism* a cura di Robert Emmet McLaughlin in *Encyclopedia of Protestantism*, Routledge, New York 2004; *Spiritualism*, in *Teologische Realenzyklopedie*, a cura di Robert Emmet McLaughlin, De Gruyter, Berlin-Stuttgart, 31, 2000, pp. 701-708.

L'uomo, in sintesi, si nutre intimamente della carne celeste di Cristo[35].

1.2.2 La seconda generazione: l'opposizione di Furcha, Weigelt e McLaughlin

La seconda generazione di storici dello schwenckfeldianesimo si discosta dalla prima soprattutto contestando la rappresentazione della personalità e del pensiero del riformatore slesiano come immobile e monolitica, mettendo in luce una pretesa – e contestabile – coerenza di Schwenckfeld dal principio della sua azione di riforma fino alla sua morte. Gli storici della seconda generazione pertanto basano la loro analisi non solo su un criterio interdisciplinare, ovvero confrontandosi con i dati storici, politici e culturali della regione slesiana, ma soprattutto rileggono gli sviluppi, anche minimi, del pensiero teologico alla luce dei rapporti interni tra gli attori della Riforma nell'Europa centro-orientale. Accanto alle grandi opere di Scwenckfeld, gli storici prendono in considerazione la voluminosa corrispondenza tra lo slesiano e i riformatori di Strasburgo, gli svizzeri zwingliani ma anche i radicali e Lutero stesso.

Edward J. Furcha, sulla base di queste fonti primarie, individua tre periodi dello sviluppo del pensiero teologico di Schwenckfeld: il primo, dal 1529, dove il riformatore è vicino al pensiero di Lutero; il secondo, dal 1535, quando lo slesiano si oppone a Lutero nell'interpretazione di molte argomentazioni teologiche; dal 1546, ovvero dopo la morte dell'agostiniano di Wittenberg, Schwenckfeld si scontra con gli epigoni del luteranesimo, come il *primo* Mattia

---

[35] Williams, *The Radical Reformation*, pp. 107-108, 332.

Flacio Illirico[36], rivelando la sua definitiva inclinazione spiritualista. Furcha, oltre ad aver dato una periodizzazione alla biografia di Schwenckfeld, ha spostato anche l'accento sul concetto fondamentale di rigenerazione, o stato di 'homo novus', che è l'evento più importante nella vita dell'uomo naturale[37]. Valentin Krautwald sviluppò il concetto nell'omonimo trattato teologico, *Der New Mensch* del 1543, seguìto da una versione latina del 1545, sul quale si avrà modo di tornare. Un'ultima considerazione di Furcha riguarda l'ecclesiologia di Schwenckfeld, per il quale la Chiesa è costituita dai credenti secondo lo spirito, i quali costituiscono il corpo mistico di Cristo; la Chiesa di Schwenckfeld si oppone a quella di Lutero, poiché per il primo si tratta di un'esperienza invisibile, mentre per il secondo, di una chiesa confessionale[38].

La periodizzazione proposta da Weigelt invece fa riferimento ad una sola data, il 1525, basata sull'evoluzione del pensiero cristologico di Schwenckfeld[39]. Sarà nel 1528 che, osserva Weigelt, lo slesiano insieme a Valentin Krautwald formuleranno una seconda e definitiva visione per cui la deificazione dell'umanità di Cristo comincia dal momento in cui viene umiliato sulla terra, diversamente da quanto avevano affermato precedentemente, ovvero di una deificazione che trova il suo culmine nella glorificazione sulla croce[40]. Weigelt, con questa sottolineatura, si oppone metodologicamente alla critica delle fonti schwenckfeldiane della prima generazione

---

[36] Si veda a proposito Oliver K. Olson, *Matthias Flacius and the Survival of Luther's Reform*, Harrassowitz, Wiesbaden 2000, e la voce scritta dallo stesso per *The Oxford Encyclopedia of the Reformation*, a cura di Hans J. Hillerbrand, 4 voll., Oxford University Press, 2, New York 1996, pp. 110-111.

[37] Furcha, *Schwenckfeld Concept*, pp. 78-80; si veda anche Weigelt, *Spiritualistiche Tradition*, pp. 38-41.

[38] Furcha, *Schwenckfeld Concept*, pp. 179-180.

[39] Weigelt, *Spiritualistiche Tradition im Protestantismus*, pp. 36-38.

[40] *Ivi*, p. 162.

che aveva considerato il pensiero del riformatore come unitario e sostanzialmente immutato dal principio alla fine.

McLaughlin infine, sulla linea di Weigelt, analizza gli scritti di Schwenckfeld e, se dal 1519 al 1524 lo slesiano può essere considerato l'apostolo del luteranesimo nella regione boema, egli se ne discosta successivamente in aperta opposizione alla maturazione del concetto di *sola fide* del secondo Lutero[41], ritenuto un'argomentazione per la giustificazione fin troppo inflazionata. Inoltre, McLaughlin ravvisa nella concezione eucaristica di Schwenckfeld gli elementi della teologia agostiniana sviluppata nel periodo tardo-medievale comune non solo ad Erasmo, ma anche al primo Lutero, che negava la "presenza" reale di Cristo nell'eucaristia, in virtù di una sua reale "partecipazione" spirituale, facendo rientrare lo sviluppo del suo pensiero nel filone della tradizione umanistica.

Su quest'ultimo punto concorda Selina Schultz soprattutto per rimarcare la sua posizione sulle radici del pensiero schwenckfeldiano. Essa, in disaccordo con chi ravvisa nella mistica medievale di Eckart l'origine dell'ecclesiologia e della teologia eucaristica dello slesiano e lo accomuna allo spiritualismo di Sebastian Franck, ravvisa invece una solida base scritturistica e un appoggio continuo — almeno per il periodo 1518-1526 — agli scritti di Lutero, che in più

---

[41] La storiografia luterana scandisce la produzione letteraria di Lutero con gli eventi che hanno segnato la sua attività riformatrice dal 1517 alla morte; il conflitto endemico nella popolazione germanica, sollevato dalla predicazione del frate, culmina nel 1525-26 con una vera e propria strage dei contadini rivoltosi da parte dei prìncipi tedeschi, giustificata da Lutero a causa della loro disobbedienza; questa posizione causa una frattura definitiva con gli irenisti; per una bibliografia sull'argomento si veda Peter Blickle, *La riforma luterana e la guerra dei contadini*, Il Mulino, Bologna 1983. Per il testo dell'esortazione si veda invece Martin Lutero, *Contro le empie e scellerate bande dei contadini*, in *Scritti politici*, a cura di Giuseppina Panzieri Saija, UTET, Torino 1959, pp. 484-490.

di un'occasione Schwenckfeld ringrazia[42]. Paul Maier accoglie in parte la posizione di Selina Schultz, riconoscendo il contributo e l'influenza di Lutero nelle pagine di Schwenckfeld, ma nel suo studio mette in evidenza come, oltre all'epistolografia paolina e giovannea, da un lato l'*Imitatio Christi* e dall'altro la patristica alessandrina, nonché Ilario, Ambrogio e Agostino hanno influenzato la sua visione cristologica[43]. Tuttavia, tanto Selina Schultz quanto Maier sono concordi nell'affermare che la prospettiva teologica di Schwenckfeld era del tutto originale rispetto ai suoi contemporanei in due elementi: la carne non-creaturale di Cristo e la sua progressiva deificazione.

Quanto alla seconda generazione di storici, il primo argomento sottoposto a discussione fu che Schwenckfeld non fosse mistico in sé, ma fosse a conoscenza della mistica tedesca medievale. Furcha sostenne che lo slesiano, oltre allo studio del Nuovo Testamento e in particolare di Paolo e Giovanni, utilizzava gli scritti dei Padri per sostenere le proprie argomentazioni teologiche[44]; così anche Weigelt individua negli scritti di Schwenckfeld tanto l'umanesimo tedesco, rappresentato da Valentin Krautwald e Jan Hess, quanto il misticismo di Taulero e il primo luteranesimo[45], che si era insediato in Slesia fin dal 1519, quando Adam Dyon cominciò a pubblicare le opere di Lutero a Breslau[46].

---

[42] Schultz, *Caspar Schwenckfeld von Ossig*, p. 375.
[43] Meier, *Caspar Schwenckfeld*, pp. 33-34.
[44] Furcha, *Schwenckfeld Concept*, p. 27-33.
[45] Weigelt, *Spiritualistische Tradition*, pp. 38-44.
[46] Si veda Helmut Claus, *New Ligth on the Presses of Adam Dyon and Kaspar Libisch in Breslau: (1518-1540)*, British Library, London 1995; e ancora sulla personalità di Adam Dyon si veda Christoph Reske, *Die Buckdrucker des 16. Und 17. Jahrhunderts im deutschen Sprachgebiet*, Harrosowitz Verlag, Wiesbaden 2007, pp. 126-127.

Peter Erb tuttavia segna un punto fondamentale per lo studio di Valentin Krautwald come personalità autonoma rispetto a Schwenckfeld, ritenendolo fondamentale per il suo sviluppo teologico, soprattutto sulle parole dell'istituzione dell'eucaristia. Insieme a Krautwald, sono suoi punti di riferimento Melchior Hoffman e Andrea Carlostadio[47]. McLaughlin invece, opponendosi a Weigelt, nega che l'umanesimo e la mistica abbiano influenzato Schwenckfeld a tal punto da condizionarne la personalità culturale e teologica; sarebbe stato invece l'apporto delle opere di Lutero e non di Zwingli e Carlostadio a sviluppare il pensiero dello slesiano sull'eucaristia; lo svizzero avrebbe influenzato Schwenckfeld nell'argomentazione della *presenza reale* propugnata da Lutero[48].

1.3 La rilevanza di Krautwald negli autori citati. Una panoramica generale

Si dà ora un breve excursus sulla considerazione che gli storici della prima e della seconda generazione avevano di Krautwald sulla base delle fonti a loro disposizione; fondamentale, è ancora il caso di ricordarlo, è stato l'apporto del *Corpus Schwenckfeldianorum* nel quale gli studiosi poterono analizzare non solo i testi e le opere relative

---

[47] Erb, *Schwenckfeld in his Reformation Setting*, pp. 79-81. Sull'anabattista Melchior Hoffman si veda Klaus Deppermann, *Melchior Hoffman. Social Unrest and Apocalyptic Visions in the Age of Reformation*, T. & T. Clark, Edinburgh 1987 e bibliografia precedente. Su Andrea Carlostadio (noto anche come Andreas Bodenstein von Karlstadt) la bibliografia è molto estesa. Si vedano due monografie in relazione al tema trattato in questo capitolo: Amy Nelson Burnett, *Karlstadt and the Origins of the Eucharistic Controversy. A Study of the Circulation of Ideas*, Oxford University Press, Oxford 2011; Edward J. Furcha, *The Essential Carlstadt*, Herald Press, Scottdale 1995.
[48] McLaughlin, *Caspar Schwenckfeld, Reluctant Radical*, pp. 44-48, 62-64.

allo sviluppo del pensiero teologico, ma soprattutto documenti quali la corrispondenza epistolare tra i riformatori slesiani, strasburghesi e tedeschi in generale, che per la loro peculiarità, mettono in luce il rapporto personale ed esistenziale degli attori della Riforma nel più ampio contesto storico europeo.

Secondo l'analisi di Hartranft, che si fondava sull'affermazione di Schimmelpfennig, Krautwald sarebbe da considerarsi alla pari di Melantone per Lutero, ovvero colui che ha sistematizzato l'opera del maestro e l'ha tramandata ai posteri[49]. Con questa premessa, la personalità di Krautwald venne considerata da tutta la prima generazione degli storici, con qualche eccezione, solo in relazione a Caspar Schwenckfeld. Ciò che ha influenzato il giudizio degli studiosi è stata senz'altro la questione della determinazione della data di nascita di Krautwald, che avrebbe reso quest'ultimo, secondo una tradizione, contemporaneo a Schwenckfeld, secondo un'altra, di ventiquattro anni più anziano.

Selina Schultz, continuando sulla linea di Hartrnaft, scrisse di Krautwald che chiarì e rese più comprensibile il pensiero del maestro, secondo i canoni dell'esposizione teologica classica[50]. Con lei, Maier, Maron e Williams sostennero che il genio di Krautwald si sarebbe espresso maggiormente nella sistematizzazione della Santa

---

[49] L'affermazione citata da Hartranft nell'*Introduzione* al *Corpus* fa riferimento allo studio di Carl Adolf Schimmelpfennig, *Die evangelische Kirche Schlesiens im XVI. Jahrhunderts. Ein geshichtlicher Vortag*, Gemeinhardt, Strehlen 1877, p. 570. Melantone pubblicò dapprima nel 1521 i *Loci communes rerum theologicarum*, con i quali erigeva i capisaldi della dottrina luterana, la quale sarà via via rielaborata e adattata negli anni 1535, 1543 e 1559. Poi, dopo i colloqui di religione del 1530, pubblicò i *Torgauer Artikel*, la *Confessio Augustana*, l'*Apologia* della *Confessio Augustana* e il *Tractatus de potestate papae*. Per una bibliografia sull'argomento si veda l'articolo di James M. Estes, *The Role of Godly Magistrates in the Church: Melanchthon as Luther's Interpreter and Collaborator* in «Church History», III, 67, 1998, pp. 463-483.

[50] Schultz, *Caspar Schwenckfeld von Ossig*, pp. 67-70.

Cena[51]. La storiografia pertanto ha visto subordinare Valentin Krautwald al riformatore slesiano per tutto il primo periodo degli studi scientifici settoriali.

Con la seconda generazione di studiosi, la ricerca e l'interpretazione dei dati documentari riguardanti Valentin Krautwald si riapre: Furcha sostenne che la sua opera, già citata, *Der New Mensch* ispiri il concetto fondamentale della teologia schwenckfeldiana di rigenerazione, ma ne influenza anche la cristologia grazie alle conoscenze che Krautwald matura in un ambiente fertile come l'accademismo umanistico slesiano. La posizione della storiografia muta considerevolmente: Krautwald è considerato l'ispiratore di Schwenckfeld[52].

Horst Weigelt argomentò, studiando le fonti e considerando l'epistolario tra Krautwald e Schwenckfeld, che il primo avrebbe allontanato il secondo dalla posizione zwingliana in merito alla Santa Cena, curando l'edizione del *Catechismo* del 1525 e influenzandone anche l'aspetto cristologico[53]. McLaughlin invece non si spinse fino a definire Krautwald come l'ispiratore o il maestro di Schwenckfeld, ma lo caratterizzò come "tecnico" del movimento slesiano, che influenzò e fu influenzato a sua volta dal più noto collega[54].

---

[51] Williams, *The Radical Reformation*, p. 111.
[52] Furcha, *Schenckfeld's Concept of the New Man*, p. 32.
[53] Weigelt, *Spiritualistische Tradition im Protestantismus*, pp. 161-168.
[54] McLaughlin, *Caspar Schwenckfeld von Ossig*, pp. 176-178, 215-219.

Capitolo II
La Slesia. Una storia, molte storie

2. La collocazione storica

Prima di affrontare lo studio della personalità di Valentin Krautwald, esaminarne la biografia e analizzarne il pensiero, è opportuno collocarlo nella più ampia realtà storica degli eventi che hanno coinvolto la regione della Slesia in un periodo contrassegnato da grandi cambiamenti sociali, politici e culturali. In questa sezione si prenderà in considerazione la storia dei ducati della Bassa Slesia nel contesto della particolarizzazione del territorio, frammentatosi in seguito agli avvicendamenti dinastici tra il Regno di Polonia e la Boemia.

Dopo aver considerato la macro-storia, approfondita a partire da una bibliografia recente e aggiornata ma di difficile reperibilità, si proseguirà con l'analisi di tre aspetti diversi che hanno influenzato la figura di Krautwald: i movimenti culturali, le città della formazione culturale, le personalità del potere laico ed ecclesiastico.

2.1 La Slesia. Dal ducato ai ducati. L'evo medio

Per analizzare le vicende che hanno portato la Slesia ad acquisire determinate caratteristiche politiche, è necessario ripercorrere le tappe fondamentali della sua storia, cominciando con gli eventi che hanno funestato il tardo medioevo polacco. Nel XIII secolo erano molto numerosi i ducati che costituivano il regno, retti dai discendenti del ramo principale della famiglia dei Piasti che deteneva la corona. Era consuetudine per i signori feudali ripartire l'eredità tra i discendenti, e ciò causò la numerosa parcellizzazione del territorio: la famiglia dei Piasti si suddivise nelle casate dei Piasti della Grande Polonia, della Piccola Polonia, della Masovia, della Cuiavia, dell'Alta Slesia e della Bassa Slesia[1].

Possiamo adesso considerare gli eventi politici salienti che ebbero luogo nei ducati di Slesia che costituivano la compagine territoriale polacca. Governata dai figli di Ladislao II l'Esiliato dal 1163, con il consenso di Boleslao il Ricciuto, granduca di Polonia, Enrico il Barbuto (1202-1238) ed Enrico il Pio (1224-1241), figlio del Barbuto e di Edwige di Adenchs[2] – poi canonizzata da papa Clemente IV nel 1267 – divennero governatori anche della città di Cracovia e di Sandomierz per molto tempo, in un complesso intreccio di giochi di potere, ma a loro volta dovettero sottomettersi all'autorità di Teodoro di Gryf, che si definiva *manu militari* "conte palatino di Cracovia per grazia di Dio". In Slesia alla fine del XIII secolo stava emergendo il ceto cittadino come nuova forza sociale, capace di far sentire il proprio peso nei vuoti di potere dei deboli signori feudali.

Il territorio slesiano venne diviso dagli eredi di Enrico in tre province, che nel corso del XIII secolo si frammentarono in distretti ancora più piccoli. Tra questi assunse un ruolo dominante il ducato di Breslavia che, insieme ai ducati vicini, godeva territorialmente di un'ottima posizione nel contesto europeo orientale, e sotto il profilo economico, garantì ai duchi una rapida crescita economica[3].

Boleslao tentò per primo di estendere i domini della Slesia su tutta la Grande Polonia, usurpando le prerogative territoriali dei

---

[1] Aleksander Gieysztor, *Storia della Polonia*, Bompiani, Milano 1983, p. 63. Per la trattazione storica si veda anche Norman Davies, *God's Playground. A History of Poland*, vol. 1: *The Origins to 1795*, Clarendon Press, Oxford 1981, pp. 61-105; Ulrich Schmilewski, *Piasten, schlesische Dynasten* in NDB, 20, 2001, pp. 403-405.
[2] Friedrich Wilhelm Bautz, *Hedwig, Herzogin von Schlesien, Heilige* in BBKL, 2, 1990, coll. 636–638.
[3] Gieysztor, *Storia della Polonia*, p. 64.

suoi parenti e avvalendosi del diritto di tutorato sui giovani eredi minorenni; i possedimenti passarono nel 1238 al figlio Enrico il Pio e, dopo la sua morte avvenuta nello scontro con l'Orda d'Oro nella battaglia di Legnica del 1241[4], furono limitati alla Bassa Slesia. I figli di Enrico il Pio si suddivisero quindi il territorio: Boleslao II divenne duca di Legnica, Enrico duca di Breslavia e Corrado, dapprima vescovo di Passau, ottenne il ducato di Glogau[5]. I contrasti tra i fratelli furono alimentati anche dal vescovo di Breslavia Tommaso II, il quale si oppose tenacemente al duca di Legnica per ottenere il *privilegium fori*: l'ostinata opposizione di Bolesalo portò il vescovo a lanciare l'interdetto sulla città e far incarcerare il duca. Il figlio di Enrico di Breslavia, Enrico IV detto il Probo, e nipote di Boleslao, rimasto l'unico a detenere un potere considerevole nella regione, concepì allora un progetto per l'unificazione della Slesia e per la conquista dei territori polacchi vicini. Riuscì soltanto ad imporsi sulla Piccola Polonia, e, rimasto senza eredi, lasciò la propria eredità nel 1290 a Prezemysl II della Grande Polonia, che nel 1295 sarebbe divenuto re di tutto paese[6].

La disgregazione politica della monarchia polacca non rimase inosservata. Le potenze confinanti, soprattutto il Sacro Romano Impero, poterono approfittare dei vuoti di potere e dei conflitti interni tra le diverse dinastie della casata dei Piasti per appropriarsi del territorio polacco. Nel corso del XII secolo infatti, i singoli duchi polacchi già pagavano un tributo all'imperatore; questo vincolo feudale tuttavia, verso la metà del XIII secolo era già più debole, dato il declino del potere degli Hohenstaufen e l'estensione del

---

[4] *Ivi*, p. 67.
[5] Colmar Grünhagen: *Boleslaw II, Herzog von Schlesien, der Kahle* in ADB, 3, 1876, p. 100.
[6] Gieysztor, *Storia della Polonia*, p. 64.

protettorato pontificio sulla Polonia[7]. Oltre all'Impero, i duchi po-lacchi erano stretti nella morsa dell'impero mongolo, dello stato dei Cavalieri dell'Ordine Teutonico, che avevano beneficiato anche di alcuni privilegi e concessioni territoriali da parte dell'imperatore Federico II, e della Marca di Brandeburgo[8].

Queste erano le potenze politiche e militari sulla carta. Tuttavia, il fatto di maggior rilievo per l'analisi dello sviluppo culturale po-lacco, e in particolare slesiano, è che nei territori al confine con l'Impero erano sempre più numerosi i coloni germanici che, nel 1311, arriveranno a rivoltarsi contro il duca di Cracovia non appena vedranno lesi i diritti di proprietà sulla terra, rivolta domata con grandi sforzi da parte delle forze militari ducali[9].

L'influenza tedesca e la germanizzazione del territorio slesiano fu tale che le tre regioni che lo componevano, con qualche eccezione per l'Alta Slesia, dissolsero via via i loro legami politici con il resto dei territori polacchi a causa soprattutto dell'incastellamento di al-cuni signori germanici che avevano fatto la loro fortuna espanden-dosi ad est e infiltrandosi nei rapporti di vassallaggio della classe feudale della provincia; i membri più influenti delle corti slesiane parlavano, pensavano e scrivevano secondo le categorie germani-che; la Chiesa secolare, nei suoi rappresentanti e beneficiari, non-ché i potenti centri monastici[10] erano per lo più nelle mani di ec-clesiastici provenienti dall'Impero. La Slesia e le altre regioni, come

---

[7] *Ivi*, pp. 66-67.

[8] *Ivi*, p. 68.

[9] *Ivi*, p. 69.

[10] Già dal 1163 Boleslao aveva chiamato dall'abbazia di Santa Maria in Pforta, in Sassonia, i monaci cistercensi per fondare l'abbazia di Leubus in Slesia; questa realtà monastica sarebbe diventata uno dei centri più importanti della cultura di matrice germanica nella regione. Si veda a proposito Waldemar P. Könighaus,

la Pomerania, che subirono questo influsso, rimarranno escluse dal processo di unificazione del regno polacco durante il XIV secolo[11].

Le vicende che legano la Slesia alla Polonia terminano quindi con gli ultimi tumultuosi avvicendamenti dinastici, che videro la Boemia sempre più presente nelle dinamiche conflittuali tra gli eredi dei Piasti. Re Venceslao II di Boemia, autoproclamandosi erede di Enrico IV il Probo, che era non solo duca di Slesia ma signore anche di una grande parte del territorio polacco, si insediò nel 1291 sul trono e come prima azione di governo cercò di guadagnarsi l'appoggio del clero e del ceto dei cavalieri, impegnandosi a non introdurre nuove tasse sul censo. Nel frattempo Enrico, duca slesiano di Glogau e discendente del fu Corrado, estromesso dalla successione secondo quanto era stato stabilito da Prezemysl II, tentò di riunificare militarmente la Polonia sotto la guida e il controllo della Slesia; tuttavia, i signori feudali della Grande Polonia che almeno inizialmente avevano appoggiato il progetto di unificazione, se ne discostarono quando nelle trattative si fece pesante la presenza dei consiglieri e dei patrizi cittadini di origine germanica di cui il duca di Glogau si era circondato.

L'appoggio della Grande Polonia fu dato quindi a Ladislao il Breve, duca di Cuiavia. Tuttavia, gli insuccessi di Ladislao, che aveva promesso di eliminare l'anarchia del ceto dei cavalieri e di esercitare con maggiore forza il controllo sul brigantaggio, e l'opposizione del vescovo di Poznan Andrea, portarono ancora una volta i nobili della Grande Polonia ad offrire la corona a Venceslao II di Bomia che, dal 1305, unificò il territorio[12].

Die Zisterzienserabtei Leubus in Schlesien von ihrer Gründung bis zum Ende des 15. Jahrhunderts (Quellen und Studien des Deutschen Historischen Instituts Warschau, vol. 15), Harrassowitz, Wiesbaden 2004.

[11] Gieysztor, *Storia della Polonia*, p. 69.

[12] *Ivi*, pp. 70-71.

I regni di Venceslao I e del figlio, Venceslao II, che regnò soltanto un anno fino al 1306, furono contrassegnati dalla forte presenza straniera nell'organizzazione interna della corte ma anche del territorio, sia per la realizzazione di nuovi vincoli feudali in terra polacca con signori germanici, sia per il rafforzamento della presenza imperiale nell'alto clero e nei potenti monasteri. La decisione di Venceslao II di proporre all'imperatore Alberto I d'Asburgo di fare della Polonia un feudo della corona imperiale, nonché le alleanze con i Cavalieri dell'Ordine Teutonico e la cessione di alcuni territori al confine con la Marca di Brandeburgo, portò i signori della Piccola Polonia a cercare nuovamente in Ladislao il Breve il paladino per il riscatto polacco e l'estromissione della presenza straniera dal territorio. Alla morte di Venceslao II quindi, i signori feudali rifiutarono le pretese al trono della corona boema e dell'imperatore e garantirono a Ladislao il Breve il loro appoggio. La Grande Polonia invece approfittò della situazione per candidare al trono Enrico di Glogau. Dopo le prime sconfitte al confine con la marca di Brandeburgo, che costò a Ladislao la cessione della città di Danzica nel 1308, sul versante opposto del conflitto, alla morte di Enrico di Glogau, i cinque figli che si erano spartiti il territorio ducale, si unirono di comune accordo per portare avanti il progetto del padre. I due fronti per la riunificazione del territorio erano quindi ancora in una situazione di stallo[13].

La situazione cominciò a cambiare quando i signori della Grande Polonia, che fino a quando Enrico di Glogau era stato in vita aveva appoggiato la sua azione militare, cominciarono ad appoggiare Ladislao il Breve, soprattutto in previsione di ciò che sarebbe accaduto se il governo collegiale dei cinque duchi di Slesia avesse avuto

---

[13] *Ivi*, p. 72.

la meglio sull'unificazione del territorio: una guerra civile e una germanizzazione ancora più radicale delle istituzioni monarchiche, ecclesiastiche e culturali[14].

I cinque duchi furono quindi scomunicati dal vescovo di Gniezno e sconfitti dai cavalieri della Grande Polonia, che nel 1314 giurarono fedeltà a Ladislao il Breve. Il largo appoggio della piccola nobiltà polacca, del ceto dei cavalieri e della popolazione rurale autoctona, in aggiunta alle capacità diplomatiche di Ladislao, portarono quest'ultimo ad assicurarsi l'alleanza con i regni scandinavi, i ducati baltici e la Lituania; nel 1320, pur non appoggiato inizialmente da papa Giovanni XXII, Ladislao il Breve divenne Re di tutta la Polonia[15].

2.2 L'*Ostsiedlung*

La Slesia, come si è detto, rimase estranea al processo di unificazione dei territori della corona polacca, configurandosi per quasi trent'anni come stato-cuscinetto tra il neoformato stato e la Boemia. Sono gli anni questi del consolidamento della presenza germanica nella regione slesiana. Un primo atto di resistenza fu infatti quello della diocesi di Breslau durante il sinodo di Leczyca del 1285, che in linea con quanto già fatto nei decenni precedenti,

---

[14] *Ibidem*. L'eco di quanto era accaduto a Cracovia nel 1311 aveva sicuramente raggiunto i castelli dei signori della Grande Polonia: solo con grande sforzo infatti, il vescovo della città, Jan Muskata, e il magistrato Alberto, avevano sedato la rivolta dei coloni e dei monasteri germanici che avevano cospirato per consegnare la città e il territorio sul quale essa aveva giurisdizione nelle mani di Giovanni di Lussemburgo, re di Boemia. Si veda Mikuláš Teich, *Bohemia in History*, Cambridge University Press, New York 1998, pp. 53-55, e Hugh L. Agnew, *The Czechs and the Lands of the Bohemian Crown*, Hoover Institution Press, Stanford 2004, pp. 30-33.

[15] Gieysztor, *Storia della Polonia*, p. 72.

aveva adottato dei provvedimenti per preservare la lingua e la cultura polacca dalla contaminazione tedesca.

Il promotore di questa risoluzione fu il vescovo Jakub Swinka (1283-1315)[16] il quale difese con forza la prerogativa che la chiesa polacca, allo scopo di coltivare e sviluppare il linguaggio polacco, dovesse nominare come *magistri* delle cattedrali, dei monasteri o di altre scuole solo coloro che parlavano bene il polacco, perché potessero spiegare correttamente le opere degli autori ai giovani polacchi.

Tuttavia, nelle cancellerie, dove venivano svolte le principali funzioni del notariato, e nelle scuole parrocchiali, dove veniva impartita l'istruzione minima, il germanico cominciò, dalla fine del XIII secolo a divenire la lingua predominante. Malgrado la spinta nazionalistica dei cronisti polacchi, tra cui il vescovo di Breslau Wincenty con la sua *Cronaca della Grande Polonia[17]*, nel ricostruire la storia di un popolo compatto e unitario, quello degli Slavi Occidentali, che non avrebbe subito l'influsso di altri popoli, molti signori feudali, nobili ed ecclesiastici, esprimevano la propria arte e la propria cultura oltre che in latino, principalmente in tedesco.

Alcuni esempi: Enrico IV il Probo, duca di Slesia, componeva liriche d'amore in tedesco, simili nella struttura a quelle dei trovatori francesi. La competizione tra le città e le corti slesiane, ancora divise in molti distretti sovrani, crebbe sempre di più e molti furono i nomi provenienti dal ceto urbano ad essere conosciuti nelle Università europee, tra cui Parigi, Bologna e Padova, per le doti intellettuali e tecniche che li misero in risalto: Ezram (Erazmus)

---

[16] Sulla personalità del vescovo Jakub Swinka e i sinodi di Leczyca, si veda František Graus, *Die Nationenbildung der Westslawen im Mittelalter*, Jan Thorbecke Verlag, Sigmaringen 1980, pp. 120-121.

[17] Gieysztor, *Storia della Polonia*, p. 74.

Ciolek, meglio noto come *Vitelio*[18], autore di un trattato sull'arte ottica dal titolo *Vitellionis mathematici doctissimi Περὶ ὀπτικῆς, id est de natura, ratione, & proiectione radiorum huius luminum, colorum atque formarum quem vulgo Perspetivam vocat libri X*, il quale lavorò tra l'Italia e la Francia; Nicolò di Polonia[19], professore di medicina e medico di corte, che visse e lavorò a Montpellier, il quale si oppose alla medicina ippocratica; il domenicano Martino Polono[20], giurisperito e storico, nato ad Opava, autore di una cronaca di papi e imperatori, fu eletto arcivescovo di Gniezno ma non prese mai possesso della sede episcopale; Benedetto di Polonia, che fu interprete linguistico presso il khanato mongolo, affiancando l'attività missionaria del frate italiano Giovanni Pian dalle Carpine, tra il 1245-1246[21].

---

[18] Erazmus Ciolek, detto *Vitellio*, era originario della città di Legnica; nato attorno al 1230, morì tra il 1280 e il 1314). Per una biografia si veda Robert Knott, *Witelo*, in ADB, 43, 1898, pp. 556–558; Leonore Bazinek, *Witelo (Cioêkai, Vitellio, Vitellium, Vitelo, Vitelon, Vittelio, Vittelium, vermutl.* Dim. von *Wido/Wito*) in BBKL, 24, 2005, coll. 1553–1560.

[19] Nicolò di Polonia, conosciuto anche come Nicolò di Boemia o di Montpellier, Nicolaus Polonus, Nikolaus von Mumpelier o Mikulás z Polski, nacque in Slesia intorno al 1235 e morì a Cracovia probabilmente nel 1315 (1316?); era un domenicano. Per una biografia si veda Gundolf Keil, *Nikolaus von Polen* in NDB, 19, 1999, p. 273; Gundolf Keil, *"Virtus occulta". Der Begriff des empiricum bei Nicolaus von Polen* in *Die okkulten Wissenschaften in der Renaissance*, a cura di Augusta Buck, Harrosowitz, Wiesbaden 1992, p. 159-196.

[20] Martino Polono, conosciuto anche come Martino Boemo o *Martinus Oppaviensis*, morto a Bologna nel 1278, è autore del *Martini Oppaviensis Chronicon pontificum et imperatorum*, in *Monumenta Germaniae Historica* (dMGH), "Scriptores", XXII, Hiersemann, Hannover 1872, pp. 443-475. Si veda il contributo di Wolfgang Valentin Ikas, *Martinus Polonus' Chronicle of the Popes and Emperors. A Medieval Bestseller and its Neglected Influence on English Medieval Chroniclers*, in "The English Historical Review", 116, 2001, pp. 327-341.

[21] Benedetto di Breslau, o di Polonia, è citato nell'edizione del *De Itinere Fratrum Minorum ad Tartaros*: si veda la prima edizione francese, *Relation des Mongols ou Tartares par le Frère Jean du Plan de Carpin*, a cura di Marie Armand d'Avezac,

Oltre alla cultura e all'arte, anche l'aspetto religioso subì l'influenza di alcune correnti eterodosse provenienti dall'Europa meridionale. Si trattava di missionari delle comunità valdesi che si installarono in Slesia, la cui attività di proselitismo non venne mai del tutto cancellata dal tessuto sociale medio-basso: gli insegnamenti di libertà e uguaglianza trovarono terreno fertile nelle situazioni di contrasto con la nobiltà. Ad essi, come si avrà modo di approfondire, si uniranno nei primi anni del XIV secolo in Slesia movimenti ereticali quali i "flagellanti", che si dichiaravano in aperto contrasto con la Chiesa di Roma, nonché il gruppo dei begardi[22].

L'andamento demografico nella regione slesiana, lungo tutto il XIII secolo, è stato pertanto influenzato dal fenomeno che gli storici medievisti hanno concettualizzato come *Ostsiedlung*, ovvero lo spostamento verso est delle popolazioni del gruppo germanico[23]. I primi insediamenti germanici in Slesia si possono identificare geograficamente con le città di Goldberg e Löwenberg, due comunità fondate da coloni minatori[24], attorno ai primi del 1200. Goldberg, che prende il suo nome dalla principale attività lavorativa dei suoi abitanti, l'estrazione dell'oro, fu anche la più antica città della Slesia ad aver ottenuto, nel 1211, i benefici dei *Diritti di Magdeburgo* da parte del duca Enrico I il Barbuto. Questo modello di colonizza-

---

Librairie Gèographique de Arthus-Bertrand, Parigi 1838, pp. 63-65, 91-98, 113-125, 202-210.

[22] Gieysztor, *Storia della Polonia*, p. 74-75.

[23] La bibliografia sull'argomento è molto sviluppata. Per la storia concettuale dell'*Ostsiedlung* si veda Christian Lübke, *Ostkolonisation, Ostsiedlung, Landesausbau im Mittelalter. Der ethnische und strukturelle Wandel östlich von Saale und Elbe im Blick der Neuzeit* in Enno Bünz, *Ostsiedlung und Landesausbau in Sachsen. Die Kührener Urkunde von 1154 und ihr historisches Umfeld*, Leipziger Univ. Verlag, Leipzig 2008, pp. 467-484; per una definizione si vedano le pp. 479-484.

[24] Si tratta oggi delle città polacche di Zlotoryja e di Lwówek Slaski.

zione fu presto adottato in tutte le altre parti della Slesia già popolate da coloni germanici: le città e i villaggi ai quali era stata concesso di governarsi con la legge propria delle città libere imperiali, spesso erano fondate accanto ad insediamenti slavi preesistenti, dando vita, soprattutto per quanto concerneva le libertà economiche e le concessioni commerciali, a numerose occasioni di attrito[25].

La crescita demografica nella regione slesiana in relazione alla presenza di coloni di origine germanica, influì positivamente su due fattori fondamentali dello sviluppo dell'area soggetta all'*Ostsiedlung*: l'organizzazione delle aree rurali e l'urbanistica delle città. La deforestazione comportò l'aumento della superficie coltivabile, sia in relazione alla superficie assoluta, sia per unità di superficie. Il tasso di crescita nel territorio soggetto alla corona polacca è quantificabile attorno al 30% all'apice del XIV secolo, mentre per quanto riguarda la Slesia i dati parlano di un aumento fino a 20 volte del territorio coltivabile. I dati demografici stimati sulla base di questa rivoluzione agricola riportano, fino alla 1348, un aumento progressivo delle nascite e della qualità di vita. La densità media oscillava in Polonia tra i 5 e gli 8,5 ab/km², in Boemia tra i 6 e i 14 ab/km²; i dati riguardanti la Slesia si possono ottenere facendo una media

---

[25] Hugo Weczerka (a cura di), *Handbuch der historischen Stätten – Schlesien*, Alfred Kröner Verlag, Stuttgart 1977, p. XXXVIII. Con *Magdeburger Recht* si intendono una raccolta di leggi che nel Medioevo garantivano l'autonomia interna nelle città e nei villaggi dell'Impero; prendono il nome dal canone di leggi originariamente stabilite per la libera città di Magdeburgo e rappresentano probabilmente la più importante collezione di diritto comune tedesco medievale. Molti sovrani dell'Europa centrale e orientale hanno adottato i diritti di Magdeburgo, compiendo così un passo importante nello sviluppo urbanistico delle regioni periferiche e facilitando lo sviluppo di molti villaggi rurali. Per un approfondimento si veda Norman Davies, *Heart of Europe. A Short History of Poland*, Oxford University Press, Oxford 1987², p. 287; Heiner Lück, *Die Verbreitung des Sachsenspiegels und des Magdeburger Rechts in Osteuropa*, in *Der sassen speyghel. Sachsenspiegel – Recht – Alltag* a cura di Mamoun Fansa, Isensee, Oldenburg 1995, vol. 2, p. 37-49.

ponderata delle realtà appena analizzate. È importante altresì sottolineare che, se la demografia, come disciplina statistica, considera generalmente in Europa gli anni della peste nera come un momento di drastico calo della popolazione, questo non è altrettanto vero per l'area boemo-polacca: per le aree ad est dell'Oder, nel Ducato di Pomerania, nella Grande Polonia occidentale, nella Slesia, in Austria, in Moravia, Prussia e nella Transilvania il calo della popolazione non rientra nello standard europeo occidentale[26].

Le città invece vennero sviluppate secondo il modello mercantile occidentale: la piazza centrale era il luogo di scambio tra i commercianti locali, ma anche provenienti dalla penisola italiana, di origine ebraica o dalle terre dell'impero. Attorno, le abitazioni degli artigiani o degli appartenenti al ceto medio, e gli edifici che rappresentavano il potere, il castello del signore feudale e la chiesa. Questo sistema, assimilato dalla Francia fin dall'anno Mille, portò le città ad espandersi perché i governanti, sia i nobili vassalli del duca di Slesia, sia i monasteri, come il potentissimo monastero cistercense di Leubus, concedevano le terre e i privilegi annessi per aumentare la densità della popolazione nelle città, accelerando la crescita economica e la prosperità. La città si sviluppava grazie ad un doppio movimento economico: da un lato il reddito del sovrano veniva assicurato dalla vendita dei monopoli ai mercanti e dall'altro, una volta che la città era stata istituita e iniziava a fiorire, il governatore ricavava nuovo reddito dalle tasse. Cracovia, nel regno polacco, e Breslau nella Bassa Slesia si erano potute espandere nel corso del XIV secolo grazie all'amministrazione del forte episcopato; la loro

---

[26] L'analisi dei dati statistici riguardanti l'andamento della popolazione in Slesia è riportata in Jan Maria Piskorski, *The Historiography of the So-called "East Colonisation" and the Current State of Research* in *The Man of Many Devices, Who Wandered Full Many Ways. Festschrift in Honour of Janos Bak*, a cura di Balázs Nagy, Marcell Sebők, Central European University, Budapest 1999, pp. 654–667, a p. 658.

popolazione media era di 4.000-5.000 abitanti all'inizio del XII secolo. Quanto l'*Ostsiedlung* abbia influito nella crescita di queste realtà, è ancora oggetto di studio[27].

Ladislao I di Polonia morì il 2 marzo 1333. A succedergli fu il figlio Casimiro III, che passerà alla storia come Casimiro il Grande[28]. Le relazioni diplomatiche che erano state intessute già durante il regno del padre e che avevano condizionato il futuro del regno polacco, limitavano la libertà di azione del nuovo sovrano: Casimiro dovette sposare Aldona di Lituania, figlia del granduca Gediminas, mentre Elisabetta sposò Carlo Roberto d'Angiò, del ramo ungherese. I legami matrimoniali dovettero servire a Ladislao per tenere le redini di un'alleanza in funzione anti-teutonica. Pertanto, quando Casimiro diventò re, si trovò inizialmente a vivere sotto il compromesso dinastico angioino, poiché non avendo figli maschi legittimi, la successione pendeva verso la discendenza della sorella Elisabetta e del regno d'Ungheria[29]. Tuttavia, il cognato prima, e il nipote Luigi il Grande poi, mantenevano nei confronti dell'*Ordensstaat* teutonico un atteggiamento neutrale, nel disegno di conservare un alleato nelle lotte contro l'Impero.

La Slesia termina proprio in questo periodo di essere oggetto delle attenzioni del regno polacco: per far fronte al nemico Rus' di

---

[27] Francis W. Carter, dal quale si sono tratte queste informazioni, afferma: «Some German historians are inclined to regard Polish medieval towns as a result of municipal German colonization in the East, or even as East German towns. Towns, however, existed in Poland long before German colonists came, and the urban centres contained numerous nationalities as well as Poles». Si veda Francis W. Carter, *Trade and urban development in Poland: an economic geography of Cracow, from its origins to 1795*, Cambridge University Press, Cambridge 1994, p. 381.

[28] Sulla politica di Casimiro III, detto il Grande, si veda Jerzy Lukowski-Hubert Zawadzki, *Polonia. Il paese che rinasce*, Beit, Trieste 2009, pp. 44-56; Gieysztor, *Storia della Polonia*, pp. 80-83.

[29] Lokowski-Zawadzki, *Polonia*, pp. 44-45.

Kiev che premeva ai confini orientali, Casimiro III decise di risolvere definitivamente il contrasto con la Boemia al confine occidentale. Infatti, dopo l'unificazione polacca, Ladislao il Breve aveva rivendicato anche la sovranità sui ducati della Slesia. Tuttavia, nel 1327 i duchi delle terre di Opole e del ducato di Breslau aderirono alla feudalità boema, seguiti nel 1329 i duchi della Bassa Slesia di Brieg, Legnica, Sagan, Oels e Steinau. Nel 1331 il re di Boemia ottenne anche l'omaggio del ducato di Glogau, di cui divenne signore nel 1333. Con il trattato di Trencin del 24 agosto 1335, Casimiro rinunciava alla Slesia e a sua volta Giovanni di Lussemburgo, re di Boemia, rinunciava per sé e per i suoi successori alla sovranità sulla Polonia che aveva ereditato per via materna. Successivamente a questo trattato, anche il ducato di Münsterberg, il vescovo di Breslau e il ducato di Nysa – dove nacque Valentin Krautwald – giurarono fedeltà alla Boemia nel 1342[30]. Da questo momento in avanti, la Slesia seguirà le sorti della corona boema.

2.3 Carlo di Lussemburgo, re di Boemia ed imperatore

Carlo di Lussemburgo fu il sovrano che più di tutti contribuì a porre le fondamenta di un regno forte sotto il profilo culturale ed economico nel panorama europeo. Successe al padre Giovanni di Lussemburgo nel 1346, a trent'anni, portando con sé un bagaglio ricco delle esperienze che avevano segnato la sua formazione giovanile. Prima su tutte, l'influenza culturale della corte francese che si rifletteva anche sul nome che portava: la madre, Elisabetta, dell'antica dinastia premislide, aveva scelto per lui il nome di Vencesalo; ma il padre, Giovanni, gli impose il nome di Carlo, che era anche il nome del suo padrino, Carlo IV di Francia. Strappato alla

---

[30] Weczerka, *Handbuch*, pp. XLIV-XLV.

corte boema, imparò presso il padrino la lingua francese, il latino, il tedesco e l'italiano, coltivando lo studio anche della sua lingua madre, il ceco[31].

Nel 1334 il padre gli concesse il margraviato di Moravia e cominciò a rappresentarlo negli affari del regno. Carlo cominciò ben presto ad amministrare il territorio che gli era affidato in modo diverso da quanto faceva il padre, poiché aveva compreso che il regno di Boemia sarebbe stato l'occasione per il rafforzamento del potere familiare, e non solo una terra da tassare. In Francia Carlo aveva conosciuto anche l'abate di Fécamp, Pierre Roger, che sarebbe diventato pontefice col nome di Clemente VI nel 1342. Grazie ai legami intessuti con la curia avignonese, egli ottenne che la città di Praga si sottraesse dall'amministrazione diocesana della tedesca Magonza, venendo elevata ad arcivescovado. Il progetto carolino era quello di riportare in auge la cultura ceca, attraverso la difesa del territorio, della lingua e delle sue caratteristiche proprie. L'appoggio del papa gli consentì anche di correre per l'elezione imperiale con qualche certezza in più. Dopo essere succeduto al padre nel 1346 sul trono di Boemia, Carlo cominciò il suo massiccio intervento in politica interna ed estera[32].

Nel 1348 Carlo fondò a Praga l'università, la prima dell'Europa centrale. La cultura era veicolata in latino, perché era la lingua internazionale degli studi, ma l'apparato amministrativo era ceco. L'umanesimo boemo risentì particolarmente dell'influenza italiana, di cui Carlo era grande estimatore. Egli stesso era un collezionista

---

[31] Francesco Gui – Denisa De Angelis, *Boemia e Moravia nel cuore dell'Europa*, Bulzoni, Roma 2009, pp. 155-156.
[32] *Ivi*, p. 157.

di manoscritti, prediligendo tra questi le opere di Agostino d'Ippona[33]. Un altro intervento interno fu la promulgazione della *Maiestas Carolina*, un atto con cui rafforzava il potere centrale a discapito di quello nobiliare.

Carlo continuava a curare le relazioni con la curia in quanto il pontefice continuava a preferire la sua candidatura contro quella di Ludovico IV di Wittlesbach, divenuto imperatore dopo lo scontro con Federico I d'Asburgo nel 1330. La morte inaspettata del *Bavaro* – così era con disprezzo chiamato l'imperatore in carica – portò Carlo ad essere eletto dapprima *re dei Romani*, e poi, solo nel 1355, dopo la morte dell'arcivescovo di Milano Giovanni Visconti suo oppositore, anche imperatore col nome di Carlo IV[34]. Con la promulgazione della crisobolla (meglio nota come *Bulla Aurea*) l'anno dopo l'incoronazione imperiale[35], Carlo faceva della Boemia un regno al di sopra degli altri principati dell'Impero: oltre ad indicare le modalità dell'elezione del *re imperiale*, che sarebbe avvenuta con la maggioranza all'interno di un collegio composto da quattro principi laici – il re di Boemia, il margravio del Brandeburgo, il duca di Sassonia e il conte del Palatinato – e da tre principi ecclesiastici – gli arcivescovi di Colonia, Magonza e Treviri – la Bolla evitava il consenso del pontefice per il candidato ed evitava così l'insorgere

---

[33] *Ivi*, pp. 158-159. Sull'Università di *Praga*, la Univerzita Karlova, si veda František Kavka, *The Caroline University of Prague. A short history*, Universita Karlova, Praga 1962; František Kavka, *Politics and culture under Charles IV*, in Mikuláš Teich, *Bohemia in History*, Cambridge University Press, Cambridge 1998, pp. 59-78, in particolare le pp. 70-71; W. Irgang, W. Bein, H. Neubach, *Schleisen. Geschichte, Kultur und Wirtschaft*, Bd. 4, Verlang Wissenschaft und Politik, Köln 1995, pp. 47-51.

[34] *Ivi*, p. 159.

[35] Per un approfondimento si veda Werner Seibt, *Chrysobull* in *Lexikon des Mittelalters*, vol. 2: *Bettlerwesen bis Codex von Valencia*, Metzler, Stuttgart 1999, col. 2050. Per il testo della *Bulla aurea* si veda Ernest F. Henderson, *Select Historical Documents of the Middle Ages*, George Bell&Sons, London 1896, pp. 39-sgg.

di conflitti interni tra i principi del Sacro Romano Impero. La Boemia godeva di uno statuto particolare: se in caso di vacanza di uno degli elettorati il re imperiale avrebbe potuto provvedere alla designazione di un altro elettore, questo non valeva per il regno di Boemia, in cui il successore del defunto sovrano avrebbe dovuto ottenere il consenso dei sudditi[36].

In relazione alla Slesia, Carlo di Lussemburgo ridefinì con il trattato di Nemslau, siglato nel 1348 con il regno di Polonia, la sua sovranità sulla regione. Esso si poneva in continuità con il precedente accordo di Trencin stipulato nel 1335 attraverso delle trame dinastiche, già tessute da Giovanni di Lussemburgo. Secondo l'accordo perfezionato dalla cancelleria boema, si sarebbe dovuto concludere un matrimonio tra il figlio appena nato di Carlo di Lussemburgo, Venceslao, e Anna[37], nipote del duca slesiano di Schweidnitz-Jauer Bolko II[38], allora undicenne. Poiché tuttavia Venceslao morì prematuramente, e insieme a lui anche la madre, la regina Anna del Palatinato, Carlo decise di salvare l'accordo sposando, dopo aver ottenuto la dispensa pontificia per intercessione dell'arcivescovo di Praga, la giovane slesiana nel 1353. Il trattato di Nemslau era fatto salvo: con la morte di Bolko II nel 1368 e della sua vedova Agnese d'Asburgo nel 1392, ebbe in usufrutto le terre in mancanza di eredi legittimi[39].

---

[36] Gui – De Angelis, *Boemia e Moravia*, p. 159-161.

[37] Thilo Vogelsang, *Anna von Schweidnitz und Jauer* in NDB, 1, 1953, p. 299. Anna (1339-1362) era figlia di Enrico II di Schweidnitz-Jauer, del ramo slesiano dei Piasti, e di Caterina d'Ungheria. Alla morte del padre, fu lo zio Bolko II ad ereditare il ducato e a divenire tutore della giovane.

[38] Hans Jürgen Rieckenberg: *Bolko II* in NDB, 2, 1955, p. 431; Hugo Weczerka, *Handbuch der historischen Stätten, Schlesien*, Alfred Kröner Verlag, Stuttgart 1977, pp. XLVI-XLVII.

[39] Ludwig Petry, Joseph Joachim Menzel, Winfried Irgang, *Geschichte Schlesiens*, vol. 1: *Von der Urzeit bis zum Jahre 1526*, Jan Thorbecke Verlag, Stuttgart 2000,

Tuttavia, il regno di Carlo di Lussemburgo, quarto imperatore con questo nome, che aveva aspirato ad essere una parentesi gloriosa in un contesto ancora strettamente feudale, cominciò una lenta decadenza dopo l'aggravarsi della salute del sovrano, che morirà nel 1378. A succedergli fu il figlio di due anni, Vencenslao IV, nato dal matrimonio con la duchessa slesiana nel 1361, il primogenito tanto atteso. Il suo regno non fu all'altezza di quello del padre: eletto nel 1376 re dai sudditi della corona boema e consacrato re dei germani, ma non fu mai consacrato imperatore. Il suo regno, tormentato, sarebbe culminato con la deposizione dalla corona e la successione del fratellastro Sigismondo, figlio di Carlo e della quarta moglie Elisabetta di Pomerania, il quale, in virtù del matrimonio con l'erede del regno d'Ungheria Maria d'Angiò, cingeva già la corona apostolica di Santo Stefano[40].

---

pp. 166-169. Si veda anche Winfrid Irgang, Werner Bein, Helmut Neubach, *Schlesien. Geschichte, Kultur und Wirtschaft*, Verlag Wissenschaft und Politik, Köln 1995, pp. 48-50.

[40] Gui – De Angelis, *Boemia e Moravia*, pp. 163-164. Il regno di Venceslao venne funestato da due tentativi di spodestamento dal trono boemo, nel 1394 per l'azione congiunta della nobiltà che aveva visto diminuire il suo potere locale, e nel 1402-1402, da parte del fratello Sigismondo. Si aggiunge a questa difficoltà anche l'appoggio al pontefice Urbano VI durante lo scisma d'Occidente, scelta fatta in contrasto con i principi del sud dell'Impero e di alcuni comuni italiani. Tutto questo contribuì alla scelta da parte degli elettori di privarlo del titolo di Re dei Romani, prerogativa necessaria per l'incoronazione. Si veda a tal proposito la bibliografia specifica: Marco Innocenti, *Wenzel IV* in «Biographisch-Bibliographisches Kirchenlexikon» (BBKL), vol. 24, Nordhausen, Bautz, 2005, coll. 1521–1531; Martin Kintzinger, *Wenzel* in *Die deutschen Herrscher des Mittelalters. Historische Portraits von Heinrich I. bis Maximilian I. (919–1519)* a cura di Bernd Schneidmüller, Stefan Weinfurter, Beck, München 2003, pp. 433–445; per Sigismondodi Lussemburgo si veda Martin Kintzinger, *Sigmund* in *Die deutschen Herrscher des Mittelalters. Historische Portraits von Heinrich I. bis Maximilian I. (919–1519)* a cura di Bernd Schneidmüller, Stefan Weinfurter, Beck, München 2003, pp. 462-485; Michel Pauly – François Reinert (a cura di), *Sigismund von Luxemburg. Ein Kaiser in Europa*, Philipp von Zabern, Mainz 2006.

Capitolo III
I conflitti religiosi in Slesia (XIV-XVI sec.)

3. I conflitti religiosi in Boemia e Slesia fino alla morte di Hus (1348-1415)

Il regno di Carlo di Lussemburgo fu risparmiato dalla crisi religiosa che colpì la Boemia all'inizio del nuovo secolo. Il movimento eterodosso che funesterà invece la monarchia boema sotto la guida dell'inesperto Venceslao e di Sigismondo, il quale riporterà nella casata di Lussemburgo la corona imperiale, prende il nome del suo promotore, Jan Hus, ed è noto come hussitismo.

Non solo il movimento hussita, ma anche l'evangelizzazione valdese e la presenza ebraica sono elementi che confluiranno nella formazione del pensiero di Valentin Krautwald in relazione al movimento schwenckfeldiano. I seguaci di Jan Hus saranno i protagonisti di un tentativo di riforma in seno al cristianesimo tipicamente ceco, perché sorto nelle aule della *Univerzita Karlova* e veicolato nella lingua 'nazionale', in netta contrapposizione con la chiesa romana, ancora imbrigliata nello Scisma d'occidente, e con la cultura politica e sociale tipicamente germanica.

La bibliografia[1] sulla storia della rivoluzione hussita è molto vasta, e ricopre aspetti diversi: innanzitutto l'impatto sociale di un

---

[1] Per quanto riguarda la storia della Slesia nel più grande teatro degli avvenimenti che hanno coinvolto la Boemia, nell'esposizione evenemenziale, si segue la lezione proposta da Hugo Weczerka (a cura di), *Handbuch der historischen Stätten –*

movimento che troverà consensi in buona parte della società colta, che per prima poteva denunciare la corruzione della gerarchia ecclesiastica; in secondo luogo, l'evoluzione del pensiero teologico, ancora rigidamente medievale e scolastico; e in ultima analisi, il conflitto latente tra cechi e germani.

Gli storici del movimento hanno studiato anche l'apporto della predicazione valdese sull'hussitismo, e la reciproca influenza in Europa centro-orientale, sollevando alcune polemiche sui rapporti intercorsi tra i due gruppi e sulla paternità ideologica delle dottrine esposte.

Non meno importante è sottolineare la presenza di una forte comunità ebraica a Praga e nel vescovato di Breslau, e come questa realtà abbia potuto influire nella formazione umanistica di una parte dell'élite culturale boemo-slesiana, compresa quella di Krautwald.

3.1 Il primo *Judenpogrom*

La comunità ebraica boema si sarebbe insediata a Praga, secondo la *Chronica Bohemorum* di Kosmas, nel 1091. Tuttavia, i gruppi più consistenti si insediarono nei centri urbani per il commercio del sale dal XIII secolo mentre nella capitale del regno si riunirono attorno alla gotica *Stranová synagoga*, situata nella Città Vecchia di Praga. Dal sale al prestito di denaro il passo fu breve dopo il concilio di Vienne del 1312, che proibiva ai cristiani il prestito ad usura; questa attività, condannata moralmente dalla Chiesa, finì per arricchire i maggiorenti della comunità ebraica.

Schlesien, Alfred Kröner Verlag, Stuttgart 1977, cap. VI: *Die Zeit der Hussitenkriege und des Ringens um die Krone Bömens, (1419-1526)*, pp. XLVII-LIII.

Il *Premislovo Privilegium* del 1254, emanato da Ottocaro II di Boemia, aveva già stabilito che il tasso d'interesse richiesto dagli esperti mercanti ebrei raggiungesse e non superasse il 173%, valore che ben presto scese all'87%, per poi toccare il suo apice a metà del XIV secolo quando il tasso sul prestito ad usura arrivò al 210%[2]. Anche in Boemia quindi l'ebreo arrivò ad incarnare, seppur nella sua ricchezza, la figura dell'uomo senza scrupoli che vinceva di gran lunga nella competizione commerciale con gli artigiani e i mercanti cechi. Le comunità ebraiche erano tra loro in contatto, e tra Boemia e Slesia si contavano relazioni commerciali tra Praga e Cheb, città regia, Kutná Hora e Brno. Successivamente, al principio del XIV secolo, gli ebrei raggiunsero Olomouc e affermarono la loro presenza a Breslau[3].

Se il privilegio del re Ottocaro, appartenente alla dinastia premislide, aveva garantito al regno un beneficio economico che si rifletteva sulla protezione degli interessi della comunità ebraica, causando tuttavia qualche malumore nella nascente classe mercantile locale, fu invece con la dinastia lussemburghese che la comunità praghese, come tutte le comunità del regno, cominciarono ad avere i primi problemi: dopo l'imposizione di una tassa sulla proprietà e le azioni ordinate dallo stesso Giovanni di Lussemburgo volte al sequestro dei beni delle sinagoghe e dei privati cittadini[4], Carlo si

---

[2] Gui – De Angelis, *Boemia e Moravia*, pp. 164-165.

[3] *Ivi*, p. 166. A Breslau tuttavia è testimoniata già una tomba ebraica di pietra a partire dall'anno 1203. Tuttavia, è nel 1267 che un sinodo ecclesiastico slesiano decide di limitare i diritti degli ebrei a Breslau, ma il duca Enrico V concesse loro alcuni privilegi tra il 1270-1290.

[4] Gui – De Angelis, *Boemia e Moravia*, pp. 164-165. Nel 1335 lo stesso Giovanni di Lussemburgo ordinò ad alcuni consiglieri di impadronirsi dei beni della comunità ebraica «scavando all'interno della sinagoga praghese per cercare sotterra i tesori nascosti, consistenti in circa duemila monete d'oro e d'argento» e ancora «di arrestare tutti gli ebrei del suo regno, prendendo loro quanti più soldi

dimostrò più moderato, evitando ogni forma di espropriazione e violazione, inserendoli invece a pieno diritto con la *Bulla Aurea* nel sistema delle regalie del regno di Boemia, grazie alle quali, in cambio della concessione di privilegi, erano assicurate ricche entrate. Accusati in Germania durante l'epidemia di peste del 1347-1348 di essere gli untori della calamità da alcuni gruppi riformatori, tra cui i flagellanti, gli hussiti e i valdesi[5] – cosa invece smentita dalle autorità ecclesiastiche[6], a cominciare dal pontefice Clemente VI – in Boemia non furono colpiti da particolari accuse, anche perché il territorio boemo e slesiano non fu particolarmente toccato dalla piaga.

Fu invece nel 1389 durante il regno di Venceslao IV di Lussemburgo che si scatenò la prima grande persecuzione nella Città Vecchia di Praga, con il *pogrom* più grande fino ad allora registrato: circa tremila ebrei vennero uccisi in seguito all'accusa di aver oltraggiato il *Santissimo*, l'ostia consacrata, durante la processione pasquale di-

---

possibile». L'episodio è citato in Jaroslav Čechura, *České země v letech 1310–1378. Lucemburkové na českém trůně I*, Libri, Praha 1999, p. 201. Sulla questione ebraica si vedano le pp. 198-204.

[5] Guy Fourquin, *Le sommosse popolari nel Medioevo*, Mursia, Milano 1976, pp. 102-106: «Il movimento dei flagellanti dei paesi germanici si scontrò violentemente contro la Chiesa e si impadronì dei suoi beni temporali, trattò brutalmente gli ecclesiastici che osarono contraddirlo, cosa considerata inammissibile dagli inviati di Dio. Ma i demoni non erano soltanto i preti, erano anche gli ebrei. Il grande massacro di israeliti dell'Occidente, che incrudelì in occasione della grande peste, fu responsabilità, in buona parte, dei flagellanti».

[6] William G. Nephi – Andrew Spicer, *La peste in Europa*, Il Mulino, Bologna 2006, pp. 39-40: «molti eminenti uomini di chiesa condannarono questi attacchi ispirandosi agli insegnamenti di sant'Agostino di Ippona, per il quale gli ebrei dovevano essere tollerati in quanto parte essenziale della storia cosmica del cristianesimo». La bolla di Clemente VI, la *Quamvis perfidiam Iudaeorum* del 26 settembre 1348 proibiva ogni atto di violenza verso gli ebrei ed esortava i sacerdoti ad occuparsi della loro protezione.

retta verso le chiese di San Valentino e Santa Croce. Fu la popolazione a reagire, mentre le guardie reali portavano nelle prigioni gli autori del crimine. Dalla cancelleria reale si aggiunse anche la multa che la comunità ebraica dovette pagare per i danni causati. In seguito a questo episodio cominciò la costruzione di mura che circoscrivessero il quartiere ebraico, dando origine a quello che sarà considerato il primo ghetto europeo[7].

3.2 I Valdesi tra Boemia e Slesia. Una questione storiografica

La presenza di gruppi valdesi tra i coloni tedeschi che si spostarono verso est nella seconda metà del Duecento, in Boemia, Slesia e Polonia, è un dato riportato in buona parte della bibliografia sull'argomento. Diversa è invece la posizione degli studiosi su quanto e quale sia stato il contributo dottrinale del valdismo nella rivoluzione hussita in Boemia.

Per questa ricostruzione storica si è scelto di analizzare la posizione di due storici del valdismo europeo, le cui tesi, pur partendo da alcuni elementi comuni, affrontano la questione percorrendo strade diverse. Romolo Cegna ha dedicato l'introduzione del suo contributo sulle fonti manoscritte della Biblioteca Nazionale di Varsavia e della Biblioteca Universitaria di Breslau per chiarire quali siano state le radici del dibattito che egli fa risalire ad una erronea interpretazione di Enea Silvio Piccolomini nell'*Historia bohemica* del 1458, errore di valutazione che descriveva i seguaci di Hus come "ab ecclesia catholica recedentes impiam valdensium sectam

---

[7] Gui – De Angelis, *Boemia e Moravia*, pp. 167-168; Arno Herzig, *Schlesien. Das Land und seine Geschichte in Bildern, Texten und Dokumenten*, Ellert & Richter, Hamburg 2008, pp. 49-51.

atque insaniam amplexi sunt[8]"; e insieme all'opera del Piccolomini egli denuncia l'imprecisione di Papouska di Sobeslav il quale, nell'*Editio Magistri Johannis Papusskonis de Sobieslaw pro declaratione compactatorum det decreti in Basilea facti pro communione utriusque speciei*, afferma che la comunione sotto entrambe le specie – propria, come vedremo, degli Utraquisti – sarebbe stato un errore propagato dalla setta valdese a Praga; lo storico Amedeo Molnár[9] invece, studiando le fonti inquisitoriali dei primi anni del XIV secolo nella diocesi della capitale boema e in quella di Olomuc, a cavallo tra Moravia e Slesia, e considerando la problematica sotto il profilo storico, arriva alla conclusione che la momentanea vittoria hussita in Boemia avrebbe addirittura favorito il rafforzamento della dottrina teologica, e in particolare eucaristica, prima del sinodo di Chanforan del 1532, con il quale i valdesi avrebbero aderito alla Riforma protestante sotto la spinta degli svizzeri zwingliani[10].

---

[8] Enea Silvio Piccolomini, *Historia bohemica*, cap. XXXV cit. in Romolo Cegna, *Valdismo e Ussitismo: mito e storia tra i fogli dei Codici II-3320 della Biblioteca Nazionale di Varsavia e Mil-IV-77 della Biblioteca Universitaria di Worclaw* in «Bollettino della Società di Studi Valdesi», 144, 1978, pp. 27-44, p. 33

[9] Per una sintesi del pensiero di Molnár come studioso dell'hussitismo si veda lo spazio dedicato nella monografia di Arnaldo Comi, *Verità e anticristo. L'eresia di Jan Hus*, Pendragon, Bologna 2007, pp. 138-141.

[10] Si veda Amedeo Molnár, *Storia dei Valdesi*, vol. 1: *Dalle origini all'adesione alla Riforma (1176-1532)*, Claudiana, Torino 1974, p. 160. I Valdesi cosiddetti "latini", o italiani, aderirono alla Riforma con la deliberazione comune del sinodo di Chanforan nel 1532; i Fratelli Boemi (o Fratelli dell'Unità) accusarono «certi svizzeri», identificabili con gli oratori zwingliani del sinodo, Guillaume Farel e Antoine de Saunier, di aver condotto i valdesi nell'alveo dell'errore di Zwingli. Così scrivono in una lettera diretta ai membri del sinodo in merito alle differenti posizioni sull'eucaristia, argomento che già aveva diviso al suo interno il movimento hussita e che andava profilandosi come il terreno in cui si sarebbero confrontati con le argomentazioni più accese le diverse anime della riforma radicale: «non sappiamo dire se giochino con le Sacre Scritture e la dottrina cristiana o la

Prima di entrare nel merito della questione, ripercorriamo le fasi della penetrazione valdese in Boemia prima dell'affermazione del movimento hussita. La creazione di nuovi centri abitati ai confini del regno, in quel territorio incerto e privo di confini stabili che era la Slesia, comportò da parte dei signori locali la richiesta di esperti lavoratori agricoli e di artigiani.

Tra le famiglie di coloni provenienti dall'Italia settentrionale e dall'area alpina ne erano presenti alcune favorevoli al valdismo, le quali mantennero i contatti con i predicatori itineranti. Tra il 1318-1338 è attestato che l'intero villaggio di Velky Bodnárec, sulle terre di Ulrico III di Hrádek, era abitato per la maggior parte da famiglie valdesi, e così anche le campagne circostanti fino a Jindrichuv Hrádek, situato all'incrocio con le principali vie commerciali del regno. Papa Benedetto XII nominò per la diocesi di Praga e di Olomuc due inquisitori, Gallus di Kosorice, domenicano, e Pietro di Naceradec, francescano. Entrambi originari della regione (il secondo persino appartenente ad una famiglia della piccola nobiltà locale) inviarono una relazione al pontefice nella quale informavano di come l'eresia valdese si fosse radicata nel territorio boemo a tal punto che, rifiutando di giurare sulla Scrittura e di collaborare con gli inviati dell'inquisizione, i contadini si fossero persino sollevati in rivolta[11].

Ulrico III ottenne dal pontefice, nel 1340, l'autorizzazione ad agire *manu militari* contro gli eretici, mentre gli inquisitori chiedevano ai signori locali sempre più prigioni dove rinchiudere i valdesi arrestati e sottoposti a processo, a tal punto e con tanta insistenza da richiedere l'intervento dei pontefici (Benedetto XIII nel 1341 e

---

corrompano». Per un approfondimento si veda Paolo Ricca, *Zwingli tra i Valdesi* in «Zwingliana», III, 16, 1984, pp. 247-262, p. 250.

[11] Amedeo Molnár, *Storia dei Valdesi*, vol. 1: *Dalle origini all'adesione alla Riforma (1176-1532)*, Claudiana, Torino 1974, pp. 109-110.

Clemente VI nel 1346). Carlo IV di Lussemburgo insieme all'arcivescovo di Praga Ernesto di Pardubice (1334-1364) costituì il primo tribunale dell'inquisizione della capitale. In relazione al primo arcivescovo praghese, è necessario soffermarsi su una questione bibliografica che lega il nome del prelato a Valentin Krautwald[12].

Nel 1516 Krautwald, allora canonico della cattedrale di Breslau, scrisse una *Descriptio vite Patris pii Arnesti, Pragensis ecclesie archiepiscopi primi, per Valentinum Crautvaldum*. L'opera doveva strutturarsi come una 'positio' per la canonizzazione dei candidati alla santità. Tuttavia, dopo la morte di Ernesto di Pardubice, avvenuta nel 1364, e in seguito alle guerre hussite, la sede vescovile venne amministrata dapprima da due delegati pontifici, per poi rimanere vacante dal 1434 al 1561. Krautwald scrisse la *Descriptio* in latino, dedicandola tuttavia in tedesco al duca di Münsterberg e al conte di Glatz; entrambe le copie, credute perse, sono conservate in un unico manoscritto nella Biblioteca Vaticana. Gli esemplari vennero trovati nel 1995 e pubblicati nel 1997 con traduzione ceca a fronte dalla studiosa Zdeňka Hledikova[13]. Krautwald usò per la descrizione biografica del primo arcivescovo praghese, morto in odore di santità,

---

[12] Per una biografia di Ernest di Pardublice si veda Ekkart Sauser, *Ernest von Pardubitz* in BBKL, 16, 1999, coll. 463–464.

[13] Zdeňka Hledikovà, Jana Zachová: *Život Arnošta z Pardubic podle Valentina Krautwalda* [Das Leben des Ernst von Pardubitz erzählt von Valentin Krautwald], Východočeské muzeum, Pardubice 1997. Zdeňka Hledíková ha studiato dal 1955 dal 1960 archivistica presso l'Univerzita Karlova di Praga. La sua carriera universitaria, ostacolata per motivi politici, le permise di lavorare come archivista presso l'Archivio Nazionale di Pilsen. Prima della "Primavera di Praga" cominciò a lavorare come segretaria presso l'Univerzita Karlova, e successivamente, presso la Facoltà di Filosofia. Dopo la laurea nel 1967 ha lavorato fino al 1991 come assistente di ricerca presso la Facoltà di Storia. Fu solo dopo la caduta dell'Unione Sovietica del 1991 che le venne concessa l'abilitazione. Cinque anni dopo è stata nominata professore di Scienze ausiliarie della Storia.

una compilazione di miracoli che vennero attribuiti al prelato depositata presso la canonica del curato di Glatz, Nikolaus Altmann, nel 1507. Nel 1664 Bohuslav Balbin, che aveva frequentato il Collegio dei Gesuiti di Glatz e che aveva a disposizione lo stesso testo di cui si era servito Krautwald, scrisse una sua *Vita Venerabilis Arnesti, primi archiepiscopi Pragensis* che ebbe maggiore successo e una tradizione più lunga. Tuttavia, la biografia scritta da Krautwald si presume potesse essere creduta perduta soprattutto in seguito alla sua adesione alla Riforma.

I provvedimenti della diocesi di Praga, fino al sinodo del 1381, furono volti all'intensificazione dell'attività inquisitoriale nella regione, esortando i cittadini alla delazione, reprimendo con la forza le sollevazioni dei "rusticorum Valdensium". Alla fine del Trecento l'identità del valdese in Boemia rispondeva alle caratteristiche di straniero e di lingua tedesca. L'attività inquisitoriale – riporta Molnár – fu così importante che il vescovo di Olomouc Nikolaus von Riesenburg[14], verso la fine del suo episcopato (quindi attorno

---

Il suo lavoro si concentra sulla storia dell'arcidiocesi di Praga e della serie dei vescovi e degli arcivescovi nei secoli XIV-XV, tra cui Giovanni IV di Dražice e appunto Ernest di Pardubice. Dal 1993 al 2009 ha diretto il Český historický ustav di Roma. Dal 1998 è membro della Commissione internazionale per la Paleografia. Per una biografia della studiosa si veda Ivan Hlaváček – Jan Hrdina et alii, *Facta probant homines: sborník příspěvků k životnímu jubileu prof. dr. Zdeňky Hledíkové*, Prague, Scriptorium, 1998.

[14] La figura del vescovo di Olomouc è di rilievo anche sotto il profilo politico. Egli infatti, dopo la carriera diplomatica svolta alla corte di Carlo IV a Praga, ottenne diversi benefici ecclesiastici e divenne dapprima vescovo di Costanza, per poi prendere possesso della sede slesiano-morava. In una situazione di gravi conflitti sociali nella regione, causati dalle scorribande di alcuni signori feudali, Nikolaus von Riesenburg strinse un accordo con il margravio Jobst di Moravia, nipote di Carlo IV di Boemia e ultimo discendente della casata di Lussemburgo, per il controllo militare del territorio. Jobst inoltre concentrò nelle sue mani il potere derivante dal territorio acquisito in dote dalle due moglie slesiane, Elisabetta prima e Agnese, zia della defunta, poi, eredi del ducato di Oppeln. Per un

al 1397) poteva scrivere al pontefice che gli eretici *de secta Valdensium* erano tornati in seno all'ortodossia. Alle soglie del XV secolo i valdesi erano quindi ben noti nella regione boemo-slesiana, tra i ceti più bassi della società; la dottrina valdese nella sua ispirazione etica e sociale si era diffusa massicciamente e forse, sostiene ancora Molnár, in misura maggiore di quanto le fonti inquisitoriali possano testimoniare[15].

Tuttavia, il movimento hussita, negli anni presi in esame da Molnár, non si è ancora manifestato. E per comprendere la posizione di Romolo Cegna sulla genesi della rivoluzione praghese, è necessario innanzitutto collocare nel tempo e distinguere le fasi dello sviluppo di quella che diverrà la prima chiesa riformata nazionale europea. Ancora una volta la Slesia, che, come abbiamo ricordato, ebbe un periodo di declino durante il regno di Venceslao IV di Lussemburgo, sarà coinvolta nelle vicende hussite indirettamente, ma lasciando nella storiografia una traccia importante.

3.3. La riforma hussita. Dalla *Betlémská kaple* al rogo di Costanza (1402-1415)

Mentre l'Europa cristiana era lacerata dal Grande Scisma d'Occidente, lo sdegno per lo stato delle cose e il desiderio di cambiamento portò alcuni predicatori locali a levare la voce nelle loro comunità di appartenenza. Definiti volgarmente 'eretici' da una parte della bibliografia divulgativa, essi tuttavia traevano gli argomenti

---

approfondimento si veda Jan Bistřický, *Nikolaus von Riesenburg*, in Erwin Gatz - Clemens Brodkorb, *Die Bischöfe des Heiligen Römischen Reiches 1198 bis 1448*, Berlin, Duncker & Humblot, 2001, pp. 515-516; Brigitte Degler-Spengler, *Nikolaus von Riesenburg* in NDB, 19, 1999, p. 266.

[15] Molnár, *Storia dei Valdesi*, pp. 111-112.

della loro polemica, perlopiù anticuriale, direttamente dalla Scrittura. Questo li faceva rientrare nell'ortodossia dottrinale, ma li spingeva ai margini della fedeltà al diritto canonico.

A questi apparteneva Jan Hus. La sua predicazione, cominciata nel 1402 nella *Betlémská kaple*, la "Cappella di Betlemme" nella Città Vecchia di Praga, portava con sé le linee guida del pensiero del sacerdote e teologo boemo: dare ai suoi figli spirituali il 'pane della Scrittura', ciò di cui egli riteneva fossero digiuni. Per questo la predicazione, e successivamente la produzione letteraria, avvenne nella lingua locale, il ceco. La carriera di Hus fu rapida, così come il consenso che trovò nella popolazione boema. Dopo aver studiato filosofia ed aver ottenuto il titolo in *magister in artibus* presso l'Univerzita Karlova, divenne nel 1401 decano della facoltà.

Il suo pensiero venne influenzato dagli scritti di John Wycliff soprattutto per le sue posizioni ecclesiologiche: i due temi dominanti nel pensiero del teologo inglese erano la predestinazione della Chiesa degli eletti, la Chiesa invisibile di coloro che *ab eterno* erano stati salvati da Dio; e la condanna della gerarchia ecclesiastica, fino alla negazione del papato e all'attribuzione di grande potere nell'organizzazione della società al potere civile[16].

Divenuto una voce influente presso la comunità praghese, non solo nel ceto basso ma anche presso i nobili della città, Hus ottenne nel 1409 la carica di rettore dell'Università della capitale. A favorire la situazione fu anche la scelta che Venceslao IV fece sull'amministrazione dello *Studium*, emanando in quello stesso anno il Decreto

---

[16] Il pensiero di Wycliff non si esaurisce con questa sintesi, che tuttavia è funzionale alla comprensione delle posizioni hussite. Per uno studio della figura del teologo inglese si veda: Stephen Edmund Lahey, *John Wyclif*, Oxford University Press, New York 2008; Andrew Larsen, *John Wyclif c. 1331-1384*, in Ian Christopher Levy (a cura di), *A Companion to John Wyclif. Late Medieval Theologian*, Brill, Leiden 2006, pp. 1-61.

di Kutná Hora, con il quale l'elemento straniero, in particolare tedesco e polacco, perdeva la sua condizione privilegiata nelle scelte interne, riconsegnando il potere nelle mani della *natio* ceca[17]. Immediato fu l'esodo degli studenti tedeschi verso il nuovo ateneo costituitosi a Lipsia, movimento che comportò la perdita di prestigio che l'Univerzita Karlova aveva goduto fino a quel momento.

L'azione del sovrano era guidata dal desiderio di rivedersi assegnato il titolo che aveva perso di *re dei Romani*, preludio dell'incoronazione imperiale; e l'occasione per intervenire sul panorama europeo sarebbe stata per lui quella della soluzione dello scisma, durante il concilio appena apertosi nella città di Pisa. Aveva bisogno del sostegno del popolo e dei professori dell'istituzione universitaria: questi consensi confluivano nella persona di Jan Hus[18].

La Chiesa tuttavia aveva cominciato a mettere sotto torchio le tesi esposte da Wycliff, le stesse che erano entrate nel pensiero del rettore dell'università praghese e venivano esposte in lingua ceca al popolo e nelle aule dello *Studium*. L'occasione per lo scontro fu la polemica iniziata da Hus contro la vendita delle indulgenze, che servivano al papato romano per sovvenzionare le attività belliche contro il re di Napoli Luigi II d'Angiò.

La curia di Praga, nella persona dell'arcivescovo Zbynko Zajíc von Hasenburg, che già come cancelliere dell'Università si era dichiarato contrario ai professori che avevano assunto le tesi di Wycliff sostenute da Hus[19], convinse il sovrano boemo che il rettore rivoluzionario aveva travalicato il limite dell'ortodossia e che dalla vendita delle indulgenze ne avrebbe beneficiato anche la corona.

---

[17] Comi, *Verità e anticristo*, p. 30.

[18] Gui – De Angelis, *Boemia e Moravia*, p. 175.

[19] Zdeňka Hledíková, *Zbynko Zajíc von Hasenburg* in Erwin Gatz, *Die Bischöfe des Heiligen Römischen Reiches 1198 bis 1448*, Berlin, Duncker & Humblot, 2001, pp. 593–594.

Così, interpellando il pontefice neoeletto dal concilio pisano, Giovanni XXIII, nel 1412 giunse per Hus la scomunica[20].

Mentre affrontava l'esilio da Praga, dopo essersi rifiutato di recarsi a Roma, scrisse il *De Ecclesia*, l'opera che sarebbe diventata il manifesto della sua dottrina ecclesiologica[21]. Da Cracovia, dove si era recato nel 1414, Hus fu invitato al Concilio di Costanza, indetto dal pontefice che lo aveva scomunicato, ottenendo tuttavia il salvacondotto imperiale dell'imperatore Sigismondo di Lussemburgo per potersi muovere incolume all'interno dei confini dell'Impero. Malgrado avesse con fiducia esposto le sue tesi ai padri conciliari, nei quali ancora riponeva la speranza del cambiamento interno alla Chiesa di Cristo, venne imprigionato e successivamente messo al rogo il 6 luglio 1415.

3.4 I conflitti religiosi in Boemia e Slesia fino alla pace di Olomouc (1419-1490)

Dopo la morte di Jan Hus, il regno di Boemia venne sconvolto da una serie di conflitti interni causati dalla presa di posizione della Chiesa romana all'indomani dell'elezione di Martino V Colonna, il pontefice scelto per porre fine allo Scisma d'occidente.

Gli eventi storici ruotano attorno alla morte di Venceslao IV di Lussemburgo, il debole sovrano boemo, al quale successe il fratello Sigismondo che già cingeva la corona imperiale e sedeva sul trono ungherese. L'imperatore non poté prendere possesso della Boemia nel 1419, ma la raggiunse soltanto nel 1436, un anno prima della sua morte, poiché i sudditi del regno, che avevano santificato la

---

[20] Gui – De Angelis, *Boemia e Moravia*, p. 176.
[21] Si veda Jan Hus, *Il primato di Pietro. Dal "De Ecclesia"*, a cura di Luigi Santini, Claudiana, Torino 2009.

figura di Hus come martire della Chiesa corrotta che a lungo aveva predicato dalla *Cappella di Betlemme,* avevano visto come un tradimento la promessa di incolumità che il boemo aveva ricevuto da Sigismondo stesso.

Sono quattro gli ambiti in cui sarà necessario approfondire i rapporti interni al regno di Boemia, tenendo in considerazione come aspetto privilegiato i conflitti nati dall'appartenenza religiosa. Non solo tra cattolici e hussiti, ma tra hussiti moderati ed estremisti, tra cattolici ed ebrei, fino alla già accennata dispersione dell'identità valdese nella grande confusione di quelle che la storiografia ha denominato *Hussitenkriegen.*

Prima di procedere con l'analisi degli eventi di maggiore rilevanza è necessario tenere in controluce un aspetto essenziale: l'esperienza hussita non solo ha anticipato di un secolo l'azione di riforma di Lutero, ma soprattutto è uscita dall'alveo ideologico dell'eresia per connotarsi invece come chiesa nazionale, considerando che non solo l'hussitismo era stato accettato e professato dalla maggior parte della popolazione boema e veicolato in lingua ceca, ma che anche era stato riconosciuto e definito da un accordo "internazionale" nei cosiddetti *Quattro Articoli* (poi compendiati nei *Compactata*).

3.5 In Slesia: la guerra dei due duchi e il *pogrom* giudaico

La città slesiana di Breslau divenne il teatro di un conflitto religioso che segnerà la storia della regione. L'imperatore Sigismondo, nel 1420, ancora impegnato nelle lotte contro gli hussiti, ebbe l'opportunità di spostare la corte della capitale boema, Praga, nella città reale di Breslau; tuttavia, preferì convocare una Dieta imperiale con la quale organizzare un'operazione militare di riconquista.

Le fonti riportano che Sigismondo visitò la città in incognito almeno due volte, durante le quali mostrò il suo pugno di ferro sia contro la gilda mercantile, che si opponeva alla legislazione economica del Consiglio cittadino, sia presenziando all'esecuzione di un hussita, Giovanni di Praga, noto come Krasá. Se nel primo episodio, avvenuto nel marzo del 1420, fece decapitare nella piazza del mercato i ventiquattro capi della rivolta, nel secondo fece rispettare la bolla pontificia emanata da Martino V Colonna per gli eretici hussiti. Come si vedrà in seguito la Slesia, e in particolare Breslau, era l'obbiettivo delle forze intransigenti hussite, i *taboriti*, capeggiate da Procopio il Grande, detto *Rasus* (perché non portava la barba tradizionale degli hussiti taboriti). Nel 1428, durante la crociata bandita da Sigismondo di Lussemburgo, Procopio dimostrò tutta l'abilità nel comando militare che era mancata a Jan Žižka, successore di Hus che aveva tentato di instaurare a Praga un governo assoluto, sconfiggendo le forze imperiali e dirigendosi verso Troppau e Ottmachau, conquistando la fortezza di Brieg e di Glogau.

Gli hussiti devastarono i monasteri che incontrarono nel loro percorso, sostenuti dai paesani e dai contadini che vedevano nella loro azione la concreta possibilità di rivalsa sul potere esercitato dalla Chiesa sul territorio. Vennero dati alle fiamme il monastero di Bardo e di Leubus, e le comunità di monaci sterminate. Le forze hussite ebbero la meglio in Slesia fino al 1433, quando le forze cattoliche riuscirono a catturare il capo dei rivoltosi della regione, Pietro Polono, *starosta* di Nimptsch, nel maggio dello stesso anno[22].

Lo scenario bellico venne dominato da due duchi slesiani, Bolko V di Opole e Corrado IV il Vecchio di Oels. Considerare soltanto questi due attori in un panorama ben più numeroso di capi politici, religiosi e militari può sembrare disorientante se non si considera che il primo è passato alla storia nella Slesia come 'il duca hussita' e il secondo come 'il vescovo-duca'.

---

[22] Norman Davies – Roger Moorhouse, *Microcosm. Portrait of a Central European City*, Pimlico, London 2003, pp. 113-114.

Corrado IV il Vecchio[23] (1384 ca. – 1447) era il figlio maggiore di Corrado III di Oels, e in quanto tale avrebbe potuto ereditare dal padre la maggior parte dei territori ducali. Tuttavia, scelse la carriera religiosa. Nel 1339 divenne chierico presso la cattedrale di Breslau e successivamente canonico e decano del Capitolo nel 1410. L'anno seguente, dopo aver investito molte delle sue fortune per il beneficio della sede episcopale di Warmia, si vide opporre un altro candidato; il viaggio a Roma per rivendicare la sede tanto ambita gli valse soltanto qualche privilegio e il canonicato di Olomouc. Soltanto nel 1417 papa Martino V Colonna lo nominò vescovo di Breslau, ricevendo gli ordini sacri nel gennaio del 1418.

Intanto già nel 1402 Corrado era entrato nell'alleanza tra i prìncipi della Slesia, ergendosi a ruolo di primo piano nei rapporti diplomatici non solo tra la Boemia, la Polonia e l'Ordine Teutonico, ma anche tra i prìncipi slesiani e le città libere. Nel 1412, alla morte del padre, ereditò il titolo di duca di Oels, Koźle, Ścinaw e i titoli minori, che spartì con i fratelli, tenendo per sé Kąty, Bierutów, Prudnik e Syców. Come vescovo di Breslau era anche duca di Nysa, secondo la concessione che il duca Boleslao I il Lungo fece al figlio Jaroslaw in occasione della sua nomina a vescovo della città. Il primo ad utilizzare il titolo ducale fu il vescovo Heinrich von Wübern[24]. A Nysa sarebbe nato di lì a qualche decennio Valentin Krautwald.

Nel 1420 Corrado, insieme ai prìncipi slesiani, diede il suo appoggio all'imperatore Sigismondo di Lussemburgo che, durante le

---

[23] Per la narrazione biografica di Corrado IV di Oels si veda Josef Joachim Menzel, *Konrad IV, Herzog von Oels* in NDB, 12, 1999, pp. 502-segg; Jan Kopiec, *Konrad IV* in Erwin Gatz, *Die Bischöfe des Heiligen Römischen Reiches 1198 bis 1448*, Berlin, Duncker & Humblot, 2001, p. 113; Hugo Weczerka (a cura di), *Handbuch der historischen Stätten. Schlesien*, Kröner, Stuttgart 1977, pp. XLVIII, 216, 389, 594-95. Si veda anche Arno Herzig, *Schlesien*, pp. 52-53.
[24] Kurt Engelbert, *Heinrich I. v. Würben* in NDB, 8, 1969, p. 354.

guerre hussite, aveva perso la Boemia e poteva contare soltanto sull'appoggio della Slesia. Nello stesso anno l'Imperatore garantì al vescovo-duca il governo della Slesia come vicario dell'Impero e lo coinvolse nell'organizzazione militare del conflitto religioso. Tra il 1425 e il 1428 tuttavia venne più volte sconfitto dalle truppe hussite taborite in Slesia. Corrado pertanto ottenne per la seconda volta la leadership dell'alleanza dei prìncipi slesiani per condurre la difesa della regione; molti di questi tuttavia strinsero degli accordi personali con Procopio il Grande che nel frattempo controllava la Slesia e lasciava alle sue truppe, in alleanza con i contadini rivoltosi, la libertà di devastare e requisire i beni laici ed ecclesiastici. Gli accordi prevedevano l'inviolabilità del territorio e il libero passaggio degli hussiti nella regione.

Il vescovo Corrado invece continuò la lotta ma venne sconfitto insieme ad alcuni prìncipi che gli erano rimasti fedeli, in una sanguinosa battaglia nei pressi di Nysa, nell'agosto del 1428. È a questo punto che Corrado, vedendo le terre della diocesi di Breslau saccheggiate dall'avanzata delle truppe di Procopio il Grande, cercò di avvicinarsi ad uno dei principali capi hussiti tra i prìncipi slesiani, il duca di Opole Bolko V, e di ottenerne intercessione. Gli hussiti taboriti avevano saccheggiato la terra di origine del vescovo Corrado, Oels, ma anche il monastero di Leubus. È nel 1433 che il vescovo-duca riunì per la terza volta la lega dei prìncipi slesiani, questa volta con l'obiettivo di proteggere i beni della Chiesa nella regione.

Nel 1437, alla morte di Sigismondo di Lussemburgo che, come si è detto, aveva raggiunto Praga soltanto l'anno precedente potendo cingere anche la corona di Boemia, Corrado si schierò con Alberto V d'Asburgo, genero del defunto imperatore. Gli elettori del regno invece scelsero come candidato il principe Casimiro, fratello del re di Polonia. L'intervento di Corrado fu così incisivo che tutta la Slesia appoggiò favorevolmente la candidatura dell'Asburgo[25]. E ancora, nel 1440, alla morte di Alberto, il ve-scovo-duca fu di nuovo al centro dei giochi per la successione. Eli-sabetta di Lussemburgo era ancora nel pieno della gravidanza quando il marito imperatore la lasciò vedova. Corrado di Oels, in-sieme a parte della nobiltà, sostenne la successione del figlio che sarebbe nato di lì a pochi mesi, Ladislao detto *Postumo*, mentre gli elettori del regno decisero di appoggiare Ladislao III Jagellone, re di Polonia.

È in questo frangente che emerge con vigore la figura di un altro vescovo, Zbigniew Oleśnicki[26] di Cracovia. Promosso alla porpora cardinalizia l'anno precedente da papa Eugenio IV Condulmer, aveva retto le sorti della Polonia da quando, nel 1434 il giovane Ladislao era stato incoronato re a soli dieci anni. Fu un reggente interventista, poiché concesse privilegi ai magnati della città e ai grandi proprietari terrieri, promosse una lega antiturca e in rela-zione alla regione slesiana perfezionò il trattato di Nemslau incor-porando nei territori soggetti al vescovado di Cracovia parte dei ducati dell'Alta Slesia. Con la maggiore età di Ladislao III, fu uno dei più grandi detrattori dell'azione di governo del sovrano.

Corrado uscì ancora vincitore nel gioco politico boemo, riu-scendo ad ottenere la candidatura di Ladislao Postumo per il trono di Boemia, sul quale regnerà fino al 1457. Ma i dissidi interni alla Bassa Slesia, che era ormai la parte più consistente della regione

---

[25] Heinz Quirin, *Albrecht II* in NDB, 1, 1953, pp. 154-155. Alberto V d'Asburgo era arciduca d'Austria dal 1404, e nel 1437 ereditò dal suocero Sigismondo i possedimenti della casa di Lussemburgo che con lui si estingueva; egli venne nominato suo erede in virtù del matrimonio reale, essendo Sigismondo privo di eredi maschi legittimi, e per il suo aiuto durante le guerre hussite; in quell'occa-sione ricevette il margraviato di Moravia; nel 1438 Alberto divenne anche impe-ratore.

[26] Wojciech Iwanczak, *Olesnicki, Sbigneus, (Zbigniew)* in BBKL, 6, 1993, coll. 1195-1196.

controllata dalla corona boema, non erano terminati. In seguito all'elezione del candidato che potremmo definire filogermanico, parte della nobiltà slesiana che aveva appoggiato il polacco entrò in conflitto con Corrado di Oels e con i suoi sostenitori. Tra i detrattori della sua azione politica c'era Corrado il Bianco, uno dei cinque fratelli del vescovo-duca. Fu un periodo di guerra civile in cui il territorio fu oggetto delle scorribande da parte delle milizie al soldo dei prìncipi slesiani, che riproposero il terrore, il declino e la povertà degli anni Trenta.

Il dissesto finanziario in cui Corrado di Oels aveva lasciato l'episcopato di Breslau portò il Capitolo della cattedrale a chiedere la sua deposizione, avvalendosi di una bolla pontificia *contra simoniam*; papa Eugenio IV Condulmer tuttavia confermò nella sede episcopale Corrado con un documento del 21 luglio 1445. Il vescovo-duca si riconciliò *manu militari* con il Capitolo, prima della sua morte avvenuta il 9 agosto del 1447.

Bolko V di Opole[27] (1400 ca.-1460) fu invece un sostenitore del movimento hussita fin da quando, studente all'Univerzita Karlova, poté ascoltare e condividere l'insegnamento di Jan Hus. La sua fortuna come duca di una regione abbastanza ricca della Slesia fu di gran lunga favorita dal matrimonio, appena diciottenne, con Elisabetta Granowski, la cui madre, Elisabetta di Pilica, allora vedova, era andata in sposa al re di Polonia Ladislao II Jagellone.

Associato al governo del ducato dal 1422, guadagnò nel corso degli anni l'amministrazione dei territori appartenenti per diritto ereditario allo zio e ai cugini, estendendo il governo di Bolko V anche su Głogówek e Prudnik. Con l'invasione hussita della Slesia

---

[27] Per la biografia di Bolko V si segue Ludwig Petry, Josef Joachim Menzel (a cura di), *Geschichte Schlesiens*, vol. 1: *Von der Urzeit bis zum Jahre 1526*, Thorbecke, Stuttgart 1988, pp. 197-199, 208-215; Hugo Weczerka (a cura di), *Handbuch der historischen Stätten. Schlesien*, Kröner, Stuttgart 1977, pp. 596-597.

dapprima si unì alla lotta insieme agli altri prìncipi della regione, secondo quanto era stato deciso dal vescovo-duca Corrado di Oels. Ma nel 1428 decise di approfittare delle numerose vittorie militari del taborita Procopio il Grande non solo per appoggiare il movimento ma anche sposandone appieno il progetto di secolarizzazione, incamerando i beni ecclesiastici. L'azione politica di Bolko V si attestò su due fronti: da un lato contro i possedimenti del vescovado di Cracovia, dove il reggente reale, il vescovo Oleśnicki, premeva sui confini; e dall'altro contro il vescovado di Breslau, dove il vescovo-duca Corrado stava subendo le sue numerose sconfitte militari. Da queste azioni militari riuscì a guadagnare non solo il controllo dell'Alta Slesia e di una buona parte della Bassa, ma rivendicò per sé il titolo di duca di Nysa, spettante ai vescovi di Breslau.

Nel 1433 Bolko V venne sconfitto dalle truppe slesiane fedeli al vescovo-duca, arrestando così la sua azione militare. La sua azione di secolarizzazione dei conventi e dei monasteri tuttavia continuò, ricevendo nel 1443 la scomunica papale. Tra il 1444 e il 1453 continuò la sua lotta contro il vescovo di Cracovia, sull'acquisto che quest'ultimo aveva fatto del ducato di Siewierz, arrivando tuttavia a ridimensionare il territorio rispetto alla massima espansione al seguito delle milizie hussite. L'ultima fase del suo governo fu in declino: portò con sé l'appellativo di *Hussita* e la scomunica, morendo senza eredi diretti nel 1460.

Breslau fu anche la sede di una dieta che l'imperatore Sigismondo convocò nel 1420, in cui si concentrò per tutto l'inverno la diplomazia imperiale e pontificia. Nei piani dell'Imperatore – scrive Norman Davies nella sua monografia sulla città di Breslau, riportando i dati contenuti nei diari del rettore dell'Univerzita Karlova, Paulus Vladimiri – la grande dieta doveva raccogliere i prìncipi dell'Impero, dell'Europa Centro-orientale e della Chiesa in una crociata contro gli hussiti in Boemia; voleva recuperare il trono che legittimamente gli spettava. La risposta ecclesiastica a questo evento fu l'invio di alcuni inquisitori generali; tra questi, ci soffermeremo sull'intensa attività di Giovanni da Capestrano, l'autore di un secondo *pogrom* antigiudaico nella città di Breslau nel 1453[28].

Giovanni da Capestrano, appartenente all'osservanza francescana, giunse in Boemia per predicare contro gli hussiti dopo aver speso parte del suo ministero in Ungheria, presso la corte del nobile Giovanni Hunyadi (colui che diventerà reggente del regno d'Ungheria dopo la morte in battaglia di Ladislao III). La sua attività fu così intensa che venne espulso da Praga; trovò rifugio a quindi in Slesia, presso il vescovo di Breslau Pietro II Nowag. Questo vescovo, originario del ducato di Nysa, spese buona parte del suo ministero per ricostruire non solo la città e il suo contado, ma anche le finanze dissestate dall'episcopato del suo predecessore Corrado di Oels. Si impegnò anche a ristabilire i rapporti con il Capitolo, con il quale redasse uno statuto che regolasse i rapporti reciproci. Possiamo immaginare che la presenza di Capistrano in città dovette risollevare il morale al vescovo Nowag, vedendo nella figura dell'inquisitore la presenza dell'autorità pontificia. Capistrano ebbe pertanto carta bianca[29].

Capistrano non trovò in città conventicole hussite, così diresse la sua predicazione, sul modello savonaroliano, contro l'eccessivo benessere del ceto mercantile e l'ostentazione del lusso dei cittadini. Così, dopo la predicazione del 'Lunedì dell'Angelo', il 2 aprile 1453, cominciarono i falò di oggetti preziosi, quadri, gioielli e tutto quanto potesse essere ricondotto al vizio, nella piazza del mercato. Ma l'azione fervente del frate non si spense; anzi, a causa di un

---

[28] Davies – Moorhouse, *Microcosm*, p. 127.
[29] Ulrich Schmilewski, *Peter Nowag* in NDB, 20, 2001, p. 220.

episodio riportato dalle fonti – che potrebbe essersi strutturato secondo la retorica antigiudaica classica – avrebbe diretto i suoi strali contro la comunità ebraica.

Secondo le fonti[30] un contadino della campagna vratislaviense proveniente dal villaggio di Langewiese, accusò un gruppo di ebrei della profanazione di un'ostia consacrata e di aver scatenato una rivolta armata. Capistrano, che era ancora in città, venne nominato per indagare sulla faccenda. Era la fine del mese di aprile. Il 2 maggio, buona parte della comunità ebraica, trecento-diciotto uomini, provenienti dalla città e dalla zona circostante vennero arrestati e la confessione del misfatto venne loro estorta con la tortura. Capistrano decretò che quarantuno di loro fossero bruciati sul rogo e il restante espulso dalla città. Lo storico che si è occupato della ricostruzione dell'evento, Willy Cohn, afferma che le ragioni di questo intervento contro la comunità giudaica trova le sue radici nella ricchezza e nelle attività commerciali, così come testimoniano gli undici registri superstiti dell'archivio della città di Breslau. Nel 1455 re Ladislao Postumo garantì alla città il privilegio *De non tolerandis Judaeis* che rimarrà in vigore fino al 1744.

3.5 L'internazionale valdo-hussita

Lo storico Amedeo Molnár, nella sua *Storia dei Valdesi*, fu il primo a sintetizzare quanto avvenne all'inizio della predicazione hussita in Boemia utilizzando l'espressione divenuta celebre nella letteratura storiografica di "internazionale valdo-hussita". L'utilizzo di

---

[30] Willy Cohn, *Capistrano, ein Breslauer Judenfeind in der Mönchskutte* in «Menorah. Jüdisches Familienblatt für Wissenschaft, Kunst und Literatur», 5, 1926, pp. 263-264. Si veda anche Cegna, *Valdismo e Ussitismo*, p. 34.

questa categoria politica non è da considerarsi fuori luogo: esso infatti riassume con efficacia l'esito delle intense relazioni di avvicinamento e confronto che portarono alla condivisione dei programmi alla base delle rispettive azioni di riforma. L'autore utilizza le fonti della storiografia valdese confrontandole con la monografia dello storico americano Howard Kaminsky, *History of the Hussite Revolution*, il quale ebbe il merito di rendere più fruibile l'opera di essenziale utilità dello storico ceco František Michálek Bartoš, *Husitská revoluce*[31].

Il primo dato da prendere in considerazione è che agli inizi del Quattrocento, quando Hus aveva cominciato la sua predicazione dalla cappella di Betlemme, il valdismo in Boemia era ridotto ad una esistenza nicodemita, priva di uno spazio istituzionale nel quale poter difendere le proprie ragioni dottrinali. Il carattere settario che il valdismo aveva assunto lo poneva ai margini del dibattito religioso europeo e questa è senz'altro una delle ragioni che hanno motivato alcuni storici – nei contributi in precedenza citati – a ritenere che il movimento valdese abbia goduto favorevolmente della vittoria hussita in Boemia. Ma quali furono questi contatti? In merito alla critica delle fonti, tanto Amedeo Molnár quanto Romolo Cegna sono concordi nel ritenere che il luogo di commistione tra i due movimenti sarebbe stata la casa "Alla rosa nera", il centro universitario praghese della *natio bohemica*. Stando alla ricostruzione storica di Bartos, già nel 1412-1413, quando Hus venne allontanato dalla predicazione e si rifugiò in esilio presso il piccolo villaggio di

---

[31] Le due monografie sono considerate le pietre miliari della ricostruzione storica e dottrinale degli sviluppi interni del movimento hussita, ritenuto dallo storico americano Kaminsky «una riforma e una rivoluzione insieme, di fatto *la* rivoluzione della fine del medioevo» (Kaminsky, *History*, p. 1). Si veda Howard Kaminsky, *History of the Hussite Revolution*, University of California Press, Berkeley – Los Angeles 1967; František Michálek Bartoš, *Husitská revoluce,* voll. 2, České dějiny, Praha 1965-1966.

Kozí, avrebbe trovato un ambiente che viveva con nostalgia un passato valdese; il burgravio del castello sarebbe stato persino complice del nascondimento di alcuni valdesi perseguitati dall'inquisizione[32].

Jacobello da Stribio, professore alla Univerzita Karlova e continuatore dell'opera di Hus presso la Cappella di Betlemme, segnò dal 1416 il primo vero passo di unità tra valdesi e hussiti, affermando la loro comunione con la chiesa invisibile degli eletti, in rifiuto della chiesa costantiniana che fu iniziata da papa Silvestro. La sua riflessione certamente partiva dal contatto con i teologi tedeschi della cosiddetta 'scuola di Dresda', che già dal 1411 frequentavano la casa "Alla rosa nera" a Praga. I primi ad aver raggiunto la capitale boema furono Pietro da Dresda e Federico Epinge, sostituito ben presto da Nicola da Dresda, a causa della prematura scomparsa. Le linee guida di questo nucleo di ferventi teologi riformisti si fondavano sul pensiero di Peter Payne, un teologo wycliffita che godeva della stima di Nicola da Dresda, e sull'interpretazione radicale dell'evangelico *Discorso della Montagna*[33] come regola di vita per le comunità cristiane.

Nicola da Dresda e Jacobello da Stribio gettarono le basi della teologia hussita; per il loro intervento sulla pratica eucaristica il movimento vedrà assegnatosi l'appellativo di *utraquista*, poiché uno dei cardini dottrinari era la comunione sotto le due specie, quelle del pane e del vino. Diversamente, mentre Jacobello da Stribio portava

---

[32] Molnár, *Storia dei Valdesi*, p. 125. Che Hus avesse predicato in ambienti valdesi fu sostenuto in particolar modo dall'avvocato curiale Michele de Causis al Concilio di Costanza nel 1415, il quale affermò che Hus avrebbe avuto «dalla sua parte generalmente anche quasi tutti gli eretici, cioè i leonisti, i runcari e i valdesi, tutte persone che non si curano delle censure ecclesiastiche e odiano l'autorità della chiesa romana». Insieme a lui, Pietro d'Ailly e Giovanni Gerson.
[33] Mt 5, 1-12.

avanti un'idea di riforma pacifica e di collaborazione con l'élite intellettuale praghese, nell'ottica di garantire uno spazio vitale al movimento nato in Boemia, Nicola da Dresda invece portava avanti la sua lotta in modo oltranzista e bellicoso.

A questi nomi si posso aggiungere quelli di Cristiano di Prachatice, un *magister* di Praga che nel 1417, allo scopo di fermare la tendenza radicalizzante che faceva capo a Nicola da Dresda, sottopose nove articoli di fede, tutti d'ispirazione valdese, agli altri docenti dell'Univerzita Karlova. Il burgravio del castello di Praga, Cenek di Vartemberk obbligò il vescovo di Nicopoli, insieme alla restante parte della nobiltà boema che aveva aderito all'hussitismo, a procedere con l'ordinazione sacerdotale di alcuni chierici formati secondo le dottrine della nuova chiesa nazionale. Tra questi, Bartolomeo Rutenstock e Giovanni Draendorf, legati alla "casa alla Rosa Nera", di tradizione valdese: il primo diventerà un predicatore itinerante, mentre il secondo prenderà la via del radicalismo taborita, morendo come martire della comunità hussita praghese nel 1425[34].

Ancora una volta è necessario considerare le pagine di Cegna che, sulla base dei codici conservati presso la Biblioteca Nazionale di Varsavia e la Biblioteca Universitaria di Breslau, sostiene l'estraneità e l'indipendenza del movimento valdese da quello, altrettanto indipendente, hussita, additando invece in Wycliff e nella sua dottrina le fondamenta del movimento boemo[35]. Lo storico mette in evidenza, nella sua ricostruzione, come il termine *valdese* abbia indicato nel corso della strutturazione dell'hussitismo diverse eresie

---

[34] Molnár, *Storia dei Valdesi*, pp. 169-170.
[35] Cegna, *Valdismo e Ussitismo*, p. 35. In occasione del matrimonio di Anna di Lussemburgo con il re d'Inghilterra Riccardo II le relazioni con il regno di Boemia si fecero ancora più intense; in particolare, lo scambio di studenti tra le due università di Praga e Oxford permise anche lo scambio delle opere del riformatore inglese Wycliff.

o dottrine analoghe, costruendo così il mito nelle requisitorie degli inquisitori cattolici; *Waldenses* era anche utilizzato, ricorda Cegna, per indicare persino i flagellanti, per l'affinità che la dottrina valdese poteva avere con la dottrina di quest'ultimi, soprattutto in merito ai sacramenti e sul potere carismatico dei sacerdoti cattolici[36].

La sovrapposizione identitaria tra le comunità valdesi e hussite proseguì per lungo tempo, sopravvivendo in alcuni scritti di Lutero e Bullinger. Se il primo si rivolgeva agli hussiti nello scritto del 1523 *Vom Anbeten des Sakraments* come "ai fratelli chiamati Valdesi in Boemia e Moravia", il secondo invece nel suo *Diarium*, al 12 settembre 1524, fornisce al riformatore svizzero Zwingli alcune informazioni sulla comprensione simbolica della Santa Cena presso i Valdesi, riconoscendone la validità teologica condivisa con il pensiero del padre della Chiesa Agostino. Bullinger afferma di essere in accordo con la dottrina eucaristica valdese in Boemia che accosta il rito in modo simbolico. Tuttavia, nella teologia valdese, l'eucaristia non è un atto simbolico, come nella dottrina sacramentaria zwingliana ben conosciuta a propugnata da Bullinger, bensì commemorativo. Secondo l'interpretazione di Paolo Ricca, tanto Bullinger quanto Lutero, quando scrivevano, avevano in mente l'esito finale della trasformazione del movimento hussita, la prima chiesa riformata europea, quella dei Fratelli Moravi[37].

3.6 Le molte anime del movimento hussita: *Utraquisti, Taboriti, Piccardi* e *Horebiti.*

Il movimento hussita acquisì le caratteristiche rivoluzionarie nel Regno di Boemia all'indomani del rogo di Hus e del martirio del

---

[36] Cegna, *Valdismo e Ussitismo*, pp. 38-42.
[37] Ricca, *Zwingli tra i Valdesi*, p. 247.

predicatore Girolamo da Praga. La leadership del movimento venne assunta dal sacerdote intransigente, estraneo ai dibattiti dottrinari delle aule accademiche, Jan Želivsky, che venne proclamato 'tribuno dei poveri'. La sede della rivoluzione venne spostata nella Boemia meridionale, nella cittadina dal nome emblematico di Tábor. Da qui, Želivsky insieme ai suoi seguaci prese d'assalto il municipio della Città Nuova di Praga e grazie al sostegno del ceto popolare, riuscì a cacciare dalla città l'aristocrazia e l'alto clero di origine tedesca, gli strenui difensori della cattolicità e artifici – a dire dei rivoluzionari – della fine di Hus[38].

I *taboriti*, così chiamati dal nome della capitale che fungeva da polo organizzativo del movimento, instaurarono a Praga e nelle province limitrofe un nuovo modello di società, senza classi, abolendo i privilegi feudali e la proprietà privata. Era il 1419, e tutto questo poteva avvenire anche in seguito alla scomparsa di Venceslao IV di Lussemburgo. Tra il 1420 e il 1436 l'imperatore Sigismondo organizzò sotto la spinta pontificia di papa Martino V Colonna – che, come pontefice eletto dal Concilio di Costanza per porre fine allo Scisma d'Occidente teneva particolarmente anche alla soluzione dello scisma boemo – e del successore. Furono cinque le crociate bandite per recuperare il regno, durante le quali il partito cattolico in seno alla nobiltà e al clero boemo fece fronte compatto con la potenza imperiale per abbattere la resistenza hussita. Ma gli hussiti, come vedremo, non erano per nulla uniti.

In seguito all'instaurazione di un governo dittatoriale sulle città di Praga e Tábor da parte di Želivsky tra il 1421-1422, si vennero a formare, in seno al movimento hussita, due partiti: quello moderato, la cosiddetta "Lega di Praga", disposto al compromesso con i cattolici; e quello radicale, i taboriti, che avevano nel dittatore

---

[38] Gui – De Angelis, *Boemia e Moravia*, p. 177.

Želivsky, nel condottiero militare Žižka e nell'arcivescovo di Praga (non consacrato) Jan Rockycan.

L'esercito imperiale era già stato costretto a retrocedere nella prima campagna militare del 1420 e nella seconda del 1421, ideata dal cardinale legato pontificio per l'Impero, l'Ungheria e la Boemia Branda Castiglioni. Gli scontri si protrassero fino al 1424 quando la Lega di Praga (gli hussiti moderati) appoggiarono le truppe cattoliche per eliminare i taboriti (l'ala radicale) ed intavolare un colloquio di pace e riconoscimento della libertà religiosa. Tuttavia, il valoroso generale Žižka riuscì a sconfiggere gli avversari in battaglia, presso Kutná Hora. Acquisita fiducia nelle loro capacità militari, gli hussiti, la cui leadership era ormai nelle mani dell'ala radicale, passarono al contrattacco invadendo le province imperiali limitrofe, venendo tuttavia sconfitti e costretti alla ritirata nel 1427.

Fino a questo momento, quali erano le componenti interne all'hussitismo? Nel 1420 tutte le anime del movimento avevano sottoscritto i *Quattro articoli di Praga*, con i quali rendevano note le loro posizioni dottrinali, da tutti condivise: la povertà e la secolarizzazione del clero, l'uso del calice anche per i laici, la libera interpretazione delle Scritture e la punizione di tutti i peccati mortali.

Lo storico ceco František Čapka propose una linea interpretativa basata su una suddivisione sociale del movimento, secondo la quale il ceto più basso della società era animato dalle proposte più radicali dell'hussitismo, mentre gli studenti dell'Università di Praga, insieme alla nobiltà e ai primi seguaci di Hus, rappresentavano l'anima più collaborativa con il cattolicesimo romano[39]. Se consideriamo invece i gruppi, postulando la sostanziale eterogeneità dei componenti, possiamo elencarne quattro: utraquisti (o *calixini*), taboriti, piccardi (o *adamiti*) ed horebiti (od *orphani*).

---

[39] František Čapka, *Dějiny zemí Koruny české v datech*, Libri, Praha 1998, p. 181 cit. in Gui – De Angelis, Boemia e Moravia, p. 181.

Gli utraquisti rappresentano la parte del movimento hussita che rimase fedele agli insegnamenti originari del predicatore Jan Hus, il cui obiettivo era quello di rivendicare in seno alla Chiesa universale le verità evangeliche che la chiesa gerarchica, quella stessa chiesa che aveva causato uno scisma nella cristianità a causa della sete di potere dei suoi rappresentati, aveva dimenticato. Per questo, gli utraquisti furono anche il gruppo che cercò a più riprese il compromesso e il dialogo con la fazione cattolica boema e le forze imperiali, al punto da cercarne l'alleanza nella crisi con l'ala radicale. Gli utraquisti erano hussiti che appartenevano all'élite intellettuale praghese e al patriziato urbano. Essi costituirono, fino a 1419, l'unica anima del movimento, tant'è vero che la *communio sub utraque specie* era la pratica che avrebbe accomunato tutte le anime dell'hussitismo e che rientrerà nei Quattro articoli fondamentali dei riformatori.

Il fondamento dottrinario dell'utraquismo si trova nelle pagine dell'*Apologia pro communione plebis sub utraque specie* di Jacobello da Stribio, del 1415, così come si legge nelle pagine della cronaca di Lorenzo di Brezova, segretario del consiglio della città di Praga. Per lo storico ceco Bartoš, la cronachistica di provenienza hussita si trovò subito a dover giustificare non solo l'ortodossia ma anche la nobiltà della pratica utraquista, argomentandone la genesi tipicamente boema (e quindi non germanica) e facendola risalire alla predicazione di Cirillo e Metodio. A sua volta Jacobello da Stribio avrebbe riportato in auge la comunione sotto entrambe le specie accogliendo la testimonianza di Girolamo da Praga, una delle figure preminenti della Cappella di Betlemme, che nel 1414 era tornato in Boemia dopo un viaggio in Lituania, presso alcune comunità di rito ortodosso[40].

---

[40] Kaminsky, *A History*, p. 99. Per un approfondimento sullo sviluppo dell'utraquismo si vedano in particolare le pp. 97-140.

Nel 1419, dopo le ordinanze imperiali contro le posizioni utraquiste, tra l'estate e l'autunno, intere comunità rurali nel distretto della capitale Praga, guidate dai capifamiglia e dai parroci che avevano aderito all'utraquismo, cominciarono a spostarsi per le adunanze domenicali presso il monte Čenkov u Bechyně, ribattezzato dai fedeli "monte Tabor", come racconta Lorenzo da Brezova nella sua *Cronaca*, per poi stabilirvisi quasi definitivamente. Essi, dopo essersi discostati sulla dottrina eucaristica da Jacobello da Stribio, difendendo una lettura simbolica del sacramento della Cena, divennero l'ala radicale del movimento, meritando l'appellativo di taboriti[41]. Tra i taboriti si possono individuare ancora due ulteriori movimenti, entrambi di vita molto breve, il primo dei *piccardi* o *adamiti*, che faceva riferimento al predicatore hussita Martink Huska, e il secondo, quello degli *horebiti*, che aveva come guida il generale Žižka.

Esuli francesi provenienti dalla Piccardia, una regione della Francia settentrionale, un gruppo di profughi *religionis causa* si insediò in Boemia attorno al 1418. Setta con tendenze millenariste, condivideva la dottrina dei *Fratelli del Libero Spirito*, formulata in seguito alla diffusione delle idee di Gioacchino da Fiore.

Partecipando della potenza dello Spirito Santo, erano convinti che ogni loro azione fosse di necessità pura; secondo i loro detrattori, a causa di questo originario – e presunto – stato di grazia, i piccardi agivano in modo contrario alla morale, vivendo con costumi sessuali promiscui; essi vennero pertanto chiamati *adamiti* dal nome della setta nord-africana avversata da Agostino nel V secolo. Una volta insediatisi in Boemia, questo gruppo di eretici venne guidato dal taborita Huska che stabilì la comunità in un'isola sul

---

[41] La genesi dell'ala taborita dell'hussitismo è stata studiata da Amedeo Molnár, *I Taboriti. Avanguardia della rivoluzione hussita (sec. XV)*, Claudiana, Torino 1986, alle pagine del quale si rimanda. In particolare, si vedano le pp. 5-48.

fiume Nazarka, predicando ai suoi membri con le argomentazioni del chiliasmo pessimista. Questo gruppo, considerato dai taboriti stessi troppo estremista ed oltremodo eterodosso, venne sterminato nell'ottobre del 1421 dalle truppe di Žižka, in seguito alle profanazioni ai danni delle comunità rurali[42].

Jan Žižka proseguì la sua personale battaglia contro l'Impero di Sigismondo di Lussemburgo. Dopo averlo sconfitto presso la collina di Vítkov nel 1420, il sessantenne generale hussita, cieco ad un occhio, si diresse verso la città boema di Kutna Hora, la seconda città del regno, arricchitasi grazie alle miniere d'argento presenti nel territorio. Le truppe che formavano l'esercito taborita, sotto la guida di Zizka, erano nel campo militare le più preparate e le meglio equipaggiate della regione e la venerazione che esse dimostravano per la loro guida spirituale e militare era senza misura. Zizka riuscì a sconfiggere ancora una volta le truppe imperiali di Sigismondo, guadagnando posizione sulla città di Kutna Hora.

Tuttavia, all'inizio del 1423, il dissenso interno nel movimento hussita ha portato alla guerra civile. Žižka, divenuto la guida del gruppo *horebita* (dal nome del monte Horeb di biblica memoria), sconfisse gli utraquisti a Hořice il 20 aprile. Giunta la notizia che Sigismondo stava organizzando una nuova crociata, gli hussiti conclusero un armistizio al Konopiště il 24 giugno. Vinte ancora una volta le truppe imperiali, il dissenso interno scoppiò di nuovo. Durante il suo governo provvisorio su Boemia, il principe Sigismondo

---

[42] Keminsky, *A History*, pp. 352-354. Sul millenarismo di Martinek si veda in Molnár, *I Taboriti*, pp. 78-81 la copia della lettera indirizzata alla comunità di Písek.

Korybut[43] di Lituania aveva nominato Bořek, il signore di Miletínek, governatore della città di Hradec Králové[44]. Bořek apparteneva all'ala utraquista e dopo la partenza del luogotenente lituano, e per questo la città di Hradec Králové si rifiutò di riconoscere Bořek come suo sovrano. Žižka venne chiamato dal ceto popolare in rivolta e le milizie utraquiste vennero sconfitte il 4 agosto 1423.

Nel 1424, la guerra civile scoppiò nuovamente in Boemia. Žižka sconfisse i 'praghesi' utraquisti e i nobili a Skalice il 6 gennaio, nuovamente a Malesov il 7 giugno e nel mese di settembre decise di marciare su Praga. Jan Rokycan, arcivescovo hussita non consacrato della capitale boema, cercò di mettere in accordo le parti che il 14 di quel mese giunsero ad una pacificazione. Gli hussiti ora riuniti stavano pianificando di attaccare la Moravia, parte della quale era ancora nelle mani degli imperiali, tuttavia Žižka morì di peste a Přibyslav l'11 ottobre 1424 sulla frontiera della Moravia.

I suoi soldati cominciarono allora a chiamarsi *orphani* perché si sentivano come se avessero perso il loro padre[45].

---

[43] Kaminsky, *A History*, p. 460.

[44] Sigismondo Korybut governava la Boemia in nome di Vitoldo/Vytautas, granduca di Lituania. La corona del regno era stata offerta al granduca dagli hussiti vittoriosi ma egli, sapientemente, non volendo compromettere la sua posizione nel panorama internazionale, la rifiutò. Per la figura di Vitoldo/Vytautas si veda Daniel Z. Stone, *The Polish-Lithuanian State, 1386-1795*, University of Whashington Press, Seattle 2014, pp. 3-17.

[45] Sulla guerra civile tra la fazione utraquista e quella taborita-horebita si veda Kaminsky, *A History*, pp. 460-481.

3.7 La pace tra cattolici e utraquisti: da Giorgio di Podebrady alla pace di Olomouc

Prima della crisi dinastica della quale si è parlato in precedenza, che ha portato sul trono di Boemia Alberto d'Asburgo e il figlio Ladislao, il conflitto religioso tra i cattolici e il movimento riformatore hussita arrivò ad una conclusione, con l'eliminazione dal tavolo delle trattative della fazione più oltranzista. Nel 1431 morì il pontefice del concilio di Costanza. Fu questo il momento adatto per l'ala moderata utraquista, che aveva ottenuto una posizione di rilievo nello scontro con i taboriti, per proporre alla chiesa di Roma e all'Impero il riconoscimento delle proprie posizioni dottrinarie.

Già dopo la morte di Žižka si erano infatti aggravate le tensioni fra i moderati e le intransigenti fazioni estremiste, tra cui quelle del taborita Andrea Procopio il Grande detto il *Rasus*. Egli, sacerdote intransigente, fu colui che nel nuovo concilio di Basilea tentò di difendere nuovamente le posizioni estremiste; tuttavia a causa dei dissidi interni, fu la fazione utraquista che portò l'hussitismo alla normalizzazione, che venne perseguita *manu militari*. I leader utraquisti, unitisi alla nobiltà cattolica sostenuta da Roma e dall'Impero, sconfissero le milizie taborite di Andrea Procopio e gli *orphani* nella sanguinosa battaglia di Lipany il 30 maggio 1434[46].

Si apre così un periodo fertile per l'hussitismo moderato per la rivendicazione del diritto di professare la dottrina predicata trent'anni prima da Jan Hus. Già nel 1433 i padri conciliari avevano accettato parzialmente alcune delle proposizioni fondamentali contenute nei *Quattro articoli di Praga* in un documento che prenderà il nome di *Compactata*, prima fra tutte la possibilità di ricevere l'eucaristia sotto entrambe le specie. Fu grazie al successivo regime di tolleranza che Sigismondo poté finalmente entrare in possesso del

---

[46] Gui – De Angelis, *Boemia e Moravia*, pp. 182-183.

regno di Boemia nel 1436, governando su un territorio abitato da un 'doppio popolo'.

La crisi in Boemia e in Ungheria si aprì con la morte di Alberto d'Asburgo e con la successione del figlio, nato postumo lo stesso anno, Ladislao. Questi avrebbe dovuto attendere il 1445 e il 1448 per vedersi riconosciute le corone dei due regni, non senza dover affrontare le ingerenze tanto della famiglia imperiale, che voleva tutelare i suoi interessi in Europa centro-orientale, quanto della nobiltà locale. Ladislao, dopo tre mesi dalla nascita, rimase orfano anche della madre, Elisabetta di Lussemburgo, venendo affidato allo zio paterno Federico III d'Asburgo, re imperiale dal 1440. Ladislao venne portato in Austria, mentre la Boemia e l'Ungheria venivano lasciate sotto il controllo della nobiltà: Giorgio di Podebrady e Mattia Hunyadi, detto *Corvino*.

Giorgio[47] era figlio di Victor di Kunstat e Podebrady, un esponente della media nobiltà boema, partigiano dell'ala radicale dell'hussitismo e combattente nella battaglia di Lipany del 1434. Giorgio, appena quattordicenne, prese parte allo scontro affianco al padre.

Durante il regno di Ladislao il Postumo, mentre l'infante era in esilio e vittima delle trame imperiali e della dieta magiara, Giorgio

---

[47] Per la biografia di Giorgio di Podebrady si veda innanzitutto Claus Bernet, *Podiebrad, Georg von* in BBKL, 21, 2003, coll. 1183–1203; Richard Plaschka, *Georg von Podïebrad* in NDB, 6, 1964, pp. 200–203; Adolf Bachmann, *Georg von Podïebrad* in ADB 8, 1878, pp. 602–611. Per un approfondimento ulteriore si vedano le monografie Frederick G. Heymann, *George of Bohemia. King of Heretics*, Princeton University Press, Princeton 1965; Otakar Odložilík, *The Hussite King. Bohemia in European Affairs 1440–1471*, Rutgers University Press, New Brunswick 1965; Arno Herzig – Małgorzata Ruchniewicz, *Geschichte des Glatzer Landes*, Dobu Verlag, Hamburg-Wrocław 2006, pp. 54-59. Si veda anche W. Irgang, W. Bein, H. Neubach, *Schlesien. Geschichte, Kultur und Wirtschaft*, 4, Verlag Wissenschaft und Politik, Köln 1995, pp. 53-54.

divenne il leader del partito hussita in seno alla nobiltà e al cento urbano praghese, avversato dal cattolico Ulderico di Rosemberg. Determinato a fare dell'hussitismo il vessillo del nazionalismo boemo, nel 1448, raccolti molti consensi, marciò sulla capitale partendo con il suo esercito dal nord del regno – a prevalenza hussita – entrando vittorioso a Praga. Scoppiò un conflitto interno armato con la fazione cattolica che portò l'imperatore Federico III d'Asburgo, tutore di Ladislao il Postumo, ad affidare de facto la reggenza della corona boema a Giorgio di Podebrady nel 1451, scelta alla quale fece seguito la ratifica da parte della dieta dei nobili praghesi.

Nel 1453 Ladislao veniva incoronato re di Boemia all'età di tredici anni, ma il suo atteggiamento accondiscendente nei confronti del partito cattolico, nonché succube delle politiche imperiali e pontificie di restaurazione del cattolicesimo romano nel regno, mise Giorgio di Podebrady nella condizione, assai complessa, di essere garante degli interessi non solo della nobiltà e del popolo hussita, ma anche di quella componente cattolica che avvertiva in Federico III e nel pontefice la minaccia dell'ingerenza straniera.

Tuttavia, il 23 novembre 1457 Ladislao morì improvvisamente[48] e la dieta di nobili boemi, a maggioranza hussiti utraquisti, elessero Giorgio di Podebrady come loro sovrano. Egli rappresentava l'espressione del nazionalismo boemo, la figura che avrebbe garantito gli interessi politici e religiosi del regno di fronte ai tentativi restauratori dei sovrani della dinastia asburgica e del partito papista;

---

[48] Günther Hödl, *Ladislaus Postumus*, in NDB, 13, 1982, pp. 393-394. Le accuse di omicidio, ordite secondo la storiografia da Giorgio di Podebrady, sono recentemente cadute grazie all'analisi dei resti di Ladislao da parte degli studiosi, che hanno accertato la morte del giovane per una leucemia e non per avvelenamento. Si veda a tal proposito Christoph Fasbender, *Ach durch got vernempt die klag. Der Tod des Ladislaus Postumus, Königs von Ungarn und Böhmen, als mediales Ereignis* in «Daphnis» III-IV, 39, 2010, pp. 375-390.

persino alcuni nobili esponenti della fazione cattolica votarono per il Podebrady, soprattutto perché poteva rappresentare l'alternativa alla subordinazione nei confronti dell'Impero.

Tra il 1462 e il 1464 re Giorgio dovette scontrarsi con le ingerenze pontificie di Pio II Piccolomini, già visitatore e conoscitore della Boemia hussita, e con il suo successore, Paolo II Barbo. Il primo infatti chiese a re Giorgio l'annullamento dei *Compactata*, ma egli rifiutò promuovendo una politica di difesa dagli interessi nazionali. Nel contempo si dimostrò inflessibile nei confronti degli estremisti hussiti che, seppure in minoranza, attentavano alla pace con la fazione cattolica del regno. In quegli stessi anni, re Giorgio gettava le basi per un progetto dal respiro internazionale che sopravanzava il binomio di potere di Impero e papato, per dare vita ad un'unione permanente di stati che perseguissero un obiettivo comune di pace nella cristianità. L'idea, esposta nel *Tractatus pacis toti christianitati fiendae*[49] venne portato a conoscenza dei grandi sovrani europei, ma non trovò un'applicazione reale.

Nel 1465 alcuni membri della fazione cattolica papista, riunitisi il 28 novembre presso la città di Grünberg, strinsero un'alleanza comune contro il sovrano, cercando l'alleanza dell'imperatore Federico III d'Asburgo, di Mattia Hunyadi e del papa. Il primo atto fu la scomunica del sovrano boemo nel 1466, alla quale fece seguito l'elezione dell'Hunyadi quale re di Boemia dopo la conquista militare di gran parte della regione morava; egli venne incoronato dal vescovo di Olomouc Protasius di Boskowitz, il prelato che negli

---

[49] Si veda Jiří z Poděbrad, *The universal peace organization of King George of Bohemia: a fifteenth century plan for world peace (1462-1464)*, ed. Václav Vaněček, Czechoslovak Academy of Sciences, Prague 1964.

anni del conflitto tra la Boemia e l'Ungheria giocherà un ruolo fondamentale nella successione dinastica e nella riedificazione del regno[50].

Mattia Hunyadi cominciò una guerra contro Giorgio di Podebrady, durante la quale tuttavia il boemo risultò vincitore, ma per mantenere la pace si apprestò a stringere un accordo con il magiaro nel 1470. Poco dopo Podebrady morirà, il 22 marzo 1471.

A succedergli, su proposta alla dieta nobiliare da parte della stessa regina vedova Johanna di Rosenthal, sarà Ladislao II Jagellone[51], figlio del re di Polonia, il quale proseguirà il conflitto con l'Hunyadi fino al 1478. Con la pace di Olomouc, siglata grazie alla mediazione del vescovo Protasius, venne concesso ad entrambi i sovrani di fregiarsi del titolo di 're di Boemia', mentre al magiaro venne riconosciuto il controllo sulla Moravia, sulla Slesia e le due Lusazie[52]; Ladislao avrebbe potuto invece, alla morte di Mattia Hunyadi, riscattare quei territori dietro il pagamento di un oneroso compenso. Ma le cose presero una direzione diversa: nel 1490 il sovrano magiaro morì, lasciando un figlio naturale, Giovanni. La dieta di nobili magiari rifiutò di riconoscere quest'ultimo come legittimo successore, preferendogli Ladislao in quanto figlio di Elisabetta d'Asburgo, già sorella del *Postumo* e nipote del sovrano che fece le fortune dell'Ungheria moderna, Sigismondo di Lussemburgo[53].

---

[50] Winfried Eberhard, *Protas von Czernahora*, in Erwin Gatz, *Die Bischöfe des Heiligen Römischen Reiches 1448–1648*, pp. 70-71; Hermann Markgraf, *Protas von Czernahora*, in ADB, 26, 1888, pp. 668–670.

[51] Felix Priebatsch, *Wladislaw II*, in ADB, 43, 1898, pp. 688–696.

[52] Pál Engel, *The Realm of St Stephen: A History of Medieval Hungary, 895-1526*, I.B. Tauris, London – New York 2005, p. 305. Si veda anche Arno Herzig, *Schlesien. Das Land*, pp. 58-60.

[53] Un ruolo fondamentale durante la rivoluzione hussita e le guerre che ne seguirono venne giocato dai cosiddetti 'stati sociali', rappresentanti i tre ordini

3.8 I *Fratelli dell'Unità*: il riscatto delle minoranze dopo Lipany

L'ala radicale del movimento hussita, dopo il compromesso degli utraquisti con Roma e con la Chiesa cattolica in Boemia, così come recitavano i *Compactata*, sembrò annichilirsi sempre di più, scomparendo dalla vita politica e religiosa del nuovo ordine. Una piccola parte superstite tuttavia continuò ad esistere, in un primo momento nelle case dei privati cittadini e poi riunendosi sempre più numerosi nelle periferie del regno.

Il nucleo più fervente del gruppo taborita, nel 1457, si ricompose con il nome di *Unitas Fratrum*, meglio noti alla storiografia come Fratelli Boemi[54]. La guida della piccola comunità era Gregorio, detto il Patriarca, nipote dell'arcivescovo utraquista di Praga, Jan Rokykan[55]. Egli, grazie alla mediazione dello zio presso Giorgio di Podebrady, riuscì ad ottenere la fondazione di una comunità a

---

della società boema: la nobiltà, il clero e il terzo stato. Fu proprio il gruppo rappresentante la media borghesia e il ceto urbano a condurre la rivoluzione sociale che avrebbe portato l'hussitismo a rappresentare non solo un riscatto nazionale, ma anche l'emancipazione dal controllo gerarchico ecclesiastico e dell'alta nobiltà, rappresentanti ciascuno l'interferenza della chiesa romana e dell'Impero. Con la rivoluzione hussita molta parte della nobiltà e del clero che aveva aderito all'utraquismo avevano implicitamente ceduto gran parte delle proprie prerogative che venivano confermate dalle due grandi istituzioni esterne al regno. Di conseguenza, la monarchia jagellonica inaugurata da Ladislao II e proseguita dal figlio Luigi fino all'avvento degli Asburgo nel 1526 giunse al potere solo grazie al consenso dei tre ordini. Per uno studio della 'monarchia degli stati' si veda Josef Macek, *The monarchy of the estates* in *Bohemia in History*, a cura di Mikuláš Teich, Cambridge University Press, Cambridge 1998, pp. 98-116.

[54] Da non confondere con i Fratelli Hutteriti; si veda Aldo Stella, *Dall'Anabattismo veneto al "Sozialevangelismus" dei Fratelli Hutteriti e all'Illuminismo religioso sociniano*, Herder, Roma 1996, pp. 76-91 (per l'impostazione teologica); pp. 106-114 (sull'arrivo in Moravia).

[55] Joseph Edmund Hutton, *A History of the Moravian Church*, Moravian Publication Office, London 1909, p. 45.

Kunwald, nei pressi della città di Senftenberg. Raccolto il consenso di una figura chiave del piccolo villaggio, Amos il Vecchio, e del parroco della città, Michele, la comunità cominciò a fare proseliti e a riunirsi senza timore di repressioni[56].

Tenuti inizialmente sotto osservazione da re Giorgio per timore che potessero costituire una forza politica e religiosa pari a quanto fu il movimento taborita durante le guerre hussite, i Fratelli dell'Unità furono accusati di non credere nella presenza reale di Cristo nel pane e nel vino consacrati e di aver recuperato i fondamenti del radicalismo e cominciarono ad essere perseguitati. La comunità tuttavia, ormai costituita da centinaia di membri, si disperse tra le montagne della contea di Reichenau[57]. In quella circostanza, Gregorio il Patriarca venne arrestato. Nel 1464 i rappresentanti delle comunità disperse si trovarono per confrontarsi sulle linee comuni della dottrina: essi, unanimemente, dichiararono che il fondamento del loro credo era la giustificazione ottenuta dalla fede e dalle opere di carità, giustificazione che conferisce la speranza certa della salvezza, attesa secondo lo stile evangelico e paolino della povertà, della comunione dei beni e del castigo dei peccati. La chiesa dei Fratelli si caratterizzò sul modello di una ideale 'Chiesa delle origini', gerarchica ma libera. Nel 1467 il prete Mattia di Kunwald ricevette l'ordine episcopale dalla guida dei valdesi della regione austriaca, procedendo a sua volta con l'ordinazione di ministri di culto per la sua comunità. La persecuzione proseguì fino alla morte di Podebrady; nel 1473 morì anche Gregorio il Patriarca. La comunità sembrò vivere un periodo di quiete anche grazie al consolidamento del potere di Ladislao II Jagellone, il quale trovò nella nuova figura chiave del movimento, il vescovo Luca da Praga, ordinato nel 1480, uno strenuo difensore delle prerogative acquisite dalla

---

[56] Hutton, *A History*, pp. 46-50.
[57] *Ibid.*, pp. 51-54.

Chiesa dei Fratelli: la comunità crebbe numerosa, raggiungendo nel 1507 i centomila aderenti[58].

Tuttavia, il favore accordato dal sovrano alla Chiesa dei Fratelli subì un duro colpo quando, dopo la visita dell'inquisitore pontificio, il domenicano tedesco Heinrich Kramer[59], per ordine di papa Alessandro VI Borgia – che aveva dichiarato con una bolla del 1500 i moravi come 'seguaci dell'Anticristo' – venne invitata nel 1508 ad un sinodo con l'ala utraquista dell'hussitismo e con i cattolici, essi inviarono dei rappresentati del tutto impreparati che non seppero reggere il confronto teologico e dottrinario. Fu così che il re, con l'*Editto di San Giacomo* del 25 luglio dello stesso anno, dichiarò l'espulsione dal paese di tutte le comunità che non si riconoscessero nell'utraquismo o nel cattolicesimo[60]. Le persecuzioni sarebbero terminate soltanto nel 1516, con la morte di Ladislao II[61].

---

[58] *Ibid.*, pp. 58-59.

[59] Il domenicano e inquisitore tedesco Heinrich Kramer, meglio noto come *Institoris*, già coautore insieme a padre Jacob Sprenger del *Malleus Maleficarum*, scrisse un trattato nel quale prendeva di mira i Fratelli dell'Unità (chiamati con irrisione *Piccardi*) e i Valdesi in Boemia, il *Sanctae Romanae Ecclesiae fidei defensionis clypeus adversus Waldensium seu Pickardorum haeresim certas Germaniae Bohemiaeque nationes inficientes* del 1501; si veda Friedrich Merzbacher, *Institoris, Heinrich* in NDB, 10, 1974, pp. 175-176; Reinhard Tenberg, *Heinrich Kramer* in BBKL, 2, 1990, coll. 1307–1310.

[60] Hutton, *A History*, pp. 63-64.

[61] Hutton, *A History*, p. 67. Per un ulteriore approfondimento sulla Chiesa dei Fratelli dell'Unità si veda Craig D. Atwood, *The Theology of the Czech Brethren from Hus to Comenius*, Pannsylvania State University Press, University Park 2009; Joachim Bahlcke, *Die böhmische Brüder-Unität und der reformierte Typus der Reformation im östlichen Europa*, in «Comenius-Jahrbuch», 16-17, 2008-2009, pp. 11-23; Peter Brock, *The Political and Social Doctrines of the Unity of Czech Brethren in the Fifteenth and Early Sixteenth Centuries*, Mouton, The Hague 1957; Franz Machilek, *Böhmische Brüder* in «Theologische Realenzyklopädie», 7, 1981, pp. 1-8; Amedeo Molnár, *Böhmische Reformation* in *Tschechischer Ökumenismus. Historische Entwicklung*, a cura di Pavel Filipi, Zentraler Kirchlicher Verlag, Praha 1977, pp. 81-144; Martina

Capitolo IV
La Slesia e le sue città (XIV-XVI sec.)

4. La Slesia e le sue città all'alba del Cinquecento

Prima di entrare nel merito della biografia di Valentin Krautwald, che secondo una parte della storiografia sarebbe nato proprio nell'ultima decade del Quattrocento in Slesia, considereremo i luoghi e le personalità che maggiormente hanno influenzato la formazione dell'identità dell'umanista e teologo. Tra i luoghi prenderemo in analisi Nysa (o Neisse), la città che diede in natali alla famiglia di Krautwald, parte dell'omonimo ducato che apparteneva ai vescovi di Breslau; la città di Legnica (o Liegnitz) e il suo ducato, dove Federico II, discendente dei Piasti di Polonia, fonderà uno studio universitario che potesse competere con quello praghese e si farà promotore della riforma religiosa nella regione slesiana; e infine il vescovado di Breslau e l'università di Cracovia.

Molte sono invece le personalità dell'umanesimo tedesco con le quali Krautwald entrerà in contatto personale, per ragioni di studio, o epistolare, per la difesa del suo pensiero teologico. In questa sezione considereremo quelle che hanno segnato primariamente la biografia dello slesiano: il vescovo di Breslau Johann Thurzo, il duca di Legnica Federico II e il teologo riformato Johann Hess. Si è scelto invece di non dedicare uno spazio a Caspar Schwenckfeld,

---

Thomsen, *Wider die Picarder. Diskriminierung und Vertreibung der Böhmischen Brüder im 16. und 17. Jahrhundert* in *Glaubensflüchtlinge. Ursachen, Formen und Auswirkungen frühneuzeitlicher Konfessionsmigration in Europa*, ed. Joachim Bahlcke, Lit Verlag, Berlin 2008, pp. 145-164.

la cui biografia è intrecciata con quella di Krautwald e troverà debito spazio lungo tutta la dissertazione.

4.1 Nysa

Secondo le fonti storiche, la città di Nysa sarebbe stata fondata alla confluenza dei fiumi Gletzer e Biele dal vescovo di Breslau, Lorentz[62], di origine germanica, su un precedente insediamento slavo che fece ripopolare di coloni provenienti dall'ovest, e lo dotò di uno statuto cittadino simile a quelli di cui beneficiavano le città libere imperiali.

In un documento del 1223, il balivo della città di Nysa, Walter, viene nominato *locator incolarum*, ovvero procuratore per i beni del vescovo di Breslau presso la città di Ujest. Fino a quel momento Nysa era sotto l'amministrazione del castellano di Ottmachau, mentre con la divisione del ducato di Slesia nel 1248, per concessione del duca Enrico V la città finì sotto la giurisdizione dei vescovi di Breslau, i quali esercitavano sulla città tanto il potere spirituale quanto quello temporale. Nysa venne elevata a ducato nel 1344 ed unita alla diocesi di Breslau dal vescovo Preczlaw di Pogarell[63], divenendo uno dei ducati del Regno di Boemia. I vescovi di Breslau tennero in grande considerazione la città, sia per quanto riguardava l'amministrazione del territorio, ampliando l'area di influenza di Nysa a tal punto che si poté parlare di *Territorium Nisense*[64]

---

[62] Bernhard Stasiewski, *Lorenz*, in NDB, 15, 1987, pp. 168-169.

[63] Ulrich Schmilewski, *Preczlaus von Pogarell*, in NDB, 20, 2001, pp. 704-706; Jan Kopiec, *Przeclaus von Pogarell (1299-1376)*, in *Die Bischöfe des Heiligen Römischen Reiches. 1198-1448*, a cura di Erwin Gatz, Duncker & Humblot, Berlin 2001, p. 111.

[64] Bernhard W. Scholz, *Das geistliche Fürstentum Neisse*, Böhlau Verlag, Köln-Weimar-Wien 2011, pp. 338-397; Ludwig Petry, Josef Joachim Menzel (edd.), *Geschichte Schlesiens*, 1: *Von der Urzeit bis zum Jahre 1526*, Jan Thorbecke Verlag, Stutt-

per indicare il vasto dominio dei vescovi di Breslau, consolidatosi sotto il regno di Carlo di Lussemburgo; sia per quanto riguardava l'aspetto militare, fortificando la città e facendo di Nysa un centro importante sulla strada per il commercio con Vienna.

Nel 1366 venne fondata la prima scuola parrocchiale presso la parrocchia di San Giacomo, ampliata successivamente nel 1418. La costruzione della nuova basilica, in stile gotico, sul sito della precedente (del 1198), era cominciata nel 1401 e terminerà soltanto nel 1430, lasciando incompiuto il campanile. Dal 1477 la basilica ospiterà la collegiata dei canonici che verrà spostata da Ottmachau per ordine del vescovo, dato il maggior prestigio che Nysa aveva acquisito nel tempo: ben sette prelati infatti decideranno di farsi seppellire nella basilica. Durante l'invasione hussita della Slesia, quando il vescovo di Breslau era il duca Corrado di Oels, il contado di Nysa venne saccheggiato ma la città riuscì a resistere all'assedio anche grazie alle sue fortificazioni. Tuttavia, ben altra riforma raggiunse la città nel 1522, quella protestante, alla quale aderì molta parte del clero e della cittadinanza. Un dato demografico riporta che nell'ultimo decennio del Quattrocento la popolazione di Nysa si aggirava intorno ai 4500 abitanti[65].

4.2 Legnica: la città, il suo duca e l'università

Situata in un'importante crocevia, Legnica si trova a metà della strada che da ovest verso est conduce da Görlitz a Breslau, fino a

---

gart 1988. Il *Territorium Nisense* era costituito, oltre che da Nysa, anche dalla castellania Ottmachau, da Patschkau, Ziegenhals, Weidenau, Freiwaldau e dal 1344 anche da Grottkau; questo territorio si estendeva per circa 90 chilometri dalla città di Breslau.

[65] Weczerka, *Handbuch der historischen Stätten. Schlesien*, pp. 331–338.

Cracovia, lungo la via commerciale più importante della Bassa Slesia, sulla quale si svilupparono anche le fiorenti città di Haynau, e poco più a sud di Löwenberg e Goldberg. Da nord a sud è attraversata da una seconda via che unisce Glogau a Reichenbach, fino al confine con i domini della corona boema[66].

Non a caso Legnica venne scelta come residenza dai duchi di Slesia Boleslao I e dal figlio Enrico. Fu durante il loro dominio che l'assetto urbanistico della città venne riorganizzato, gli edifici e le mura riedificate e rafforzate con contrafforti in pietra. Tuttavia, già nel 1241 la città veniva completamente distrutta nella battaglia che vide scontrarsi gli eserciti cristiani – tra cui l'Impero, l'Ordine Teutonico, nonché le truppe boeme, polacche e slesiane – con l'Orda d'Oro. In quell'evento morì sul campo di battaglia il duca di Slesia Enrico II il Pio[67].

Nei decenni successivi Boleslao II ricostruì la città in un sito più sicuro, a sud-ovest rispetto alla sede originaria, come residenza dei signori di Legnica, dotando la città delle leggi di Magdeburgo, privilegio sui cui poterono contare molte altre città libere della Slesia. Costruì anche un castello fortificato ed elevò la chiesa dei SS. Pietro e Paolo quale sede di un arcidiaconato nel 1261. La nuova città così ricostruita venne completata e fortificata con una cinta muraria tra il 1281 e il 1326. Nel 1338 Legnica fu ampliata in seguito ad un incendio e la nuova cinta muraria venne dotata di quattro grandi porte. La città divenne così un fiorente centro culturale, nel quale si formarono tre scuole presso la chiesa dei SS. Pietro e Paolo, della Beata Vergine Maria e quella del Duomo.

---

[66] Theodor Schönborn, *Chronik der Stadt Liegnitz*, Weise, Berlin 1940, p. 9.
[67] Hugo Weczerka, *Handbuch der historischen Stätten. Schlesien*, Stuttgart 1977, p. 284; Schönborn, *Chronik*, p. 14-16.

Mentre nel resto d'Europa imperversava la peste, la Slesia ne rimase estranea; durante il governo di Venceslao I[68] sul ducato di Legnica, nel 1348, il Duomo venne affidato ad una collegiata e dal 1352 la città ebbe diritto di battere moneta[69]. Dopo un periodo in cui l'economia fiorì anche grazie alla centralità di Legnica nel tragitto commerciale verso il regno di Polonia, la città venne assediata nel 1428 dalle milizie hussite, ma grazie alla sua ricchezza e alla solidità delle sue mura, non cedette; furono invece i borghi circonvicini di Bunzlau, Goldberg e Haynau che vennero rasi al suolo.

Fino al 1419 la città di Legnica e l'omonimo ducato venne governato dagli eredi diretti dei Piasti, ma fu col duca Venceslao II[70], il quale divenne anche vescovo di Breslau dal 1382 al 1417, che la linea si estinse. Dopo aver ricevuto la porpora cardinalizia e aver servito la Chiesa di Urbano VI come nunzio e suo rappresentante presso il sovrano boemo, Venceslao II lasciò il ducato privo di eredi. Tuttavia, già nel 1413 egli aveva provveduto a dichiarare suoi eredi Ludovico ed Enrico, figli del duca di Brieg. Ludovico avrebbe avuto il titolo principale, la città di Legnica e metà del territorio di Goldberg, mentre il fratello Enrico avrebbe goduto, oltre che dell'altra metà di Goldberg, anche di una ricca rendita di 6000 fiorini. Ne uscì uno scontro tra i due che durò fino alla morte del vescovo. Ludovico II di Legnica, divenuto legittimamente signore

---

[68] Historische Kommission für Schlesien (ed.), *Geschichte Schlesiens*, 1, Sigmaringen 1988, pp. 167-171; Weczerka, *Handbuch*, p. 286.

[69] Si veda Ryszard Kiersnowski, *L'art monétaire en Pologne aux XIVe-XVIe siècles et les Italiens*, in *Italia, Venezia e Polonia tra Medio Evo e Età Moderna*, a cura di Vittore Branca – Sante Graciotti, Olschki Editore, Firenze 1980, pp. 309-324; si veda anche Schönborn, *Chronik*, p. 24: le fonti scritte attestano che in Slesia e Polonia operavano, tra gli altri, anche coniatori italiani come *Monaldus da Lucca* e *Leonardus Bartoli* a Cracovia e *Anastasio Venturi* da Firenze a Legnica.

[70] Jan Kopiec, *Wenzel II. von Leignitz* in Erwin Gatz (ed.), *Die Bischöfe*, p. 112; Weczerka, *Handbuch*, p. 285.

della città e del ducato, sposò, durante il Concilio di Costanza, Elisabetta di Brandeburgo, allorché il padre della nobildonna era appena stato elevato a margravio ed elettore del Sacro Romano Impero. Ludovico, complice questa felice unione e grazie al buon governo dello zio prelato, divenne uno dei prìncipi più ricchi del suo tempo, tant'è vero che alla sua morte lasciò alla moglie il ducato ed una ricchissima pensione.

Elisabetta non aveva avuto figli maschi dal marito ma fece in modo di consolidare la successione del pronipote Giovanni di Luben[71] (anch'egli un Piast di Slesia) dandogli in sposa la figlia Edvige. Elisabetta governerà il ducato fino al 1449; alla sua morte la nobiltà di Legnica si solleverà contro il governo dei Piasti – a loro dire finanziariamente troppo oppressivo – consegnandosi all'imperatore che deteneva la corona boema.

Solo nel 1454 Federico I, figlio di Giovanni ed Edvige, potrà rivendicare per sé ed i suoi successori il ducato. Il duca Federico arrivò ad assommare su di sé molti titoli e un territorio altrettanto vasto, tra cui Haynau e Strehlen ereditati dal padre, Ohlau dalla nonna paterna, Lublino, Brieg e Legnica, accumulati tra il 1453 e il 1482. Alla morte dello zio e del padre, rimase l'unico continuatore della linea dei Piasti di Slesia. Una mossa diplomatica di grande prestigio fu il matrimonio con Ludmilla di Podebrady, figlia di re Giorgio di Boemia, nel 1474, alla quale diede in amministrazione i territori di Ohlau e Brieg. Non sappiamo quanto questa unione abbia influito sull'educazione dei figli e sull'adesione del principe slesiano alle dottrine utraquiste, figlie della rivoluzione hussita; dall'unione con Ludmilla nacquero Giovanni II, Federico II e Giorgio. Nel 1488, alla morte del duca, l'eredità fu raccolta intera-

---

[71] Weczerka, *Handbuch*, p. 285.

mente da Federico II, poiché il fratello primogenito era morto. Federico II[72], dopo aver lasciato al fratello Giorgio, divenuto maggiorenne nel 1505, il ducato di Brieg e di Lublino (che torneranno nelle sue mani nel 1521, alla prematura morte del giovane), si apprestò a condurre Legnica verso il momento di maggior splendore.

Nel 1523 egli acquistò dal vescovo di Breslau Johann Thurzo il territorio di Wolhau e si fece promotore, sul piano internazionale, della pace tra l'Ordine Teutonico, il cui Gran Maestro era Alberto di Brandeburgo – che non era altri che un suo cugino – e il re di Polonia per il possesso della Prussia, che si risolverà con la cessione di quel territorio al signore brandeburghese ma sotto l'egida polacca.

Non vi sono prove che Ludmilla di Podebrady abbia influenzato i figli, e in particolare Federico II, nell'opposizione alla Chiesa romana e ad abbracciare le dottrine utraquiste. Tuttavia, nel 1521, quando Giorgio di Brieg, il vizioso fratello di Federico, morì, anche alcuni uomini della sua corte si spostarono a Legnica dove il nuovo duca e governatore della Slesia in nome del regno di Boemia (*Oberlandeshauptmann*); tra questi anche Caspar Schwenckfeld raggiunse Legnica e non mancarono occasioni in cui potesse far sentire la sua voce. All'epoca Schwenckfeld era incline alla teologia luterana e fu attraverso questa che riuscì a catturare la spiritualità del nobile duca di Legnica alla Riforma. Tuttavia, mentre l'entusiasmo per la dottrina del monaco di Wittenberg si stava facendo largo nella coscienza di Federico II, già Schwenckfeld cominciava ad entrare in quel periodo che la storiografia indica come il momento di distacco del predicatore slesiano da Lutero[73].

La fondazione dell'università di Legnica parte da questo presupposto: Federico II, ormai noto tra i duchi dell'Impero, decise di

---

[72] Ludwig Petry, *Friedrich II., Herzog von Liegnitz*, in NDB, 5, 1961, p. 514.
[73] Williams, *The Radical Reformation*, p. 201.

farsi promotore della Riforma in Slesia dando ai sostenitori di Lutero lo spazio accademico per il confronto con Roma, diversamente da quanto altri prìncipi imperiali avevano rifiutato di fare. La prima università protestante in Europa venne fondata nel 1526, ma ebbe vita breve: essa venne chiusa, o forse non ebbe mai modo di organizzarsi internamente, nel 1530, in seguito ai tumulti scaturiti dalla predicazione di Schwenckfeld in contrasto con la dottrina eucaristica di Lutero[74].

Tra le personalità che vennero chiamate per tenere lezioni presso lo Studio vi furono Valentin Krautwald e Valentin Friedland, detto *Trotzendorf*. Del primo si avrà modo di parlare in seguito. Del secondo invece, vale la pena fornire qualche cenno biografico. Trotzendorf, giovane versato negli studi classici, studiò a Görlitz e rifiutò la carriera ecclesiastica per diventare invece maestro di scuola a Goldberg. Egli, non solo aderì alla riforma religiosa, ma, dopo essere tornato da Legnica, fu anche promotore della riforma scolastica per le classi primarie, affidando – raro caso nell'Europa cen-

---

[74] Le poche tracce bibliografiche sulla breve storia di questa università concordano tanto sugli estremi cronologici quanto sulle motivazioni della chiusura. Si veda a tal proposito Davies – Moorhouse, *Microcosm*, p. 173: «In 1526-30, Liegnitz briefly possessed its own Protestant University, the first in Europe, but it closed after only four years due to religious and financial controversy»; e ancora Owen Chadwick, *The Early Reformation on the Continent*, Oxford University Press, Oxford 2001, pp. 257-258: «Marburg in Hesse was the first [Protestant University], Slesia had founded Liegnitz University earlier buti it closed quickly». Breve cenno sull'università di Legnica viene fatto anche in Siegfried Wollgast, *Philosophie in Deutschland zwischen Reformation und Aufklärung (1550-1650)*, Akademie-Verlag, Berlin 1998, pp. 633-676 (sul rapporto accademico tra alcuni esponenti del radicalismo slesiano e il luteranesimo); pp. 741-744 (su Legnica e i riformatori slesiani).

tro-orientale – l'organizzazione interna della scuola agli stessi giovani alunni. Questo sistema scolastico ebbe così grande successo da essere esportato in buona parte della Germania riformata[75].

Federico II trasformerà anche il volto della città procedendo con la demolizione di molte cappelle e chiese e sostituendole con fortezze e fortificazioni murarie: dapprima il convento dei cistercensi (1524), seguìto da quello dei domenicani (1534) e quello dei francescani (1541). Il Duomo venne spostato presso la chiesa di S. Giovanni e successivamente, nello stesso progetto urbanistico, vennero abbattuti anche il monastero delle monache benedettine e la certosa (1548)[76]. Nel 1547 moriva così il duca che aveva traghettato la regione non solo nella Riforma ma anche nel lungo impero degli Asburgo quando nel 1526 Ferdinando I, fratello minore dell'imperatore Carlo V, ereditò le corone di Boemia e Ungheria dal cognato, Luigi II Jagellone, dopo la sua disfatta contro i turchi ottomani nella battaglia di Mohács[77].

4.3 Breslau: l'episcopato di Thurzo e l'introduzione della Riforma in Slesia

Dopo la visita del frate inquisitore Giovanni da Capestrano e i tumulti delle guerre hussite, la città di Breslau avrebbe potuto cambiare volto; dal 1466 la città era caduta sotto l'influenza del regno

---

[75] Su Valentin Friedland, detto *Trotzendorf* (1490-1556), si veda: Walther Killy, *Trotzendorf, Valentin* in *Dictionary of German Biography*, 10: *Thibaut – Zycha*, ed. Walther Killy et alii, De Gruyter, München 2006, p. 103.

[76] Weczerka, *Handbuch*, p. 287.

[77] Sui problemi legati alla successione dei titoli e dei territori di Federico II di Legnica si veda Gustav Adolf Harald Stenzel, *Geschichte des preussischen Staats*, 1, Perthes, Hamburg 1830, pp. 320-323.

d'Ungheria, in seguito alle pressioni di Mattia Hunyadi per il controllo della Boemia, salvo rientrare negli antichi confini nel 1490; invece, dal 1482 al 1539, la città e il suo contado poterono beneficiare del governo di tre vescovi che, in modo diverso, accompagnarono Breslau non solo negli splendori dell'umanesimo artistico e letterario, ma soprattutto nelle complesse vicende che segnarono il sopraggiungere in Slesia della Riforma protestante.

Per la ricostruzione storica della città dalla fondazione al tardo medioevo si rimanda alla bibliografia in nota[78]. Ci si limiterà in questo contesto a vederne lo sviluppo e le contraddizioni durante l'episcopato di Johann Roth (1482-1506), Johann Thurzo (1506-1520) e Jakub von Salza (1520-1539). Una premessa: soltanto il vescovo Thurzo permise la penetrazione nella diocesi e nel territorio vratislaviense della dottrina luterana, mentre il suo successore cercò, nei limiti della sua azione pastorale, di limitarne la diffusione; tuttavia, la sensibilità verso la cultura umanistica e lo spazio lasciato alla produzione di sapere di entrambi, si concretizzò nella consacrazione della Slesia come culla "delle riforme": non solo quindi il luteranesimo, ma anche il pensiero radicale.

Il vescovo Johann Roth[79], figlio di un calzolaio, Seyfried Roth, ebbe la possibilità di studiato a Roma e Padova; qui è segnalato come rettore dei giuristi nel 1459, addottorandosi l'anno seguente. La sua carriera cominciò nella cancelleria pontificia e successivamente alla corte di Ladislao il Postumo, dell'imperatore Federico

---

[78] Si veda in particolare Norman Davies – Roger Moorhouse, *Die Blume Europas. Breslau – Wroclaw – Vratislavia. Die Geschichte einer mitteleuropäischen Stadt.* München, Droemer Knaur, 2002 (edizione tedesca di Davies - Moorhouse, *Microcosm*, op. cit.); Hugo Weczerka (ed.), *Handbuch der historischen Stätten. Schlesien*, Alfred Kröner Verlag, Stuttgart 2003, pp. 38-54.
[79] Josef Joachim Menzel, *Johannes IV. Roth*, in NDB, 10, 1974, pp. 481-482.

III e dal 1479 presso il re d'Ungheria Mattia Hunyadi, dove fu uno dei mediatori nel complesso conflitto per la corona magiara.

Dal 1464 tuttavia egli era stato nominato parroco della curazia di S. Giorgio ad Attergau, nonché dal 1460 decano del Duomo di Passau e nel 1466 anche nel Duomo di Breslau. Roth poi venne dapprima nominato vescovo di Lavant nel 1468 e, sotto la pressione del re d'Ungheria, Hunyadi, che lo considerava un elemento importante per le relazioni diplomatiche con il regno di Boemia, fece pressione con il Capitolo della cattedrale di Breslau perché Roth venisse nominato vescovo coadiutore di Rudolf di Rüdesheim. Dopo la sua morte nel 1482, Johann Roth divenne vescovo di Breslau. Egli poté coltivare la sua passione per l'arte libraria, di cui oggi è conservata testimonianza presso la biblioteca del Duomo di Breslau, nella collezione di messali, breviari e libri di preghiera miniati e riccamente decorati[80]; considerato anche un ottimo amministratore, in aggiunta al suo ruolo guida della diocesi vratislaviense, Roth venne temporaneamente nominato *Oberlandeshauptmann* della regione slesiana, in un delicato periodo in cui tra i principi della Slesia erano cominciate a serpeggiare tensioni a causa della pressione economica della Chiesa di Roma.

Durante l'episcopato di Roth si stabilirono le prime stamperie a Breslau, la più importante delle quali fu quella di Caspar Elyan. Canonico della cattedrale fin dal 1473, stampò i primi nove incunaboli nello stesso anno e nel 1475 stampò gli statuti dei sinodi dei vescovi di Breslau. Altre due stamperie vennero stabilite a Legnica e a Nysa tra il 1480 e il 1521. A Breslau altri due stampatori, Peter Eschenloer e Barthel Stein, lavorarono tra il 1472 e il 1512, e misero al

---

[80] Joseph Jungnitz, *Geschichte der Dombibliothek in Breslau in Silesiaca. Festschrift des Vereins für Geschichte und Altertum Schlesiens zum 70. Geburtstage seines Präses Colmar Grünhagen*, Breslau 1898, pp. 187-206.

torchio una *Historia Wratislaviensis* e una *Descriptio totius Silesiae et civitatis regie Vratislaviensis*[81].

Un altro dato da tenere in considerazione è l'incremento delle relazioni tra Breslau e l'università di Cracovia[82] in seguito alle guerre hussite, durante le quali l'Univerzita Karlova era divenuta la fucina dottrinaria del movimento utraquista. Sarà durante l'episcopato di Johann Thurzo che l'università Jagellonica diventerà la meta per molti giovani della media borghesia e del patriziato urbano, per la formazione giuridica e teologica, e al contrario, il punto di partenza per molti intellettuali laici e religiosi, verso le capitali della cultura umanistica europea. Nel 1505 alcuni religiosi della città di Breslau, che si erano formati a Cracovia, chiesero ed ottennero dal re di Polonia Ladislao Jagellone di poter fondare un'università anche a Breslau, ma Roma, che nella persona del pontefice avrebbe dovuto confermare, s'impose d'autorità, negando l'autorizzazione[83].

Il caso del vescovo Johann Thurzo è esemplare. La famiglia Thurzo proveniva dal regno d'Ungheria, e si era stabilita a Cravovia per interessi commerciali; i membri più influenti della casa si inserirono nella rete di rapporti economici, politici ed intellettuali, potendo competere, a livello internazionale, con famiglie del calibro

---

[81] Davies – Moorhouse, *Microcosm*, p. 132. Per un'edizione critica della *Historia Wratislaviensis* si veda la recente pubblicazione di Gunhild Roth (ed.), *Peter Eschenloer. Geschichte der Stadt Breslau*, 2 voll., Waxmann Verlag, Münster 2003. Per la *Descriptio* si veda l'edizione di Hermann Markgraf (ed.), *Descripcio tocius Silesie et civitatis regie Vratislaviensis. Barthel Steins Beschreibung von Schlesien und seiner Hauptstadt Breslau*, Wolfhart, Breslau 1927.

[82] Sull'università Jagellonica e sull'umanesimo polacco, in particolare sugli influssi erasmiani sulla cultura classica e teologica, si veda Jakub Koryl, *Erasmian, Mediterranean Humanism, and Reception of History. The Case of Jerzy Liban of Legnica at the University of Cracow (1518-1539)*, in "Studi Slavistici", 10, 2013, pp. 48-68.

[83] Davies – Moorhouse, *Microcosm*, p. 132.

dei Medici in Toscana e dei Fugger in Germania; proprio con questa famiglia, nel 1495, verrà stretto un accordo commerciale, un sodalizio d'impresa, per il commercio e la lavorazione del rame in Europa, detenendo il monopolio dell'artigianato per i prodotti di largo consumo[84]. Il capostipite della famiglia, Johann Thurzo il Vecchio (1437-1508) assicurò ai suoi figli un'educazione di primo livello e una collocazione presso la corte del re polacco Sigismondo I Jagellone, grazie all'amicizia con lo storiografo di corte, Matteo di Miechowa. Johann Thurzo il Giovane, colui che diventerà vescovo di Breslau, era il primogenito; il secondo figlio di Johann Thurzo il Vecchio, Stanislao, sarà invece vescovo di Olomouc nel dal 1497 al 1540.

Johann il Giovane[85], invece, dal 1478 fu lettore di filosofia presso l'università Jagellonica, e dal 1488 lettore di Aristotele e Ovidio. Nel 1490 si traferì per breve tempo in Italia per continuare gli studi, e una volta tornato a Cracovia, si addottorò e divenne rettore nel 1498. Grazie alla munificenza del padre, pur non essendo di nobili origini, divenne uno dei pochi studiosi ammessi alla scuola della

---

[84] Karen Lambrecht, *Breslau in the Age of Renaissance*, in "German History", I, 20, 2002, pp. 1-19, p. 6. Si veda anche Karen Lambrecht, *Aufstiegschancen und Handlungsräume in Ostmitteleuropäischen Zentren um 1500: Das Beispiel Der Unternehmerfamilie Thurzo*, in "Zeitschrift für Ostmitteleuropa-Forschung", III, 47, 1998, pp. 317-346; Jacob Strieder, Norman Scott Brien Gras, Mildred L. Hartsough, *Jacob Fugger the Rich: Merchant and Banker of Augsburg, 1459-1525*, Beard Books, Washington 2001, pp. 105-114; Jacqueline Glomski, *Patronage and Humanist Literature in the Age of the Jagiellons: Court and Career in the Writings of Rudolf Agricola Junior, Valentin Eck, and Leonard Cox*, University of Toronto Press, Toronto 2007, pp.104-110.

[85] Per una biografia sintetica del prelato polacco si veda innanzitutto Josef Joachim Menzel, *Johannes V. Turzo*, in NDB, 10, 1974, pp. 482-483; Oskar Paulinyi, *Johann V. Thurzo, Bischof von Breslau*, in *Schlesische Lebensbilder*, Hrsg. Historische Kommission für Schlesien, 4, Jan Thorbecke Verlag, Breslau 1931, pp. 1-5.

cattedrale di Gnienzo e canonico della cattedrale di Breslau, potendo assicurarsi una buona rendita dai benefici ecclesiastici annessi.

Nel 1502 Thurzo venne nominato vescovo coadiutore di Breslau e nel 1506 successe a Johann Roth alla guida della diocesi. Grazie alla sua indole propensa agli studi e alla ricerca di giovani intellettuali da finanziare economicamente, Thurzo fece di Breslau un centro di irradiazione della cultura umanistica alla pari di Cracovia e di Praga. Nello studio di Karen Lambrecht viene tuttavia sollevato un problema storiografico cruciale per interpretare la figura del prelato polacco: l'appoggio dato ad alcuni riformatori che si rifacevano al pensiero di Lutero o al radicalismo sono un elemento che potrebbe far pensare ad un vescovo nicodemita, che pur rimanendo nei ranghi della gerarchia cattolica, sposava appieno le istanze teologiche della nuova dottrina. Non si può dire con certezza se l'atteggiamento del prelato mettesse in luce un'attitudine ambivalente di rifiuto formale e appoggio interessato nei confronti di alcuni pensatori protestanti. Si può ricostruire la trama del suo episcopato tenendo conto di alcune scelte di carattere culturale e pastorale di grande rilevanza. Egli spinse per l'elezione a rettore presso l'università Jagellonica del predicatore della chiesa di Santa Elisabetta di Breslau, Micolaj Tempelfeld; un altro protetto di Thurzo fu l'erasmiano Caspar Ursinus Velius il quale, dopo essere entrato nello *Studium* di Cracovia all'età di dodici anni, venne finanziato dal vescovo di Breslau negli studi, tanto da venire consacrato poeta laureato dall'imperatore Massimiliano I, non senza l'interesse del prelato. Uno dei pionieri della letteratura polacca di età umanistica, Lorenz Rabe, meglio noto come Laurentius Corvinus, anch'egli proveniente dall'università di Cracovia, poté godere della protezione del vescovo Thurzo il quale si interessò perché fosse nominato segretario del Consiglio della città di Breslau. Anche Valentin Krautwald, come vedremo, venne finanziato nella sua educazione e nel successivo percorso universitario dal prelato polacco. L'inclinazione culturale per il mondo polacco tornava in Slesia dal tempo della germanizzazione, quando il tedesco era penetrato a fondo nel linguaggio della burocrazia delle cancellerie di corte, nella gerarchia ecclesiastica e nelle funzioni religiose.

Thurzo non tralasciò di intervenire anche per le eccellenze provenienti dalla comunità boema, legate a doppio filo con la Slesia e la città di Cracovia perché, durante la rivoluzione hussita, costituivano una presenza numerosa tra le fila degli ordini religiosi obbedienti alla Chiesa di Roma e nei capitoli delle cattedrali, nonché tra le *nationes* più numerose delle università che non fossero quella di Praga[86].

Questo il Thurzo umanista e mecenate, il lungimirante patrono degli studi e della cultura; lo stesso prelato che, nell'incontro con il pensiero di Lutero, nel 1520[87], alla fine del suo episcopato, appoggerà alcune delle personalità che maggiormente hanno segnato la Riforma in Slesia: Johann Hess, Ambrosius Moibanus e Dominicus Schleupner[88]. I primi due furono approntanti da Thurzo come pastore della chiesa di Santa Maddalena il primo, nel 1523, e come

---

[86] Davies – Moorhouse, *Microcosm*, pp. 134-136; Irgang – Bein – Neubach, *Schlesien*, p. 67; Herzig, *Schlesien*, pp. 65-66. Per un approfondimento sulle altre personalità di rilievo che poterono godere del patronato di Thurzo, si veda Lambrecht, *Breslau in the Age*, pp. 9-18.

[87] Lutero scrisse a Thurzo che la diocesi di Breslau non avrebbe più visto vescovi di così grande calibro nella sua storia futura. Si veda la lettera di Martin Lutero a Johann Thurzo, 20 luglio 1520 in *Martin Luthers Briefwechsel*, a cura di Ernst Ludwig Enders et alii, Verlag von F.C.W. Vogel, Frankfurt am Main – Leipzig 1884-1832, vol. 4, p. 132.

[88] Scheleupner si sposterà da Breslau ben presto, nel 1519, dopo una carriera come notaio pubblico della città e canonico della cattedrale; la sua fortuna come

predicatore della chiesa di Santa Elisabetta il secondo, nel 1525, contro il parere del Capitolo della cattedrale. La carriera di Hess (1490-1547) cominciò presso le università di Lipsia e Wittemberg, dove il giovane teologo poté conoscere personalmente il monaco agostiniano nel periodo della sua contestazione contro la Chiesa romana; nel 1513 Hess venne trasferito a Nysa come segretario del vescovo Thurzo, mantenendosi in contatto con i circoli culturali che gravitavano attorno a Wittenberg. Hess completò i suoi studi di teologia a Bologna, nel 1519, mentre la protesta di Lutero aveva già cominciato a creare consensi e detrattori, dividendo la cristianità in due blocchi contrapposti, ciascuno con i propri interessi.

Di ritorno in Slesia, si fermò ancora a Wittenberg dove poté conoscere e stringere un legame di amicizia con Filippo Melantone, considerato l'epitomatore del pensiero luterano. Ordinato sacerdote, raggiunse Breslau nel 1523 dove, durante il sinodo diocesano, venne proposto – su indicazione di Laurentius Corvinus, sul parere del quale il vescovo Thurzo aveva riposto grande fiducia durante il suo governo – come pastore della chiesa di Santa Maria Maddalena: in quella veste, Hess ebbe modo di portare in Slesia le istanze della dottrina riformata, predicandole dal pulpito ad un'assemblea dalla quale riceveva numerosi consensi. Egli ebbe modo di presentare le sue tesi durante una disputa teologica nel monastero di Santa Dorotea nel 1524, dimostrando di essere pienamente allineato con il pensiero luterano, insieme al collega e predicatore Moibanus. Hess poi si scontrò con Schwenckfeld e i suoi sodali nei mesi dell'apertura della prima università protestante di Legnica; rimasto fedele al

---

teologo e rappresentante della Riforma a Norimberga lo porterà per sempre lontano dalla Slesia. Si veda Georg Müller, *Schleupner, Dominicus* in ADB, 31, 1890, pp. 472-473; Franz Machilek, *Dominikus Schleupner (um 1483–1547)* in *Schlesische Lebensbilder*, Hrsg. Joachim Bahlcke, XI, Jan Thorbecke Verlag, Sigmaringen pp. 205–224.

luteranesimo ortodosso, sarebbe divenuto una delle figure chiave durante la Dieta di Ratisbona[89].

Ambrosius Moibanus (1494-1554) invece, proveniente dalla borghesia vratislaviense, venne mandato a studiare presso la scuola della chiesa di S. Giacomo di Nysa, che, come si è visto, era una delle scuole più importanti che dipendevano dalla diocesi. Terminati gli studi tornò a Breslau, dove cominciò a lavorare come maestro di scuola; nel 1510 venne accolto all'università di Cracovia, dove si mise in luce per le sue doti di matematico e astronomo, nonché poeta. Ottenuta il titolo di *magister in artibus* nel 1514, continuerà gli studi filosofici a Vienna nel 1515, in seguito ai quali poté entrare in contatto con l'ebraista Johann Reuchlin. Nel 1520 venne convocato dal Consiglio della città di Breslau come maestro della scuola di Santa Maria Maddalena: influenzato positivamente dagli scritti di Erasmo da Rotterdam, egli propose ai suoi giovani studenti i testi usciti dalla penna del teologo olandese, utilizzando per l'insegnamento del latino una sua grammatica; tuttavia, l'insuccesso nel metodo educativo lo portò a rimettere nelle mani del Consiglio il suo incarico e a trasferirsi a Wittenberg per compiere gli studi

---

[89] La biografia di Johann Hesse è stata molto studiata, e in questo contesto si daranno soltanto gli elementi che riguardano strettamente il rapporto con Krautwald e il radicalismo in Slesia. Si veda Julius Köstlin, *Johann Heß, der Breslauer Reformator*, in "Zeitschrift des Vereins für Geschichte und Alterthum Schlesiens", 6, 1864, pp. 97–131, 181-265; Adolf Henschel, *Dr. Johannes Heß der Breslauer Reformator*, Verein für Reformationsgeschichte, Halle 1901; Georg Kretschmar, *Heß, Johann*, in NDB, 9, 1972, pp. 7-8; Grantley McDonald, *Laurentius Corvinus and the Epicurean Luther*, in "Lutheran Quarterly", 22, 2008, pp. 161–76; Friedrich Wilhelm Bautz, *Hess (Hesse), Johann*, in BBKL, 2, 1990, coll. 784–786; Georg Kretschmar, *Die Reformation in Breslau*, in "Quellen zur ostdeutschen und osteuropäischen Kirchengeschichte", 3-4, 1961, p. 56; Michael Erbe, *Johann Hess of Nürnberg*, in *Contemporaries of Erasmus: A Biographical Register of the Renaissance and Reformation*, II, Hrsg. Peter G. Bietenholz, Thomas Brian Deutscher, University of Toronto Press, Toronto 1985, p. 187.

teologici nel 1523. In quell'occasione conobbe e strinse amicizia con Filippo Melantone, e alla pari di Hess, mantenne un vivo contatto epistolare.

A Wittenberg Moibanus ebbe come maestri Lutero stesso, ma anche Caspar Cruciger, Johannes Bugenhagen e Justus Jonas il Vecchio, entrando in contatto con alcune delle personalità più importanti della Riforma protestante, come il Camerarius. Nel 1524 venne chiamato dal sinodo di Breslau come predicatore per la chiesa di Santa Elisabetta, non senza l'intervento di Johann Hess. Grazie al beneficio proveniente dalla cura d'anime, riuscì ad addottorarsi in teologia nel 1525, a Wittnberg, sposando definitivamente le istanze della dottrina luterana.

Hess e Moibanus perseguirono a Breslau una linea dottrinaria comune, e finché fu in vita il vescovo Thurzo, riuscirono a far penetrare nella diocesi – e vista l'importanza di quella sede episcopale, si può dire anche in tutta la Slesia – il luteranesimo moderato, senza tuttavia sostenere azioni di riforma radicale. Nella chiesa di Santa Elisabetta, Moibanus aveva predisposto la comunione sotto le due specie, segretamente, a quanti lo chiedessero, senza tuttavia far mancare ai fedeli il rito e la tradizione cattolica consuetudinaria. Nei sermoni e nel servizio divino aveva eliminato il concetto di sacrificio eucaristico, accogliendo invece totalmente la proposizione luterana, nei sacramenti, della salvezza per grazia. Egli cercò l'appoggio del nuovo vescovo di Breslau, von Salza, senza tuttavia ricevere un'approvazione per le sue riforme nel culto[90].

---

[90] Su Ambrosius Moibanus si veda Klaus Garber, *Das alte Breslau: Kulturgeschichte einer geistigen Metropole*, Bölhau Verlag, Köln-Weimar-Wein 2014 pp. 87-89, 246-250; Adolf Schimmelpfennig, *Moibanus, Ambrosius*, in ADB, 22, 1885, pp. 81-82; Paul Konrad, *Dr. Ambrosius Moibanus. Ein Beitrag zur Geschichte der Kirche und Schule Schlesiens im Reformationszeitalter*, 34, Schriften des Vereins für Reformationsge-

Thurzo, dal canto suo, tra il 1509 e il 1520, anno della sua morte, convocò sette sinodi diocesani per ottemperare alle richieste della Chiesa di Roma, nonché per incoraggiare la devozione popolare e aiutare le diocesi vicine a contrastare la diffusione delle rimanenze hussite nella regione[91]. Una figura così complessa non ebbe modo di vedere l'opera moderata, a tratti di basso profilo, ma sempre salda nell'ortodossia del suo successore, che tenne la diocesi di Bresalu per diciannove anni. Il Capitolo della cattedrale votò il primo settembre del 1520 Jakob von Salza all'unanimità, sebbene Papa Leone X de'Medici avesse proposto Johann Albrecht di Brandeburgo; così la conferma pontificia raggiunse von Salza soltanto il 24 luglio 1521 dopo l'intervento del Consiglio Breslau e dei maggiorenti del regno di Boemia.

Fu durante il suo governo che a Breslau e in gran parte della Slesia il luteranesimo ha potuto diffondersi, grazie, come si è visto, alla predicazione dei protetti di Thurzo, Hess e Moibanus. Nonostante i due sinodi diocesani tenutosi nel 1523 e nel 1524, von Salza non poté fermare la divisione confessionale della sua diocesi e nemmeno poté evitare che alcune chiese divenissero il centro d'irradiazione della dottrina riformata; tra queste Santa Maria Maddalena e Santa Elisabetta già citate, ma anche la chiesa di San Bernardo. Egli non riuscì, come pastore della sua diocesi, a trovare una soluzione nemmeno nelle dispute tra radicali e luterani, in quella disputa che si consumò tra Hess e gli schwenckfeldiani nel 1526 e che portò lo stesso Schwenckfeld all'esilio. Tuttavia, Jakob von Salza venne ugualmente nominato nel 1536 *Oberhauptmann* della Slesia, incarico che tenne fino alla sua morte, avvenuta a Nysa nel 1539[92].

---

schichte, Halle 1891; *Moibanus, Ambrosius* in Johann Heinrich Zedler, *Grosses vollständiges Universal-Lexicon Aller Wissenschafften und Künste*, 21, Verlag J.H. Bedler, Leipzig-Halle 1739, coll. 872-873.

[91] Lambrecht, *Breslau in the Age*, p. 7.

[92] Alfred Sabisch, *Jakob von Salza*, in NDB, 10, 1974, pp. 312-313.

Capitolo V
Valentin Krautwald. Una biografia

5. "Valentinus Cratoaldus de Nysa"

Le fonti per la ricerca biografica intorno a Valentin Krautwald sono presenti, secondo la tradizione storiografica, in tre opere manoscritte: 1) un'autobiografia scritta dall'autore, conservata in un codice manoscritto presso la Herzog August Bibliothek (Wolfenbüttel HAB, Cod. Guelf. 45.9 Aug. 2°, ff. 420-423); 2) una breve memoria scritta da Johann Schweintzer, suo allievo a Legnica, riportata nel *Corpus Schwenckfeldianorum* (*CS*, II, pp. 582-584); 3) la biografia scritta da Adam Reissner, segretario di Caspar Schwenckfeld nel 1554, codice conservato presso la Bayerische Staatsbibliothek di Monaco (München SB, CLM 718 ff. 549-552).

L'autobiografia invece, secondo Allen Anders Seipt[1], sarebbe stata scritta da Krautwald attorno al 1540, informazione confermata anche da Schulze nel suo repertorio bibliografico[2]. Molte altre informazioni biografiche sono riportate nel *Corpus Schwenckfeldianorum*, nei testi delle lettere e delle opere che altre personalità legate al movimento della *Via Media* avevano prodotto.

---

[1] Allen Anders Seipt, *Schwenckfelder Hymnology and the Sources of the First Schwenckfelder Hymn-Book Printed in America*, Americana Germanica Press, Philadelphia 1909, pp. 38.

[2] A. F. H. Schneider, *Zur Literatur der Schwenckfeldischen Liederdichter bis Daniel Sudermann*, Schulze, Berlin 1857, p. 4.

Rilevante per lo studio delle opere di Krautwald è il repertorio bio-bibliografico della *Bibliotheca Dissidentium*, curata da André Séguenny, che al tomo VI ospita il lavoro collettaneo curato da Peter C. Erb per la parte generale e da Adam Skura per il *Valentin Crautwalds Büchersammlung*[3]. Douglas H. Shantz può essere considerato l'ultimo studioso che abbia fornito una sintesi biografica aggiornata che tenesse in considerazione la tradizione storiografica precedente, accresciuta dai numerosi articoli specialistici editi negli anni Ottanta-Novanta del Novecento, in particolar modo da Peter C. Erb, Horst Weigelt e Robert Emmet McLaughlin: oltre alla tesi di dottorato, discussa all'Università di Waterloo (Ontario) nel 1986, dal titolo *Cognitio et communicatio Christi interna: the Contribution of Valentin Krautwald to Sixteenth Century Schwenckfeldian Spiritualism*, il più recente lavoro per la sezione "Scripta et Studia" della *Bibliotheca Dissidentium* dal titolo *Krautwald and Erasmus. A Study in Humanism and Radical Reform in Sixteenth Century Slesia*, del 1992.

L'interesse per Krautwald, vale la pena ricordarlo, si riaprì negli Stati Uniti negli anni Ottanta quando la Schwenckfelder Church organizzò un convegno internazionale che raccogliesse gli studiosi attorno al tema 'Schwenckfeld and the Schwenckfelders', per la felice coincidenza di diversi anniversari: erano passati duecentocinquant'anni dall'arrivo dei primi europei perseguitati per la loro adesione alla teologia del teologo slesiano; duecento anni invece erano trascorsi dalla fondazione della prima chiesa; e cent'anni dall'inizio del grande progetto di Hartranft per costituire quello che sarebbe diventato il *Corpus Schwenckfeldianorum*. Era il 1782 quando il primo nucleo di esuli *religionis causa* che avevano aderito alle dottrine di Schwenckfeld – mai istituzionalizzate mentre il teologo slesiano era in vita – si costituiva come 'Schwenckfeldian Society'; essi avevano

---

[3] Peter C. Erb – Adam Skura, *Valentin Krautwald* in *BIbliotheca Dissidentium*, 6, a cura di André Sèguenny, Koerner, Baden-Baden 1985, pp. 9-70.

raggiunto attorno al 1734 la città di Philadelphia dai territori dell'Impero asburgico, in particolare dalla Bassa Slesia, dove erano stati perseguitati; in quell'occasione molte comunità che erano rimaste nel Continente avevano trovato protezione presso un vescovo sassone dei Fratelli Moravi, il conte Nicholaus Ludwig von Zinzendorf[4].

L'esito dell'incontro, avvenuto poi dal 17 al 22 settembre 1984 a Pennsburg (Pennsylvania), avrebbe offerto al mondo accademico la miscellanea di studi curata da Peter C. Erb, dal titolo comprensivo di *Schwenckfeld and Early Schwenckfeldianism: Papers Presented at the Colloquium on Schwenckfeld and the Schwenckfelders*. Krautwald ebbe dedicati due saggi, uno di Douglas H. Shantz dal titolo *Crautwald and Luther on the Catechism*, e il secondo di Irena Backus – dell'Università di Génève, in Svizzera – dal titolo *Valentine Crautwald's 'Novus Homo': Origen Lutheranized*[5].

---

[4] Il saggio monografico che studia le cause e gli esiti della migrazione negli Stati Uniti delle comunità che avevano aderito alla dottrina schwenckfeldiana è Horst Weigelt, *Von Schlesien nach Amerika. Die Geschichte des Schwenfeldertums*, Böhlau, Köln 2007. Per una biografia di Nicholaus Ludwig von Zinzendorf si veda Ralph Ludwig, *Der Herrnhuter. Wie Nikolaus von Zinzendorf die Losungen erfand*, Wichern Verlag, Berlin 2010; Erich Beyreuther, *Nikolaus Ludwig von Zinzendorf. Selbstzeugnisse und Bilddokumente. Eine Biographie*, Brunner, Gießen - Basel 2000; Paul Tschackert, *Zinzendorf, Nicolaus Graf von*, in ADB, 45, 1900, pp. 344–353; Peter Zimmerling, *Nikolaus Ludwig Graf von Zinzendorf und die Herrnhuter Brüdergemeine. Geschichte, Theologie und Spiritualität*, Hänssler, Holzgerlingen 1999.

[5] Peter C. Erb (ed.), *Schwenckfeld and Early Schwenckfeldianism: Papers Presented at the International Colloquium on Schwenckfeld and the Schwenckfelders*, Schwenckfelder Library, Pennsburg 1986. I saggi citati sono Douglas H. Shantz, *Crautwald and Luther on the Catechism*, pp. 305-326; Irena Backus, *Valentine Crautwald's 'Novus Homo': Origen Lutheranized*, pp. 327-338.

5.1 Adam Reissner e Johann Sweintzer. Due cotruttori del mito

Adam Reissner (1496-1575, forse 1582) nacque a Mindelheim e studiò dal 1518 al 1521 all'Università di Heidelberg, dove fu allievo di Reuchlin; da lui imparò il greco e l'ebraico. Nel 1523 si spostò a Wittemberg dove entrò in contatto con Martin Lutero, Filippo Melantone e Justus Jonas, conseguendo il dottorato in teologia. Durante la discesa dei mercenari imperiali in Italia, fu segretario del generale Georg von Frundsberg tra il 1526 e il 1528, e fu tra i principali autori del periodo che descrisse l'evento disastroso della furia delle truppe protestanti sulla capitale della cattolicità.

Dopo la pace di Bologna, Reissner si ritirò a Strasburgo, città che allora rappresentava uno dei centri più attivi del compromesso teologico per la stesura di una formula di fede comune a tutti i riformati; in quell'occasione divenne un sostenitore di Caspar Schwenckfeld, del quale fu anche segretario fino al 1538. Dopo le alterne vicende della guerra di Smalcalda che portarono Reissner fuori dal panorama del confronto teologico, lo troviamo nel 1563 a Francoforte, ma prima della morte fece ritorno nella sua città natale di Mindelheim[6].

In rapporto a Krautwald, come già sottolineato da Horst Weigelt, la figura di Reissner si colloca come continuatore dell'influenza che la patristica ha avuto nello sviluppo del pensiero sacramentario di Schwenckfeld. Anticipando in questa sezione quanto sarà oggetto di discussione e approfondimento nei paragrafi seguenti, Krautwald diede forma al pensiero di Schwenckfeld nel periodo cruciale del passaggio di questi dall'adesione alla dottrina luterana

---

[6] Peter C. Erb, *Adam Reissner. His learning and influence on Schwenckfeld*, in "Mennonite Quarterly Review", 54, 1980, pp. 32-41, in part. pp. 32-36.

classica ad una riflessione personale e più matura, attorno alla data simbolica che Furcha individua nel 1525.

Reissner si situa negli anni immediatamente successivi all'esperienza – fallita – dell'Università di Legnica; egli sarà colui che metterà per iscritto le ultime opere di Schwenckfeld, ereditando in quello specifico contesto tutto il peso dell'influenza pregressa di Krautwald sul teologo slesiano. In particolar modo, spetterà a Reissner codificare la dottrina della *Himmlische Flesh*, della 'carne celeste'[7]. Nello sviluppo dottrinario successivo, sarà possibile individuare il pensiero del vescovo Ilario di Poitier[8], il commento di Agostino al cap. 6 del Vangelo di Giovanni, e Cassiano[9].

La biografia di Krautwald invece è stata scritta con i toni retorici tipici delle scritture agiografiche, segno questo dell'alta considerazione che il *beatus theologus* godeva presso gli epigoni del movimento schwenckfeldiano, venendogli riconosciuta se non altro la paternità spirituale della *Via Media*.

Ricorrono spesso riferimenti alle *divitiae* celesti, alla conoscenza delle cose di Dio per ispirazione, al suo carattere *mitis, mansuetus*, alla vita vissuta da *celebs, caste pureque*; il segno della conversione e dedizione totale a Dio è rappresentato dall'episodio del rogo degli scritti profani per dedicarsi alla teologia. L'intento glorificatorio del maestro slesiano raggiunge il suo apice nella profezia sul papato e sull'instaurazione del regno dell'Anticristo.

Il secondo biografo invece fu un allievo di Krautwald, Johann Sweintzer[10]. Sono sconosciuti alla storiografia sia l'anno di nascita

---

[7] Erb, *Adam Reissner*, p. 39.
[8] In particolar modo nel *Tractatus in Psalmos*, capp. LI, LIV, XCI.
[9] Erb, *Adam Reissner*, p. 40.
[10] *Schweintzer, Hans* in ADB, 33, 1891, pp. 364-365. Si veda anche Weigelt, *Von Schlesien nach Amerika*, p. 75, nn. 51-52; Christoph Reske, *Die Buchdrucker des 16. und 17. Jahrhunderts im deutschen Sprachgebiet*, Harrasowitz Verlag, Wiesbaden 2008,

che di morte. Lo troviamo per la prima volta a Legnica dove Valentin Krautwald era *lector* dell'Università protestante tra il 1526 e il 1530. In quell'occasione Sweintzer entrò in contatto con Schwenckfeld e con lui la condivisione delle idee fu tale che lo seguì nel suo esilio volontario a Strasburgo nel 1530. In quello stesso intorno d'anni anche Reissner si trovava in città. Sweintzer, con lo pseudonimo latino di Apronianus, aprì una stamperia, dalla quale uscì nello stesso anno un'opera di Krautwald, *In tria priora capita Geneseos libri annotata*. L'epistola nuncupatoria che apre il volume[11] è un elogio del teologo slesiano e un riconoscimento della sua alta virtù di maestro e uomo di Dio. In seguito, Sweintzer pubblicherà molte opere di Schwenckfeld, attestando così la continuità dei rapporti con il movimento slesiano.

5.2 Krautwald. Dalla nascita all'"illuminazione' (1490-1525)

Se Adam Reissner risulta così preciso nel fornire alcune informazioni biografiche che riguardano il Krautwald 'teologo riformato', egli tace invece sulla data di nascita. Persino lo stesso slesiano non ne fa menzione nella sua autobiografia, nella quale invece afferma di essere figlio di contadini che si erano trasferiti a Nysa da Krautenwalde, nel distretto di Freiwaldau nella Slesia austriaca[12].

---

p. 883; Klaus Garber, *Kulturgeschichte Schlesiens in der Frühen Neuzeit*, Niemeyer Verlag, Tübingen 2005, p. 263.

[11] V*alentini Cratoaldi In Tria Priora Capita Geneseos Annotata,* Argentorati, ex tipis Aproniani, MDXXX; si veda l'*Epistola Nuncupatoria.*

[12] Per questa sezione si dipende da Shantz, *Crautwald and Erasmus*, pp. 15-47. Diversamente, saranno segnalati in nota in cui si diverge, per ragioni interpretative, dall'autore.

Studiosi come Gerhard Eberlein, Gustav Bauch e Horst Weigelt sostengono che egli sia nato nel 1490, mentre Douglas H. Shantz sostiene che egli sia nato molto più probabilmente nel 1465.

I primi formularono questa data approssimativa basandosi sull'anno in cui Krautwald divenne segretario del vescovo Thurzo, nel 1514, e poi canonico di Nysa nel 1520. A supporto della loro tesi c'è anche il registro degli studenti di Cracovia, che riporta nell'estate del 1506 uno studente immatricolato dal nome *Valentinus de Nysa*.

Le suggestive ricerche di Shantz invece si fondano su alcuni elementi testuali, presenti nelle lettere o nelle opere di Krautwald o che diversamente lo riguardano. In primo luogo, Shantz evidenzia come già nel 1525 Krautwald fosse definito da Reissner *multo senio adflicto*; nel 1539 scriveva a Katharina Stricher che il Signore aveva provveduto a trovare per lui una casa in età così avanzata; così anche nel 1540 e nel 1542. Schwenckfeld poi si rivolge a lui come "buono e pio padre", "un vecchio e dotto teologo".

Un altro elemento curioso, notato da Shantz, è la presenza di sei volumi, componenti la biblioteca di Krautwald, pubblicati nel 1480, e diciassette tra il 1481 e il 1499. Il caso preso in esame è quello dell'*Opera Omnia* di Pico della Mirandola, del quale Krautwald possedeva l'edizione del 1495-1496. Se Krautwald fosse nato nel 1490 – suggerisce Shantz – avrebbe potuto facilmente entrare in possesso delle edizioni seguenti, come ad esempio quella di Strasburgo del 1504, o quella di Parigi del 1505 o di Reggio del 1506.

Gli ultimi due dati che pendono considerevolmente a favore di Shantz sono la testimonianza di Daniel Sudermann e una seconda matricola dell'Università di Cracovia, sempre recante il nome di *Valentinus de Nysa*. In particolare, Sudermann, come riportato nel *Corpus Schwenckfeldianorum*, così scrive nel 1603:

Es hat Weyland der gottselig berumpt Theologus so anno 45. als er 80. Jährig aus dieser Zeit geschieden under andern seinen Wolbedachten Schrifften ein Antwort auff eines christlichen Predigers so etwa sein Discipulus und Zuhorer gewesen Christliche Nutzliche Fragen an ihnen verlassen[13].

Questo fu scritto da un discepolo del movimento schwenckfeldiano della seconda generazione, e del quale Monica Pieper, sua maggiore studiosa, riconosce la meticolosità nel riportare i dati biografici delle maggiori personalità da lui raccontate[14].

Con questo elemento Shantz potrebbe aver trovato la testimonianza più importante per spostare al 1465 la data di nascita di Krautwald. Tuttavia, sembra opportuno tornare sugli altri dati riportati da Shantz che a nostro giudizio non supportano a sufficienza la sua tesi.

Se consideriamo il 1490 come effettiva data di nascita di Krautwald, egli si sarebbe immatricolato all'Università di Cracovia a sedici anni, sarebbe diventato segretario del vescovo Thurzo a ventiquattro anni e canonico della cattedrale a trenta. Diversamente, se fosse nato nel 1465 si sarebbe immatricolato a venticinque anni (se consideriamo la matricola del 1490) o a quarantuno (se consideriamo invece la matricola del 1506), segretario a Breslau a quarantanove anni e canonico della cattedrale cinquantacinque. Nel panorama bibliografico manca uno studio generale che fornisca i dati demografici sull'età minima per ottenere un canonicato in Europa, tuttavia si può ottenere una media con i dati pubblicati

---

[13] *CS* VI, p. 193.
[14] Thomas Gandlau, *Sudermann, Daniel*, in BBKL, 11, 1996, coll. 166–169. Si veda anche Peter C. Erb, *Medieval Spirituality and the Development of Protestant Sectarianism: A Seventeenth Century Case Study*, in "Mennonite Quarterly Review", 51, 1977, pp. 31-40; Monica Pieper, *Daniel Sudermann: Schwenckfelder Poet*, in *Schwenckfeld and Early Schwenckfeldianism: Papers Presented at the Colloquium on Schwenckfeld and the Schwenckfelders*, ed. Peter C. Erb, Pennsburg 1986.

negli studi più recenti che riportano le *costituzioni capitolari* di diverse cattedrali europee: l'età minima era di diciotto anni, ma con particolare indulto poteva essere abbassata[15]. Il Concilio di Trento stabilirà invece delle norme molto più restrittive, indicando per il canonicato presbiteri e di un'età adeguata alla funzione.

Pertanto, è verosimile che Krautwald potesse aver ottenuto il canonicato dopo essere stato il pupillo del vescovo Thurzo, che come si è visto *infra*, era sollecito nel ricompensare i giovani slesiani che servivano la diocesi e la sua corte.

Quanto alla biblioteca di Krautwald, la riflessione sul fondo librario fatta da Shantz non convince sulla base della fluidità e l'atipicità della circolazione dei testi manoscritti parallelamente a quelli che circolavano a stampa nell'arco di tempo in cui visse il teologo slesiano. Non vi sono prove documentate per cui Krautwald, se fosse nato nel 1490, non avrebbe potuto possedere la prima edizione delle opere di Pico della Mirandola – stando al caso citato dallo studioso – anche quando, all'età di quindici anni o più, avrebbe potuto utilizzare le edizioni successive. Poiché non sappiamo come, e soprattutto quando, questi testi abbiano raggiunto

---

[15] I dati sono tratti da Owen Chadwick, *The Popes and European Revolution*, Oxford University Press, Oxford 1981, pp. 171-181; Christopher Harper-Bill, *Religious Belief and Ecclesiastical Careers in Late Medieval England: Proceedings of the Conference Held at Strawberry Hill (Easter 1989)*, Boydell & Brewer, Woodbridge 1991, pp. 99-100; si veda anche Richard Ninness, *Between Opposition and Collaboration: Nobles, Bishops, and the German Reformations in the Prince-Bishopric of Bamberg, 1555–1619*, Brill, Leiden 2011, pp. 20-28; Reginald A. R. Hartridge, *A History of Vicarages in the Middle Ages*, Cambridge University Press, Cambridge 2013[2]; Julia Barrow, *The Clergy in the Medieval World: Secular Clerics, their Families and Careers in North-Western Europe, c.800–c.1200*, Cambridge University Press, Cambridge 2015.

la biblioteca di Krautwald, siamo portati a dover ignorare questo dato come probante[16].

Molto più complesso è invece l'uso stilistico e narrativo della *vecchiaia* in tutto il suo spettro semantico. Shantz argomenta citando i diversi *loci* letterari riguardanti Krautwald che, quando tra il 1525 e il 1540 egli si definisce (o viene definito) "vecchio", lo fa in virtù della sua tesi per cui sarebbe nato nel 1465 e quindi avrebbe ricevuto la rivelazione divina testimoniata da Reissner attorno ai sessant'anni. Tuttavia, se si legge con attenzione tutta *Vita* di Adam Reissner non si può che ritrovare il cliché del racconto biografico-agiografico, nel quale l'esperienza mistica è spesso accompagnata da uno stato d'animo e fisico di difficolta, tristezza, dolore, solitudine e aridità. Se si considera il passo nel suo complesso, *multo senio adflictus* è inserito nel contesto preparatorio della rivelazione divina.

Sĕnĭum, -ii infatti non significa soltanto "vecchiezza, anzianità", ma anche "deperimento" e "tristezza, afflizione, malinconia"[17]. In aggiunta a questo, non si spiega il motivo per cui Reissner, se Krautwald fosse nato nel 1465, seppur nel suo intento agiografico e non strettamente biografico, ignori buona parte della vita del teologo selsiano fino al 1525 (ovvero fino ai sessant'anni di età).

Quanto invece ai riferimenti epistolari di Schwenckfeld, che parla di Krautwald come "buono e pio padre" e "un vecchio e dotto teologo", essi possono essere con cautela ritenuti degli omaggi da

---

[16] Si veda l'introduzione al saggio nel quale si analizza il caso italiano in Marina Roggero, *Le carte piene di sogni: testi e lettori in età moderna*, Il Mulino, Bologna 2006, pp. 3-7.

[17] Non si deve dimenticare che, nella retorica agiografica, in mancanza di dati certi, Daniel Sudermann abrebbe potuto fare riferimento alla personalità di Valentin Krautwald secondo il modello iconografico classico della santità e della virtù, con un riferimento al Salmo 89, 10: «Anni nostri sicut aranea meditabuntur: dies annorum nostrorum in ipsis, septuaginta anni. Si autem in potentatibus octoginta anni».

parte del primo verso il secondo. Krautwald infatti, diversamente da quanto la prima storiografia affermava, non fu "il Melantone di Schwenckfeld", quanto più tuttavia l'ispiratore delle più innovative dottrine teologiche, soprattutto quelle sacramentarie sulla carne di Cristo e la Santa Cena. Shantz sembra ignorare che Reissner, più vicino nel tempo ai due teologi di quanto lo fosse stato Sudermann, dedica una parte della *Vita* di Krautwald a chiamare Schwenckfeld «magis familiaris, imo σύζυγος γνήσιος, compar et socius germanus, vir vere nobilis et insigni pietate praeditus». Poiché certo è l'anno di nascita di Schwenckfeld, il 1490 appunto, si è portati a pensare che Krautwald avesse all'incirca la sua età.

L'ultimo elemento è quello delle matricole: Eberlein aveva suggerito che Krautwald si fosse immatricolato all'Università di Cracovia nel 1506 sulla base di quel *Valentinus Henrici de Nysa* presente nel registro degli studenti. Krautwald era solito scrivere nei libri di sua proprietà il monogramma «V.C.», ma anche «V.H.», «V.H.C.» o «V.C.H.», inserendo pertanto il patronimico. Shantz afferma che la lettera *H* non indicherebbe il nome del padre, *Henricus*, bensì la professione che il teologo svolgeva, quello di *hypodidascalus*[18].

Shantz oppone a questa matricola una precedente, del 1490, di tal *Valentinus Thomae de Nysa*. Non avendo tuttavia nozione del nome del padre di Krautwald, anche questa tesi avanzata da Shantz non trova soddisfazione.

---

[18] Dal greco, ὑποδιδάσκαλος, "vice-maestro", in *Ciceronis Epistulae Familiares* 9, XVIII, 4. La tesi di Eberlein è riportata in Gustav Bauch, *Schlesien und die Universität Krakau im XV. und XVI. Jahrhundert*, in „Zeitschrift des Vereins für Geschichte Schlesiens", 41, 1907, pp. 99-180, p. 155.

5.3 La formazione

Come si è già detto, Valentin Krautwald fu studente all'Università Jagellonica, l'ateneo della città reale di Cracovia; prima, egli frequentò la scuola di latino a Nysa. Se consideriamo la regione di provenienza dello slesiano, possiamo individuare tre luoghi dell'alta formazione culturale: l'Università Karlova di Praga, che ancora nel primo Cinquecento era amministrata dall'*intelligentia* utraquista; l'Università di Vienna e l'Università Jagellonica; grazie ai legami della Slesia con la Polonia, un gran numero di giovani provenienti dalla ragione andava ad ingrossare la *natio slesiaca* a Cracovia, dove l'insegnamento filosofico e umanistico era ritenuto tra i più avanzati dell'epoca. Enea Silvio Piccolomini scriveva nel 1458 che "Cracovia est praecipua regni civitas, in qua liberalium artium schola floret, urbs litterarum studi ornata[19]". Lasciato l'aristotelismo, essa aveva abbracciato il pensiero nominalista di Buridano; si imparava la grammatica latina classica, si studiava la retorica formale, si leggeva Petrarca e si studiavano gli autori dell'umanesimo italiano. Tutto questo grazie soprattutto alla riforma degli studi portata avanti dal vice-cancelliere Jan Dobrówka[20]. I magnati della città erano grandi benefattori e mecenati, finanziavano giovani promesse della cultura provenienti anche dall'estero, così come fece il vescovo Johann Thurzo – anch'egli polacco e figlio dell'alta borghesia di Cracovia – con molti studenti della diocesi di Breslau e dintorni.

---

[19] George Huntson Williams, *Erasmianism in Poland*, in "The Polish Review", 22, 1977, pp. 3-50, p. 5.
[20] Sull'attività di come vice-cancelliere e patrono del 'Collegium minus' si veda Paul W. Knoll, *The Art Faculty at the University of Cracow at the End of the Fifteenth Century* in *The Copernican Achievement*, ed. Robert S. Westman, University of California Press, Berkeley-Los Angeles-London 1975, pp. 137-156, pp.154-156

Krautwald era molto versato nell'apprendimento delle lingue, come riporta anche Reissner, e in particolare, oltre che in latino e in greco, anche in ebraico. Krautwald fu allievo di Johannes Reuchlin[21], l'ebraista e discepolo di Giovanni Pico della Mirandola, e apparteneva ad un sostanzioso gruppo di studenti[22] che seguivano l'umanista di Pforzheim nelle sue lezioni sull'Antico Testamento, inaugurando una scuola cristiana di interpretazione dell'ebraismo biblico. Come sosteneva Reuchlin, e insieme a lui Erasmo da Rotterdam e Lutero, la conoscenza dell'ebraico era fondamentale per lo studio cristiano della Sacra Scrittura. L'interesse per il mondo giudaico era limitato, persino nello studio della Kabbalah, a tutto ciò che favoriva l'accrescimento della conoscenza cristiana. Questa posizione, studiata da Heiko Oberman[23], investe per tutto il XVI secolo gli intellettuali che, seppure interessati allo studio nella lingua originale dei Testi Sacri, non si dimostravano sicuramente più

---

[21] Gerald Dörner, *Reuchlin, Johannes* in *Deutscher Humanismus 1480–1520. Verfasserlexikon*, Hrsg. Joseph Franz Worstbrock, II, sez. 2 (Mu–Rh), de Gruyter, Berlin 2011, coll. 579–633; Arno Herzig, Julius H. Schoeps (Hrsg.), *Reuchlin und die Juden*, Jan Thorbecke Verlag, Sigmaringen 1992; Klaus Kienzler, *Reuchlin, Johannes* in BBKL, 8, 1994, coll. 77–80; Lorenz Sönke, *Johannes Reuchlin und die Universität Tübingen*, in „Zeitschrift für Württembergische Landesgeschichte", 68, 2009, pp. 139–155; David H. Price, *Johannes Reuchlin and the Campaign to Destroy Jewish Books*, Oxford University Press, New York 2011; Hans-Gert Roloff, *Reuchlin, Johannes*, in NDB, 21, 2003, pp. 451–453; Hans-Rüdiger Schwab, *Johannes Reuchlin. Deutschlands erster Humanist*, Dtv, München 1998.

[22] Tra i quali si possono annoverare oltre allo stesso Krautwwald, Johann Hess, Caspar Ursinus Velius, Michael Wittiger, Fabian Eckel, Johann Sigismund Werner, Dominicus Schleupner e lo stesso vescovo Thurzo. Si veda Shantz, *Crautvald and Erasmus*, p. 20. In particolare, molti di questi studenti, nonché allievi di Reuchlin, appartengono alla generazione che vivrà in pieno la Riforma protestante, essendo nati per la maggior parte attorno al 1490.

[23] Si veda Heiko Oberman, *Three Sixteenth-Century Attitudes to Judaism: Reuchlin, Erasmus and Luther* in *Jewish Thought in the Sixteenth Century*, a cura di Bernard Dov Cooperman, Cambridge, Harward University Press, 1983, pp. 326-364.

tolleranti verso il giudaismo europeo. E anche Krautwald sposò questa linea nelle dispute teologiche che intrattenne con dei rabbini, nel 1520 e nel 1528, sulla figura del Messia[24].

Nei primi anni del Cinquecento, Krautwald tornò a Nysa come maestro di scuola, presso la scuola parrocchiale di San Giacomo, della quale divenne anche rettore. Tra i suoi studenti si ricorda Johann Lange, Matthaus Logus, Franciscus Faber, Anselm Ephorinus e il già citato Johann Schweintzer. Di questi studenti uno in particolare, il Lange, sarà apprezzato da Krautwald a tal punto da essere chiamato nel 1526 come docente per la prima università protestante. Tuttavia, come ricorda Reissner nella sua *Vita*, Krautwald venne presto chiamato dal vescovo Thurzo come segretario personale e notaio diocesano a Breslau "grazie alla sua formazione" nel 1514, e non passò molto tempo prima che il prelato polacco lo volesse come altarista del Capitolo della cattedrale, nel 1517.

Alla morte di Thurzo, Krautwald venne confermato dal vescovo Jakob von Salza come segretario e protonotaio[25], ottenendo un canonicato e ricevendo gli ordini sacri, come egli stesso scrive nella sua autobiografia:

[…] beheim hoffe ward ich ein pfaffe, in welchem orden ich habe auch mussen mite an dem packgeschierr geen und die zeche helfen mehren ytz vil zar, danke aber meinem herrn Christo del mich vor den Munchkappen behuet, zuwelcher ich in der jugent gantz und allain lust hatte, trage derhalben meinen Pfaffenmantel schlecht ahnhin[26].

---

[24] Shantz, *Crautwald and Erasmus*, p. 21.
[25] Si veda «Valentini Cratoaldi Acta per administratores ecclesiae post morte domoni Joannis Thurzo episcopi 1520» in Carl Otto, *Über die Wahl Jacobs von Salza zum Bischof von Breslau*, in "Zeitschrift des Vereins für Geschichte und Alterthum Schlesiens", 9, 1871, pp. 3138-327.
[26] Cod. Aug. 45.9., f. 420.

La Riforma, come già osservato in precedenza, era entrata nella diocesi già durante il governo di Thurzo, e ci sono molte probabilità di pensare che Krautwald avesse potuto entrarvi in contatto quando nel 1520 poté approfondire la conoscenza di Wittiger, che allora era cancelliere e notaio della città di Breslau, e con Hess, allora segretario del prelato polacco. Il primo approccio alle nuove dottrine teologiche fu senz'altro, da parte del solitario canonico slesiano, di tipo culturale, riflettendo così l'interesse tipico degli umanisti rinascimentali per la teologia speculativa e la filosofia. L'incontro con Melantone a Wittenberg fu mediato dagli apprezzamenti del maestro di ebraico dell'Università tedesca, Matthias Adrian, verso Krautwald, elogi che non mancarono anche dalle successive lettere che dal 1520 al 1523 erano destinate allo slesiano anche da parte di Lutero stesso[27].

Anche se Krautwald era ormai tra le personalità che gravitavano attorno al fuoco della riforma tedesca, egli espresse in più di un'occasione – in particolare ad Ambrosius Moibanus nel 1521[28] – la sua preoccupazione per la poca riflessione e l'avventatezza di Melantone e Andrea Carlostadio nelle questioni liturgiche e nelle dispute sacramentarie. Krautwald era figlio di una tradizione più mite, irenica, erasmiana appunto, che aveva fatto sua fin dal suo soggiorno all'Università Jagellonica, riconosciuta dagli studiosi come uno dei centri d'irradiazione più importanti dell'erasmianesimo europeo.

Nel 1522, quando Krautwald e l'amico Wittiger si allinearono ufficialmente alla causa luterana, il centro del suo interesse restava l'interpretazione erasmiana del 'Cristocentrismo' nella vita della Chiesa, della grazia di Dio come *altro* rispetto alla pratica sacramentaria e, ovviamente, un ripristino della morale originaria e di una

---

[27] Shantz, *Crautwald and Erasmus*, p. 22.
[28] *CS* I, p. 25.

liturgia priva di superstizioni[29]. La conversione di Krautwald, secondo l'interpretazione che Reissner dà nella sua *Vita*, causò nell'umanista un grande sconvolgimento, a tal punto che "omnia quae in philophia et prosa et carme conscripserat in ignem coniecit". Il distacco dall'approccio intellettualistico della Scrittura per uno più teologico e dottrinario, significò per Krautwald un netto cambio di prospettive.

Nel 1523 infatti, anche grazie all'intervento di Johann Hess, Krautwald venne nominato *canonicus theologus* e *lector theologie* nella cattedrale del Santo Sepolcro di Legnica, dove regnava il duca Federico II, ricevendo l'investitura ufficiale nel luglio del 1524[30]. Come riporta Reissner

Proinde a bono thesauro cordis protulit dona divina et syncerioris vereque theologiae Doctorem et professorem Lignisii in Slesia multis annis egit, Libros Novi Testamenti quin etiam Psalmos publica lectione sapienter et interpretatus. In qua de fide et pietatis mysteriis gravissime et efficacissime discernit ad coelestia et spiritualia suos uditores inflammavit illique lacrimas sepe exculsit[31].

La vita canonicale gli permetteva di vivere aggregato ad una comunità, costituita dagli altri canonici della cattedrale, ma anche di godere della solitudine e del silenzio che costantemente cercava per meditare sulle Scritture. Secondo la narrazione di Reissner, Krautwald

sodalem ceu famulum habuit fidelem Sebastianum Eiseman, qui fuit promus, condus et cocus, cum quo solus habitavit annis plus quam viginti et foeminam ullam habuit in aedibus. Sed toto vitae suae tempore celebs, caste, pureque vixit[32].

---

[29] Shantz, *Crautwald and Erasmus*, p. 23.
[30] *Ivi*, pp. 25-26.
[31] CLM 718, f. 549r.
[32] CLM 718, f. 549r-v.

Eisemann tuttavia non fu l'unico con cui Krautwald abitò, scrivendo lui stesso che teneva con sé, nel 1537, anche una vecchia donna da circa sette anni[33].

Sulla figura di Eisemann la storiografia della prima generazione degli appartenenti alla *Via Media* tracciata da Schwenckfeld si è divisa sulla base delle fonti utilizzate: Sebastian Eisemann sarebbe diventato domestico di Krautwald attorno al 1527-1528, poiché è lo stesso canonico che informa, in una sua lettera del 1537, che viveva con lui un giovane sacerdote da circa nove o dieci anni[34]. Eisemann è anche un predicatore che ha aderito alla riforma in Germania, ma dalla quale era fuggito in pericolo. Tra i cronisti del movimento e amici di Krautwald, Sebastian Schubart dice di Eisemann che è «ein Geist aus Deutschland» mentre Ferdinand Bahlow che sarebbe un anabattista rifugiatosi in Slesia[35], con la testa piena di visioni e rivelazioni, e di essere stato condotto là direttamente dallo Spirito Santo. Egli – continua Bahlow, proseguendo il suo giudizio negativo sul personaggio – introdusse nella cerchia degli schwenckfeldiani "ein schwärmerischer Geist", uno 'spirito di fanatismo' che si insinuò tra il clero della città di Legnica e trovò il suo centro nella chiesa della Beata Vergine, dove pastore era Fabian Eckel, costituendo una *conventicola privata*.

L'attività di *lector theologiae* della cattedrale portò Krautwald a mettersi in luce tra gli intellettuali e uomini di Chiesa sensibili alla Riforma, e tra questi, a Caspar Schwenckfeld[36], il quale chiese al

---

[33] *CS* XV, p. 205.
[34] *CS* XV, p. 205.
[35] Shantz, *Crautwald and Erasmus*, p. 27. Si veda anche Ferdinand Bahlow, *Die Reformation in Liegnitz*, Krumbhaar, Liegnitz 1918, pp. 79-81.
[36] In questo contributo la figura di Schwenckfeld, fondamentale nel rapporto con Krautwald per l'edificazione del movimento di riforma slesiano, sarà considerata soltanto in relazione allo sviluppo biografico del nostro. Per eventuali approfondimenti si rimanda alla bibliografia.

primo di impartirgli lezioni di greco. Successivamente il canonico della cattedrale si sarebbe unito ad un circolo di predicatori e riformatori che vedevano in Schwenckfeld la loro guida spirituale e che occupavano le più importati sedi ecclesiastiche della città di Legnica: tra questi c'erano i già citati parroci delle chiese di San Giovanni, Schubart, e della Beata Vergine, Eckel; Johann Sigismund Werner alla chiesa del castello, Jerome Wittich alla chiesa di Santa Maria, Valerius Rosenhayn e Wenzel Kuchler alla chiesa dei Santi Pietro e Paolo.

La collaborazione con Schwenckfeld si fece più intensa quando, nell'agosto del 1525, Krautwald si trovò a comporre le *Duodecim Quaestiones* o *Argumenta contra impanationem*[37].

Le proposizioni erano un'argomentazione contro la dottrina cattolica della transustanziazione e segnarono per il movimento schwenckfeldiano una chiara connotazione anti-sacramentaria, della quale tuttavia Krautwald continuava a dubitare: egli già in precedenza, nel 1524, aveva rifiutato di partecipare alla prima eucaristia *more riformato* poiché non condivideva le argomentazioni teologiche volte a supportarla[38]. Lo sviluppo delle tesi e la loro difesa portò Krautwald ad una profonda riflessione che culminò, tra il 16-17 settembre 1525, in quella che il teologo chiama una "rivelazione divina". Reissner così riporta:

demum multo senio, magnis laboribus et crebris aegritudinibus adflictus, etiam ieiunis et deprecationibus confectus, anno salutis millesimo quingentesimo vigesimo quinto, illam maxime necessariam revelationem de intellectu verborum Coene vero et genuino, a Domino accepit[39].

---

[37] Qui inteso come "transustanziazione" e non l'eresia dell'*impanazione*.
[38] Robert Emmet McLaughlin, *Caspar Schwenckfeld, Reluctant Radical*, New Heaven 1986, p. 66, n. 36.
[39] CLM 718, f. 549v.

È a questo punto che avviene la spaccatura all'interno dello stesso movimento schwenckfeldiano: la rivelazione di cui parla Krautwald, oltre il *velamen* allegorico, venne sostenuta da altri diciotto giorni di intensi studi e riflessioni sulla Scrittura e sui padri della Chiesa, specialmente su Tertulliano e Cipriano, confrontandosi con Eckel e Wittich. Questa revisione della dottrina eucaristica classica, quella cattolica, che egli sempre aveva difeso, lo porta a formulare una nuova dottrina che, secondo l'ala "luterana" del movimento porterà tutti nell'errore. Questo il giudizio di Schubart[40]. Ma ormai anche Schwenckfeld, al quale Krautwald aveva presentato l'esito delle sue lunghe meditazioni, si era convinto della nuova dottrina eucaristica, e lasciava per sempre – in accordo con la datazione di Furcha – le fila della riforma luterana.

5.4 Krautwald e l'Università di Legnica (1526-1530)

Nel 1526 Krautwald venne chiamato come membro della nuova università fondata da Federico II di Legnica. Il duca della Bassa Slesia chiese a Filippo Melantone un consiglio sull'organizzazione interna dell'ateneo e così quest'ultimo, in una lettera al Moibano, rivela che il progetto prevedeva un organico di ventiquattro docenti per tre facoltà, tra cui medicina e legge, e che ogni professore avrebbe ricevuto come compenso cinquanta grossi d'oro. L'università aprì il 29 settembre presso il convento dei francescani ed ebbe come docenti Bernhard Ziegler, che avrebbe insegnato ebraico, Conrad Cordatus sarebbe stato lettore di Antico Testamento, e a loro si sarebbe unito Valentin Trotzendorf. Krautwald invece, oltre ad essere lector della cattedrale, sarebbe stato anche lettore di Nuovo Testamento, dei Salmi e della Genesi. Tuttavia,

---

[40] Shantz, *Crautwald and Erasmus*, p. 29.

tra i docenti si crearono delle tensioni di carattere dottrinario, poiché i primi tre erano luterani[41].

Cominciò così per Krautwald, tra il 1528 e il 1530, un periodo intenso di dispute teologiche non solo con i discepoli di Lutero, ma anche con gli anabattisti tedeschi e i teologi di Strasburgo. Le dispute concernevano il battesimo ai fanciulli, la circonsione – con Capitone – la discesa di Cristo agli Inferi – con Bucero – e ancora sulla Santa Cena[42]. Il movimento legato a Schwenckfeld fu messo a dura prova nell'agosto del 1528 quando il confronto tra i diversi gruppi riformati giunse a scomodare la penna di Lutero e di Zwingli: mentre il primo scriveva un trattato sulla Cena di Cristo, nel quale attaccava gli zwingliani e gli schwenckfeldiani, il teologo svizzero, nello stesso tempo, pubblicava un'*Epitome* di Schwenckfeld con un suo personale apprezzamento: ciò causò, sul piano internazionale, ciò che Krautwald da tempo temeva, ovvero che quanti aderivano al movimento di riforma slesiano potessero essere confusi con gli svizzeri. In aggiunta a questo, Ferdinando I d'Asburgo, re di Boemia e Ungheria, emise un decreto con il quale condannava a morte tutti coloro che avessero negato la presenza reale di Cristo nell'eucaristia[43].

---

[41] Buhlow, *Die Reformation Leignitz*, pp. 82-84.
[42] Su queste tematiche si veda: Gerhard F. Hasel, *Capito, Schwenckfeld and Crautwald on Sabbatarian Anabaptist Theology*, in "Mennonite Quarterly Review", 46, 1972, pp. 41-57; Douglas H. Shantz, *The Crautwald-Bucer Correspondence in 1528: a Family Feud within the Zwingli Circle*, in "Mennonite Quarterly Review", 68, 1994, pp. 79-94; Robert Emmet McLaughlin, *Schwenckfeld and the Strasbourg Radicals* in "Mennonite Quarterly Review", 59, 1985, pp. 268-278; Robert Emmet McLaughlin, *The Politics of Dissent: Martin Bucer, Caspar Schwenckfeld, and the Schwenckfelders of Strasbourg* in "Mennonite Quarterly Review", 68, 1994, pp. 59-78.
[43] Horst Weigelt, *The Schwenckfelders in Slesia*, Schwenckfelder Library, Pennsburg 1985, pp. 48-50.

Il timore di rimanere solo a difendere la Riforma in Slesia portò il duca Federico II di Legnica ad incoraggiare Schwenckfeld ad allontanarsi dalle sue posizioni zwingliane e di avvicinarsi ai luterani, che preferiva sul piano politico per la maggiore organizzazione e per la presenza capillare nel tessuto imperiale. Incoraggiati dalle posizioni del duca, i luterani della Slesia, guidati da Valentin Trotzendorf, persuasero Federico II a prendere le distanze da Schwenckfeld, e malgrado il tentativo di Krautwald di tenere loro testa nella disputa dottrinaria, Schwenckfeld scelse l'esilio volontario nell'aprile del 1529[44].

Krautwald rimase invece *lector* della cattedrale e non venne bandito, ma assistette di lì a poco alla chiusura dell'esperienza universitaria di Legnica e all'espulsione dalla regione degli schwenckfeldiani ritenuti più estremisti, come Valerius Rosenhayn nel 1530 e Fabian Eckel nel 1533. Krautwald rimase inerme di fronte alla vittoria del luteranesimo a Legnica e in tutta la Slesia, venendo ripristinata nel 1535 la dottrina del battesimo e dell'eucaristia secondo la dottrina del riformatore di Wittemberg. La chiusura dell'esperienza di riforma in seno al circolo schwenckfeldiano consentì a Krautwald di dedicarsi agli studi e alla produzione di opere teologiche, tenendosi in contatto con gli esuli religionis causa e vivendo una quotidianità quasi claustrale[45]. Di questo periodo sono le tre maggiori opere: i *Tria Priora Capita Geneseos Annotata*, il *Novus Homo* (che verrà pubblicato soltanto nel 1545, alla morte di Krautwald) e il *De Cognitione Christi*.

---

[44] Shantz, *Crautwald and Erasmus*, pp. 33-34.
[45] Shantz, *Crautwald and Erasmus*, p. 35.

5.5 Il declino e la morte (1538-1545)

Dopo un lungo periodo di silenzio biografico, durante il quale Krautwald si dedicò allo studio della Sacra Scrittura e irrobustì le basi per una solida interpretazione dottrinaria della figura di Cristo e dei sacramenti, egli scrive in una lettera del settembre 1538[46]: "sono stato malato per sei mesi fino ad oggi, e non vedo fine ai miei patimenti" e ancora "sono molto vicino alla mia fine. Possa il Signore e Dio nostro donarmi aiuto e consiglio per l'avvenire. Amen".

I pastori appartenenti al circolo schwenckfeldiano furono destituiti dalle loro funzioni religiose, come Wener, che fu allontanato dalla chiesa dei Santi Pietro e Paolo di Legnica; a Krautwald fu concesso di restare nel Capitolo, vista la gravità della sua salute. Ancora nel 1542[47] il teologo slesiano scriveva: "le forze mi vengono meno malgrado Cristo mi sovvenga continuamente".

Adam Reissner riporta che il 18 luglio del 1545, pochi mesi prima di morire, Krautwald avrebbe fatto questa profezia:

Vetus Papismus se in pedes erigit siquidem pontifex romanus cum tota aula de iure suo nihil concedet, erubescere nesciens nec volens de sorte venire in dubium. Ecclesia Christi manebit in solitudine Antichristus Regnum suum augebit et obtinebit. Predicantes nihil adhuc sentiunt fortes, firmi et securi brachiis et edictis agunt mondanis. Gaudent et exultant incrassati συνεωχούμενοι ἀφόβως ἑαυτοῦς ποιμαίνοντες ut Judas apostoli utamur verbis at tempestas mala turbabit eos ubi inciderunt tonitrua, fulgura et terrae motis. Literati et eruditi praedicti senserint in his magnum incommodum. Neque Christi Domini confessores immunes malorum erunt.

---

[46] CS VI, 146.
[47] CS IX, p. 494.

Il teologo, considerato l'anima spirituale del circolo schwenckfeldiano, morì il 5 settembre 1545.

Così scriverà di lui Schwenckfeld, dopo aver saputo della morte dell'amico, lontano, in esilio: «quanto ho perso in lui come un amico sincero, amato e vero è conosciuto al Signore. Vorrei scrivere su di lui ciò che Cicerone ha scritto sul suo libro *De amicitia*, anche se questa nostra amicizia cristiana è stata molto più alta, molto migliore. Anche se Cristo Signore può sostituire tutto ciò che ora manca a noi, come Krautwald ha già scritto a Werner, Dio lo ha tolto in modo che la nostra speranza sia riposto nel Signore e non in un uomo[48]».

---

[48] *CS* IX, p. 496.

Capitolo VI
Valentin Krautwald. L'umanista e il teologo

6.1 La biblioteca di Krautwald

Un primo elemento che possiamo esaminare per poter studiare la formazione del pensiero di Valentin Krautwald come umanista e teologo è la sua biblioteca personale. La ricognizione dei numerosi volumi appartenuti allo slesiano, se si escludono i suoi appunti e i manoscritti che contengono le sue opere, molte delle quali rimaste inedite, è stata eseguita da Adam Skura della Biblioteca Universitaria di Breslau per l'appendice bibliografica riguardante Krautwald per la *Bibliotheca Dissidentium*.

La biblioteca di un umanista del calibro di Valentin Krautwald, lungi dal fornire dei dati univoci sulla sua personalità intellettuale, offre tuttavia la possibilità di riflettere su quali fossero i loci tematici più familiari all'autore, da quali correnti filosofiche dell'età classica o del medioevo cristiano sia stato influenzato, quale poteva essere la *Weltanschauung*, sulla base delle opere storiche e morali. Salvo poi trovare delle curiosità editoriali la cui contestualizzazione può risultare difficile se non si considera, a priori, l'ecclettismo e la varietà degli interessi degli umanisti, attitudine comune a molti pensatori occidentali.

Per dare una panoramica generale di tutti i codici in possesso di Krautwald e che costituivano il suo *Büchersammlung*, si forniranno di seguito i titoli delle opere e gli autori, segnalando anche il luogo e l'anno di stampa; per ogni ipotesi su paternità discusse, sul diverso luogo e anno di edizione delle opere, che competono altro settore disciplinare, si rimanda ai contributi specialistici.

Segn. XV Qu 115 (recante le iniziali «V.C.» in mezzo, con note a margine). 1: Michael de Wratislavia, *Introductorium astronomiae Cracoviense elucidans Almanach* (Cracovia, Haller, 1506). 2: Franciscus Philelphus, *Orationes cum quibusdam aliis opuscolis* (Venezia, de Zanis, 1491)[1]. 3: Ioannes de Sacro Bosco, *Opus Sphaericum*. Ioannes Regiomontanus, *Orationes contra deliramenta Cremonensia*. Georgius Peurbach, *Theoricae novae planetarum* (Venezia, de Sanctis – Santritter, 1488)[2]. 4: Pius II papa, *Historia Bohemica* (Basilea, Furter, 1489)[3]. 5: Caius Cornelius Sedulius, *Preclarissumum opus iuxta series totius Evangelii metrite congestum atque Paschale carmen prenotatum* (Lipsia, Thanner, 1502).

Segn. XV Qu 390 (recante le iniziali «V.C.» in mezzo, con note a margine). 1: Nicolaus Marsalcus, *Orthographia* (Erfurt, Schenck, 1501). 2: Nicolaus Marsalcus, *Grammatica exegetica* (Erfurt, Hachenburg, 1501). 3: Dictys Cretensis, *Historia Troiana*. Dares Phrygius: *De Excidio Troiae historia* (Venezia, de Pensis, 1499)[4].

Segn. XV Qu 1145 (recante le iniziali «V.C.» in mezzo, con note a margine). 1: Desiderius Erasmus Roterodamus, *Moriae Encomium* (Strasburgo, Schürer, 1511). 2: Nicolaus de Blony, *Tractatus sacerdotalis de sacramentis* (Strasburgo, Flach, 1499)[5]. 3: Ioannes Auerbach, *Processus iudiciarius* (Strasburgo, Grüningen, 1490 ca.)[6]. 4: Magninus Mediolanensis, *Regimen sanitatis* (Strasburgo, Prüss, 1503).

Segn. XV Qu 1186 (recante le iniziali «V.C.» spurie, con note a margine). 1: *Scriptores rei militaris* (Roma, Silber, 1494)[7]. 2: Pomponius Mela, *De situs*

[1] ISTC n° ip00609000; IGI n° 3907.
[2] ISTC n° ij00407000; IGI n° 5345. Nel catalogo di Skura, *Bibliotheca Dissidentium,* op. cit., p. 59, è riportato erroneamente "Ioannes de Sacrobusto".
[3] ISTC n° ip00729000; IGI n° 7793.
[4] ISTC n° id00187000; IGI n° 3424.
[5] ISTC n° in00089000. Nel catalogo di Skura, *Bibliotheca Dissidentium*, op. cit., p. 60, è riportato erroneamente "Nicolaus de Blonie".
[6] ISTC n° ia01210000.
[7] ISTC n° is00344000; IGI n° 8851.

orbis, ed. Ermolaus Barbarus (Venezia, Sessa, 1501). 3: Apicius, *De re coquinaria.* Caius Svetonius Tranquillus, *De claris grammaticis et rhetoribus* (Venezia, de Vitalibus, 1500)[8]. 4: Philippus Beroaldus, *Oratio proverbiorum* (Bologna, Faelli, 1500 ca.)[9].

Segn. XV F 484 (recante le iniziali «V.C.» in mezzo, con note a margine). 1: Caius Svetonius Tranquillus, *Vitae XII Caesarum cum commentario Marci Antonii Sabellici* (Venezia, da Gorgonzola, 1493)[10]. 2: Caius Crispus Sallustius, *De coniuratione Catilinae. Bellum Iugurtinum. Cum commentariis Laurentiis Vallae et Io. Chrysostomi Soldi Brixiani* (Venezia, Tacuinus, 1502). 3: Marcus Antonius Coccius Sabellicus, *Annotationes veteres et recentes ex Plinio, Livio et pluribus authoribus.* Philippus Beroaldus, *Annotationes centum. Contra Servium Grammaticum libellus. Castigationes in Plinium. Appendix annotamentorum.* Ioannes Baptista Pius Bononiensis, *Annotationes.* Angelus Politianus, *Miscellanorum centuria una.* Domitius Calderinus, *Observationes quaedam.* Angelus Politianus, *Panepistemon. Praelectio in Aristotelem cui titulus est Lamia.* Baptista Egnatius, *Racemationes* (Venezia, Pentius, 1502).

Segn. XV F 547 (Separato dalla collezione XV Qu 115). *Triod'postnaya seu triodium quadragesimale* (Cracovia, Fiol, 1491)[11].

Segn. XV F 1128 (recanti le iniziali «V.C.» in mezzo, con note a margine). 1: Caius Plinius Secundus, *Historiae naturalis libri XXXVII ab Alexandro Benedicto Veronensi emendationes redditi* (Venezia, Rubeus, 1507). 2: Aurelius Cornelius Celsus, *De medicina* (Venezia, Pincius, 1497)[12].

Segn. XV F 1143 (recanti le iniziali «V.C.» in mezzo, con note a margine). 1: Publius Terentius Afer, *Comoediae sex cum commento Aelii Donati et Ioannis Calpurnii in Heautontimorumenon. Vita Terentii* (Venezia, de Ragazonibus,

---

[8] ISTC n° ia00922000; IGI n° 751.
[9] ISTC n° ib00489000; IGI n° 1600.
[10] ISTC n° is00824000; IGI n° 9237.
[11] ISTC n° it00427980. Nel catalogo di Skura, *Bibliotheca Dissidentium*, Op. cit., p. 61, è riportato erroneamente "Triod'cvetnaja".
[12] ISTC n° ic00367000; IGI n° 2677.

1490)[13]. 2: Publius Papinius Statius, *Opera* (Venezia, Scotus, 1483)[14]. 3: Nicolaus Perottus, *Commentariolus in prohemium historiae naturalis C. Plinii Secundi.* Cornelius Vitellius, *Epistola Parthenio Benacensis* (Venezia, D.S., 1481-2)[15]. 4: Lucius Iunius Moderatus Columella, *De re rustica libri X, cum commento Pomponii Laetii et additionibus Marci Antonii Alterii* (Venezia, 1481-2)[16]. 5: Aulus Persius Flaccus, *Satirae VII cum commento Bartholomaei Fontii* (Venezia, de Noviomagio, 1482).

Segn. XV F 1176 (sul frontespizio «Sum modo Crautwaldij», con note a margine). Ioannes Picus de Mirandula, *Opera. Pars I-II* (Bologna, Hectoris, 1496)[17].

Segn. XV F 1205 (recanti le iniziali «V.C.» in mezzo, con note a margine). Lucius Annaeus Seneca, *Tagoediae, cum commento Gellii Bernardini Marmitae* (Venezia, de Soardis, 1492)[18].

Segn. 415 001 (recanti le iniziali «V.C.» in mezzo, con note a margine). *Biblia. Das Allte Testament deutsch M. Luther.* (Wittemberg, Lotter 1523). *Das ander teyl des alten Testaments* (Wittemberg, Döring – Cranach, 1524).

Segn. 415 003 (recanti le iniziali «V.C.» in mezzo, con note a margine). Angelus de Clavasio, *Summa angelica de casibus conscientiae* (Strasburgo, Beck, 1513).

Segn. 415 075 (recanti le iniziali «V.C.» in mezzo, con note a margine). Origenes, *Originis in Genesim Homiliae 16. Eiusdem in Exodum Homiliae 13. Eiusdem in Leviticum Homiliae 16. Eiusdem in Numeros Homiliae 28. Eiusdem*

[13] ISTC n° it00087000; IGI n° 9453.
[14] ISTC n° is00691000; IGI n° 9144.
[15] ISTC n° ip00287500; IGI n° 7418.
[16] ISTC n° ic00763250; IGI n° 3066.
[17] ISTC n° ip00632000; IGI n° 7731.
[18] ISTC n° is00436000; IGI n° 8908.

in Jesum Nave Homiliae 26. Eiusdem in librum Iudicum Homiliae 8. Divo Hieronymo interprete (Venezia, Benalius, 1512). Origenes, *Explanatio in Epistolam Pauli ad Romanos, divo Hieronymo interprete* (Venezia, Benalius, 1512).

Segn. 415 086/7 (recanti le iniziali «V.C.» in mezzo, con note a margine). Marcus Vigerius, *Decachordum christianum Iulio II Pont. Max. dicatum* (Hagenau, 1517). Johann Reuchlin, *De arte cabalistica libri III Leoni X dicati* (Hagenau, 1517).

Segn. 415 359/60 (recanti le iniziali «V.C.» in mezzo, con note a margine). Lucius Coelius Firmianus Lactantius, *Opera perquam accurate castigata graeco integro adiuncto. Eiusdem Neophythomon. Carmen de Phoenice. Carmen de Resurrectione Domini.* Habes etiam Ioannis Chrysostomi *de Eucharistia quandam expositionem* et in eandem materiam Laurentii Vallae sermonem. Habes Philippi *Adhortationem ad Theodosium et adversus gentes.* Tertulliani *Apologeticon* (Venezia, Tacuinus, 1502). Eusebius Caesariensis, *De evangelica praeparatione* (Venezia, Vercellensis, 1501).

Segn. 415 361 (recanti le iniziali «V.C.» in mezzo, con note a margine). Plutharcus, *Opuscula* (Parigi, 1514).

Segn. 415 069/73 (recanti le iniziali «V.C.» in mezzo, con note a margine). Desiderius Erasmus Roterodamus, *In Epistolam Pauli Apostoli ad Romanos paraphrasis* (Basilea, Froben 1518). Desiderius Erasmus Roterodamus, *Paraphrasis in duas epistolas Pauli ad Corinthos* (Basilea, Froben, 1519). Desiderius Erasmus Roterodamus, *Apologia ad Jacobum Fabrum Stapulensem* (Basilea, Froben, 1518). Gregorius Nyssenus, *De vitae perfectione sive de vita Moysi liber utilissimus, per Georgium Trapezuntium e greco in latinum conversus* (Vienna, Vietor, 1517). Desiderius Erasmus Roterodamus, Bellum (Basilea, Froben, 1517).

Segn. 416 074/77 (recanti le iniziali «V.C.» in mezzo, con note a margine). Desiderius Erasmus Roterodamus, *Lucubrationes* (Strasburgo, Schurerius, 1515). Janus Damianus, *Variae ad Leonem X Pont. Max.* (Basilea, Froben, 1515). Ioannes Bessarion, *Oratio de sacramento eucharistiae et quibus verbis Christi corpus perficiatur. Eiusdem Epistola ad Graecos* (Strasburgo, Schurerii,

1513). Magnentius Rabanus Maurus, *De institutione clericorum ad Heistulphum archiepiscopum libri III. Eiusdem Epistola ad Humbertum episcopum, quota generatione licitum sit matrimonium. De septem signis nativitatis Domini. De ortu, vita et moribus Antichristi* (Pforzheim, Anshelmus, 1505).

Segn. 416 110/28 (recanti le iniziali «V.C.» in mezzo, con note a margine). Martin Luther, *Das ander Teyl widder due hymlischen Propheten vom Sacrament* (Wittemberg, Cranach & Doöring, 1525). Martin Luther, *Der Anfangk Genesis, geprediget und aussgeleget* (Altenburg, Kantz, 1525). Martin Luther, *Vom Reyche Gottis. Was es sesey und wie* (Altenburg, Kantz, 1524). Ulrich Zwingli, *Der Hirt. Wie man due waren christlichen Hirten und widrum due valschen erkennen* (Zurigo, Froschauer, 1524). Ulrich Zwingli, *Von götlicher und menschlicher Gerechtigkeit* (Zurigo, Froschauer, 1524). *Antwurten so ein Burgenmeister, Radt und der gros Radt, die man nempt due Zweyhundert der Statt Zürich* [...] (Zurigo, Froschauer, 1524). *Christenlich Antwort Burgenmeister und Radtes zu Zürich dem Herren Hugen Byschoffe zu Kostanz* [...] (Zurigo, Froschauer, 1524). Hans Fuessli, *Antwurt eins Schwytzer Purens* [...] (Zurigo, Hager, 1524). Johann Haab, *Das Gyren Rupffen* (Zurigo, Froschauer, 1523). Martin Luther, *Eyn Sermon von der Beycht und dem Sacrament* (Wittemberg, Lufft, 1524). Wenzeslaus Linck, *Dyalogus der aussgelauffen Münch* (Altenburg, Kantz, 1525). Ulrich Zwingli, *Ein Epistel kurtz und christenlich an den ersamen Landradt* [...] (Zurigo, Froschauer, 1524). Gallus Korn, *Warumm die Kirch vier Evangelisten hatt angemommen, ein papistisch Frag, ein christlich Antwort darüber, mit Ausslegung* (Zwickau, Gastel, 1524). *Ein tröstliche Sermon, wess sich der Christenmensch hab am Todbette zu halten* (Zwickau, Gastel, 1523). *Der von Orlemund Schrifft an die zu Alstedt wie man christlich fechten soll* (Wittemberg, Lufft, 1524). Martin Reinhart, *Ein christliche brüderliche Undterricht* [...] (Zwickau, Gastel?, 1523). Hans Locher, *Ein Tzeytlang geschwigner christlicher Brüder auch um der Warheit willen veryagt* (Zwickau, Gastel, 1523). Sebastian Meyer, *Der evangelisch Burger* (Zwickau, Gastel, 1524). Georg Mohr, *Eyn christliche Vormanunge auss dem Evangelio: Dixit Martha ad Jesum. Wider das zaghafftige Erschreckniss des Todes* (Altenburg, Kantz, 1525).

Segn. 416 248 (recanti le iniziali «V.C.» in mezzo, con note a margine). Antonio Mancinelli, *Opera cum quibusdam in locis commentaria explicatione Ascensii* (Basilea, Kessler, 1508).

Segn. 416 261/3 (recanti le iniziali «V.C.» in mezzo, con note a margine). *Lectura super titulo de regulis iuris libro VI* (Lipsia, Stöckel, 1507). *De testamentis. Tractatulus de testamentis, codicillis, causa mortis donatione ac quacunque alia valida ultima voluntate. Et de congrua formatione testamentorum et situ suarum partium* (Lipsia, Stöckel, 1509). *Lectura super titulo de regulis iuris ff. Et sunt numero ccxij* (Lipsia, Stöckel, 1508).

Segn. 416 426/8 (recanti le iniziali «V.C.» in mezzo, con note a margine). Philippus Beroaldus, *Opusculum de terraemotu et pestilentia, com annotamentis Galeni* (Strasburgo, Scürer, 1510). Berosus, *De his quae praecesserunt inundationem terrarum. Item Myrsilius de origine Turrhenorum. Cato in fragmentis et alii.* (Parigi, de Marnef, 1510). Baptista Mantuanus, *De petientia libri III* (Strasburgo, Schürer, 1510).

Segn. 416 429/30 (recanti le iniziali «V.C.» in mezzo, con note a margine). Adrien Amerot, *Compendium graecae grammatices* (Lovanio, Martinus, 1520). *Epistolae grecae elegatissime. Luciani Saturnalia et alii eiusdem* (Lovanio, Martinus, 1520).

Segn. 416 450 (recanti le iniziali «V.C.» in mezzo). Gregor Reisch, *Aepitoma omnis philosophiae alias Margarita philosophica, tractans de omni genere scibili* (Strasburgo, Grüninger, 1504).

Segn. 416 451 (sull'intestazione, con mano diversa: Ex libris Valentini Krautwaldi). Johannes Oecolampadius, *In Isaiam prophetam hypomnematon, hoc est commentariorum libri VI* (Basilea, Cratander, 1525).

Segn. 416 452 (recanti le iniziali «V.C.» in mezzo, con note a margine). Johannes Oecolampadius, *In librum Iob exegemata* (Basilea, Petrus, 1532).

Segn. 418 284 (recanti le iniziali «V.C.» in mezzo, con note a margine). Rupertus Tuicensis, *Commentariorum in Evangelium Ioannis libri XIIII denuo recogniti* (Nürnberg, Petreius, 1526).

Segn. 418 323 (recanti le iniziali «V.C.» in mezzo). Agostino Steuco, *Veteris Testamenti ad veritatem hebraicam recognitio* (Lione, Gryphius, 1531).

Segn. 418 395/7 (recanti le iniziali «V.C.» in mezzo, con note a margine). Ulrich Zwingli, *Farrago annotationum in Genesim, ex ore Huldrychi Zuinglii per Leonem Iudae et Casparem Megandrum excerptarum* (Zurigo, Froschauer, 1527). Ulrich Zwingli, *In Exodum alia farraginis annotationum particula, per Leonem Iudae et Casparem Megandrum ex ore Zuinglii et aliorum Tiguri Deuterotarum comportata* (Zurigo, Froschauer, 1527). Articuli de quibus egerunt per visitatores regione Saxoniae (Wittemberg, Schirlentz, 1527).

Segn. 418 499/501 (recanti le iniziali «V.C.» in mezzo, con note a margine). Matthaeus Aurogallus, *Compendium hebraeae chaldeaque grammatices* (Wittemberg, Klug, 1525). Wolfgang Fabritius Capito, *Istitutionum hebraicarum libri II* (Strasburgo, Cephaleus, 1525). *Proverbia Salomonis iam recens iuxta hebraicam veritatem translata et annotationibus illustrata autore Sebastiano Munstero* (Basilea, Froben, 1524).

Segn. 418 512/5 (recanti le iniziali «V.C.» in mezzo, con note a margine). Elias Levita, *Grammatica hebraica absolutissima* (Basilea, Frobenius, 1525). Sebastian Münster, *Tabula omnium hebraicarum coniugationum iuxta octo verborum classes pulchre in ordinem digesta* (Basilea, Frobenius, 1525). *Ecclesiastes iuxta hebraicam veritatem per Sebastianum Munsterum translatus* (Basilea, Frobenius, 1525). *Canticum Canticorum Salomonis latine iuxta hebraicum contextum per Sebastianum Munsterium translatum* (Basilea, Frobenius, 1525).

Segn. 418 695/6 (recanti le iniziali «V.C.» in mezzo, con note a margine). Paulinus episcopus Nolanus, *Epistolae et poemata* (Parigi, Parvus & Badius, 1516). Johannes Oecolampadius, *Annotationes piissimae doctissimaeque in Hoseam, Ioëlem, Amos, Abdiam [...]* (Basilea, Cratander, 1535).

Segn. 418 766/7 (recanti le iniziali «V.C.» in mezzo, con note a margine). Henrici Bullinger, *In Acta Apostolorum commentariorum libri V* (Zurigo, Froschauer, 1533). Henrici Bullinger, *In sanctissimam Pauli ad Romanos Epistolam commentarius* (Zurigo, Froschauer, 1533).

Segn. 418 768/9 (sull'intestazione, con una mano diversa: Ex libris Valentin Krautwald). Desiderius Erasmus Roterodamus, *De libero arbitrio diatribe* (Basilea, Frobenius, 1524). Martin Luther, *De servo arbitrio ad D. Erasmum Roterodamum* (Wittemberg, Lufft, 1525).

Scorrendo i titoli di questi incunaboli e cinquecentine, molti dei quali legati insieme, possiamo rilevare alcuni dati importanti: il primo, che Krautwald possedeva numerose opere di Erasmo da Rotterdam, confermando così l'interpretazione della storiografia successiva sulla sua adesione al pensiero del teologo olandese fin dai tempi della frequentazione dello *Studium* di Cracovia. Si può anche notare il possesso di alcune opere di studi naturali ed esatti, aspetto questo della personalità di Krautwald mai approfondito abbastanza dai suoi biografi: in particolare, l'opera sull'astronomia di Michele da Breslau, il *De situ orbis* di Pomponio Mela, nonché gli opuscoli del Beroaldo sul terremoto e la pestilenza, nonché quelli di Battista da Mantova.

Ancora, molti testi latini contengono le opere degli autori di età classica, tra cui Svetonio, Sallustio, Plinio, Aurelio Celso, Terenzio, Stazio, ma anche il *De re coquinaria* di Apicio e il *De re rustica* di Columella, due opere che al di là del loro contenuto, manifestano la ricerca tipicamente umanistica degli stili linguistici e compositivi *esemplari* della produzione letteraria latina. Tra gli autori greci, oltre ai manuali di grammatica di Adrien Amerot[19], compaiono Plutarco e Luciano.

Non solo opere di autori latini e greci, ma tra i codici di Krautwald troviamo anche ben otto titoli di opere che richiamano il suo interesse per la lingua ebraica, come base per la conoscenza dell'Antico Testamento in lingua originale: oltre al *De re cabalistica* di Reuchlin[20], troviamo quattro grammatiche, e la traduzione di tre

---

[19] Le poche informazioni biografiche sull'umanista si possono trovare in Pascale Hummel, *Un oposcule-relais: le* De dialectis *(1520/1530) d'Adrien Amerot* in «Bibliothèque d'Humanisme et Renaissance», vol. LXI, n. 2 (1999), pp. 479-494.
[20] Sulle edizioni delle opere di Reuclin si veda *Graecogermania. Griechischstudien deutscher Humanisten. Die Editionstätigkeit der Griechen in der italienischen Renaissance (1469-1523)*, a cura di Dieter Harlfinger, VHC, Weinheim – New York 1989, pp. 306-350.

libri sapienziali ad opera di Sebastian Münster[21]: il libro dei *Proverbi*, l'*Ecclesiaste* e il *Cantico dei Cantici*.

Molte sono le opere che contengono elementi di esegesi all'Antico e al Nuovo Testamento scritte da autori cristiani: tra questi spiccano le omelie di Origene, nella tradizione gerolimiana, sulla Genesi, l'Esodo, il Levitico, i Numeri, Giosuè[22] e Giudici, nonché sull'Epistola ai Romani; dei *Carmina* di Lattanzio in una legatura con il *De Eucharistia* di Giovanni Crisostomo e l'*Apologeticum* di Tertulliano; Gregorio di Nissa con il *De vita perfectione* tradotto in latino da Giorgio Trapezunzio; le lettere di Paolino di Nola. Accanto a questi troviamo anche l'*Oratio de sacramento eucharistiae et quibus verbis Christi corpus perficiatur* del Bessarione[23].

Infine, nella biblioteca di Krautwald non potevano mancare i tratti teologici e i commenti esegetici dei suoi contemporanei, dei *doctores* della riforma religiosa: Ecolampadio, Bullinger, Zwingli e, naturalmente Lutero, di cui possiede la Bibbia in traduzione tedesca.

---

[21] Sebastian Münster, già frate dell'ordine francescano, fu professore di ebraico all'Università di Basilea dal 1527, dopo aver aderito alla Riforma protestante. Si veda Claus Priesner, *Münster, Sebastian* in NDB, 18, 1997, pp. 539-541; Werner Raupp, *Münster, Sebastian*, in BBKL, 6, 1993, coll. 316–326.

[22] Nell'originale «in Jesum Nave Homiliae 26». Origene traduce così il patronimico di Gesù, "figlio di Nun"; si veda Origene, *Omelie su Giosuè*, a cura di Rosario Scognamiglio – Maria Ignazia Danieli, Città Nuova, Roma 1993, p. 46

[23] Si veda John Monfasani, *Byzantine Scholars in Renaissance Italy: Cardinal Bessarion and Other Emigrés. Selected Essays*, a cura di John Monfasani, Variorum, Aldershot - Hampshire 1995; John Monfasani, *Bessarion Scholasticus: A Study of Cardinal Bessarion's Latin Library*, Brepols, Turnhout 2012.

6.2 Krautwald autore di testi teologici

Al momento della sua conversione, in accordo con la testimonianza di Adam Reissner, Krautwald abbandonò la cultura profana per dedicarsi totalmente allo studio delle cose di Dio. L'apice della sua produzione è rappresentato innanzitutto da un commento veterotestamentario ai primi tre capitoli della Genesi, stampato a Strasburgo nel 1530 da Sweintzer, che testimonia la ricerca filologica per lo studio fedele del Testo Sacro nella sua lingua originale, l'ebraico. Questa opera, come molte alte di Krautwald, non voleva essere destinata dall'autore alla pubblicazione.

Tuttavia, ne venne riconosciuta l'importanza da molti autori, primo fra tutti Caspar Schwenckfeld. Il teologo di Ossig si vide attribuita la parternità di alcuni titoli dell'amico anche a causa dello stratagemma che era stato adottato per far sì che le opere di Krautwald potessero circolare liberamente nei territori del ducato di Legnica, senza che il teologo slesiano rischiasse la vita in patria per il loro contenuto: sul frontespizio erano state apposte le iniziali "V.C.S." che potevano indacre tanto *von Caspar Schwenckfeld* quanto *Valentini Cratualdi Silesii*[24].

Peter C. Erb ha compilato un catalogo bibliografico delle opere scritte da Krautwald e quelle di cui fu co-autore, del quale tuttavia possiamo stimare gli argomenti d'indagine del teologo slesiano senza tuttavia dare troppo credito all'anno in cui gli stessi sono stati stampati, sulla base di quanto detto poc'anzi: la reticenza dell'autore alla pubblicazione delle sue opere è un dato fondamentale per

---

[24] Shantz, *Crautwald and Erasmus*, p. 39. Ad affermarlo è lo stesso Schwenckfeld in una lettera del 1547, quando orami il suo fedele amico era morto, nella quale rivela come questa misinterpretazione sulla paternità dell'opera intitolata *Kurtze grundtliche Bewerung* abbia fatto sì che il luterano Sebastian Coccius orientasse le proprie ire polemiche contro Schwenckfeld e non Krautwald. Si veda *CS* XI, p. 331.

non anticipare (o posticipare) nella biografia di Krautwald il momento fondamentale della sua riflessione sacramentaria, e in particolare sull'eucaristia.

Undici sono le opere stampate tra il 1524 e il 1544, tra cui la *Collatio et consensus verborum caenae Dominicae* (1526 ca.), il *De caena Dominica* (1526 ca.), il *De oratione fidei* e *In tria priora capita libri Geneseos annotata* nel 1530 a Strasburgo, il *Novus Homo* e *Der Schwermer* tra il 1542 e il 1545. Nel 1552 veniva data alle stampe postuma la *Außlegung deß 17. Captels deß Propheten Ezechiels.*

Tra le dieci opere delle quali è considerato co-autore, ma delle quali è incerta l'autenticità, è rilevante la presenza del *Catechismus Christi* del 1537, sul quale si avrà modo di tornare in seguito.

Trentadue invece sono le opere che rimasero manoscritte durante la vita dell'autore, tra le quali quattro commenti neotestamentari (alla lettera ai Romani, del 1527; al cap. VI del Vangelo di Giovanni; ai Galati e alla prima ai Corinzi), due *lectiones* sulla prima ai Corinti e sul Vangelo di Matteo e molti trattati sul significato delle parole della Santa Cena, nei suoi diversi aspetti, di cui il più importante – e edito da Douglas H. Shantz nel 1996 – è il *De cognitione Christi seu dijudicatione corporis et sanguinis Domini*[25].

Krautwald, come ancora annoterà Schwenckfeld poco dopo la morte dell'amico, preferiva che i suoi scritti circolassero manoscritti tra gli aderenti al movimento slesiano, soprattutto a causa dei timori che l'autore conservava circa una possibile persecuzione o delle ritorsioni da parte del partito luterano, come scriveva in una lettera a Capitone nel 1528, quando la Slesia ormai dipendeva teologicamente dalla dottrina del riformatore di Wittenberg e di lì a pochi anni, nel 1531, con l'adesione di Federico II di Legnica alla Lega di Smalcalda, lo sarabbe stata anche politicamente.

---

[25] Peter C. Erb, *Valentin Krautwald* in *Bibliotheca Dissidentium*, 6, a cura di André Séguenny, Koerner, Baden-Baden 1985, pp. 10-12.

In secondo piano, ma non meno importante per tratteggiare alcuni elementi più personali della biografia di Krautwald, secondo quanto scrive Reissner furono un fattore rilevante la modestia e il desiderio di fuggire le vanità mondane rappresentate dai suoi scritti, malgrado il suo ostinato – e consapevole – perfezionismo[26].

Krautwald tuttavia non fu un nicodemita, né mai si nascose, affrontando invece le dispute dottrinarie durante le controversie sull'eucaristia avvenute durante il periodo della docenza a Legnica. Egli infatti autorizzò la pubblicazione parziale di alcuni suoi scritti, riveduti e corretti plurime volte, e dei quali era costantemente insoddisfatto. Gli ostacoli sui quali dovette imbattersi Schwenckfeld, malgrado la sua nobiltà d'animo ma anche la ricca provenienza dal feudo di Ossig, fu la mancanza di fondi per la stampa ma soprattutto l'assenza di una stemperia nella regione; in un secondo momento, anche il venir meno dell'appoggio del duca Federico II[27].

Le prime otto opere delle quali autorizzò la pubblcazione furono necessarie agli appartenenti al circolo schwenckfeldiano per strutturare una solida base argomentativa contro le ingiurie e le sottigliezze dei luterani Sebastian Coccius di Svevia e Martin Frecht di Ulma, e l'anabattista Pilgram Marpeck.

Tra queste, in particolare per *Novus Homo* (e nella sua edizione in traduzione tedesca, *Der Neue Mansch*), si può far risalire la composizione già al 1529 malgrado la stampa sia del 1542, poiché già allora Schwenckfeld annotava dodici proposizioni che cotituivano la base della sua dottrina sulla *renovatio* spirituale come principio della risurrezione in Cristo, proposizioni che afferma aver ricavato da

---

[26] Shantz, *Crautwald and Erasmus*, p. 41.
[27] *Ivi*, p. 44.

Krautwald e che saranno presenti nella seconda parte dell'opera in questione[28].

Tuttavia, non solo Schwenckfeld, ma anche il collega Sebastian Franck[29] pubblicò ad Ulma, nel 1538, due opere di Krautwald senza l'autorizzazione del censore cittadino, il luterano Frecht[30].

6.3 Le due opere maggiori

6.3.1 Il De Cognitione Christi: la cristologia di Krautwald

L'esposizione cristologica di Krautwald è stata studiata, nel secolo scorso, da tre personalità legate principalmente alla figura di Schwenckfeld, ovvero Paul Maier nella sua monografia *Caspar Schwenckfeld on the Person and Work of Christ*, da Robert Emmet McLaughlin nello studio *Caspar Schwenckfeld, Reluctant Radical* e da Horst Weigelt nel *The Schwenckfelders in Slesia*; l'intervento nel dibattito di Douglas H. Shantz ha contribuito a ricollocare il contributo di Krautwald laddove, in diversi loci della dottrina cristologica del teologo di Ossig, si dimostrava essere il formulatore delle proposizioni enunciate[31].

---

[28] *Ivi*, p. 43. Per una sintesi biografica di Sebastian Coccius si veda Karl Kern, *Sebastian Coccius, Erzieher un Lehrer des Prinzen Eberhard von Wurtenberg (1551-1562). Ein Beitrag zur Geschichte der Prinzener ziehung im 16. Jahrhundert*, in "Mitteilungen der Gesellschaft für Deutsche Erziehungs-Und Schulgeschichte", 15, 1905, pp. 100-118. Per Martin Frecht si vedano le voci biografiche di Robert Strupperich, *Frecht, Martin*, in NDB, 5, 1961, pp. 384-385; Friedrich Wilhelm Bautz, *Frecht, Martin*, in BBKL, 2, 1990, coll. 115–16.

[29] Friedrich Wilhelm Bautz, *Sebastian Franck* in BBKL, 2, 1990, coll. 82–85; Robert Stupperich, *Franck, Sebastian*, in NDB, 5, 1961, pp. 320-321.

[30] *CS* III, p. 583.

[31] Paul Maier, *Caspar Schwenckfeld on the Person and Work of Christ*, Assen 1959; Robert Emmet McLaughlin, *Caspar Schwenckfeld, Reluctant Radical*, New Heaven 1986; Horst Weigelt, *The Schwenckfelders in Slesia*, Pennsburg 1985.

In antagonismo a Maier, Shantz afferma che già nel 1529 la cristologia di Krautwald era ben delineata, e sarebbe stata completata solo nel 1538; il contenuto teologico del *De Cognitione Christi* sarebbe servito come base per lo sviluppo delle argomentazioni schwenckfeldiane successive, con una grande differenza preliminare sull'interpretazione di Lc 2, 52 che sarà chiarita in seguito: se Schwenckfeld vedeva il culmine della deificazione della carne di Cristo nella sua progressiva umiliazione terrena, Krautwald invece spostava l'accento nella crescita in sapienza e grazia del Figlio di Dio, in una progressiva presa di coscienza di sé[32].

Il postulato dell'opera è che Cristo, assumendo la carne umana, permette all'uomo di diventare figlio di Dio; per fede, la carne di Cristo abita il cuore dei fedeli, portandoli dalla morte alla vita. La gloria di Cristo pertanto non è mediata da un sacramento, ma il Verbo stesso è il mezzo della grazia: i sacramenti pertanto distraggono i credenti dalla gloria di Cristo. Con questa premessa Krautwald si oppone ai teologi svizzeri, discepoli dell'interpretazione zwingliana, per i quali Cristo è assunto simbolicamente, ma anche agli anabattisti antitrinitari di Andreas Fischer[33], che chiedono maggiori prove per dimostrare la divinità di Gesù[34].

L'argomentazione cristologica di Krautwald si pone necessariamente come prologo di un pensiero tripartito, secondo il quale,

---

[32] Shantz, *Crautwald and Erasmus*, pp. 101-102.
[33] Daniel Liechty, *Andreas Fischer and the Sabbatarian Anabaptists, an Early Reformation Episode in East Central Europe*, Herald Press, Kitchener 1988. L'opera con la quale si opponeva agli schwenckfeldiani, e in particolare a Krautwald, è andata perduta, anche se Liechty ne ha ricostruito il testo a partire dalle risposte alle argomentazioni di Fischer contenute nell'opera di Krautwald *Bericht und anzaigen wie gar one kunst und guether versandt, Andreas Fischer Vom Sabbat geschriben*.
[34] Shantz, *Crautwald and Erasmus*, p. 105.

dopo aver ricollocato la persona di Cristo nell'orizzonte soteriologico dell'uomo rinnovato (questo il legame delle due opere maggiori) può sedersi con Cristo e partecipare del banchetto eterno.

Lo scritto di Krautwald non è strutturato come una *summa teologica*, né tantomeno ha adottato il sistema argomentativo delle *quaestiones* medievali, ma si tratta di un'esposizione narrativa simile al ragionamento umanistico. Non si ravvisa una chiara impostazione filosofica platonica o aristotelica, ma utilizza le fonti dei Padri della Chiesa come base argomentativa della sua dottrina.

Una premessa fondamentale di Krautwald, al principio della sua opera, è che non deve esserci confusione tra le nature di Cristo, così come in passato la Chiesa ha dovuto affrontare la questione nei primi concili – riconosciuti interamente dal Krautwald teologo – per salvaguardare l'unità della persona. L'unico e solo Signore Gesù Cristo si unisce ai credenti per fede, così come la fede è soddisfatta nel ricevere Cristo, unico e solo, completamente; né Dio può essere separato dal suo corpo, né il verbo di Dio dalla sua carne. Come risultato di questo ragionamento, Krautwald non può che opporsi alla dottrina sostenuta da Lutero dell'ubiquità materiale del corpo di Cristo (*corporaliter*) e la sua presenza negli elementi che costituiscono l'eucaristia. Allo stesso modo si oppone ancora una volta alla visione neo-nestoriana degli svizzeri zwingliani, secondo la quale le due nature di Cristo non sono unite nella sua persona[35].

Il trattato è diviso in due: nella prima parte il progresso (*perfectus*) del corpo di Cristo sulla terra mentre nella seconda il progresso in Dio e nella sua gloria.

---

[35] Shantz, *Crautwald and Erasmus*, p. 106. Si veda in particolare Bruce Gordon, *The Swiss Reformation*, Manchester University Press, Manchester 2002, pp. 212-214; Luca Baschera – Bruce Gordon – Christian Moser, *Following Zwingli: Applying the Past in Reformation Zurich*, Ashgate, Ferham 2014, pp. 41-44, 50-80.

Sulla terra Cristo ha assunto la carne umana, tuttavia è rimasto differente dall'uomo per l'origine della sua carne e la qualità della sua esistenza terrena. Cristo – enfatizza Krautwald – nella sua vita corporale è stato in tutto e per tutto simile all'uomo, eccetto nel peccato. La carne di Cristo è debole, mortale, umana, poiché egli ha delle necessità, piange, ha sete, si stanca per il viaggio. Questa vera umanità è importante per la salvezza individuale.

Il Verbo di Dio, che è unito al Padre, non ha perduto nulla della sua divinità, diventando vero uomo. A questo punto, per aiutare il lettore nella comprensione, Krautwald riporta l'esempio dei Padri della Chiesa Ilario e Atanasio di Alessandria: come la voce umana procede dalla bocca di chi parla alle orecchie di chi ascolta, ma rimane nel cuore di chi parla anche mentre nella mente di chi ascolta, così il Verbo di Dio è totalmente trasmesso nella sua carne[36].

L'origine della natura umana di Cristo vede contrapporsi a Krautwald Melchior Hoffman: se il primo ribadisce il concepimento per opera dello Spirito Santo di Dio da Maria Vergine, il secondo invece affonda in una speculazione affine al monofisismo: Dio Padre – sostiene Hoffman – ha costituito il figlio perché, seguendo le argomentazioni aristoteliche nel *De generatione animalium*[37], il seme dell'uomo genera l'uomo, mentre Maria non avrebbe prestato altro che il suo ventre; Cristo pertanto avrebbe portato con sé il corpo dal cielo, non partecipando nella generazione secondo la carne dalla Vergine. Il risultato di questa obiezione è che Cristo possederebbe soltanto la natura divina.

Krautwald invece, quando scrive nel 1529, è in linea con l'ortodossia occidentale espressa nella dogmatica conciliare fino a Calcedonia. Nel 1538 scriverà tuttavia, nel *Kuntze gründtliche Bewegung* che il corpo terreno di Cristo non deve essere associato nei termini

---

[36] *Hilarii Pictaviensis De Trinitate*, II, 2, 9-12 = PL 10, 0025-0472A.
[37] *Aristotelis De generatione animalium*, 726, a5.

della sua generazione al vecchio ordine del creato, ma accentua la generazione divina dal Padre: questa posizione sarà l'argomento che i teologi luterani utilizzeranno per denunciare Krautwald come monofisita radicale, un neo-eutichiano, per il quale la natura umana, che è stata assunta da Cristo, sarebbe stata trasformata nella sostanza della divinità e quindi il suo corpo non sarebbe della medesima sostanza del nostro[38].

Krautwald raggiunge progressivamente la consapevolezza che tutto il Cristo prende origine dal Padre, inclusa la sua umanità, che porta con sé nell'atto dell'incarnazione. In risposta alle controversie riguardanti la glorificazione (o deificazione) della carne di Cristo – afferma Shantz – "Krautwald esplicitamente ha richiamato l'implicazione che, poiché l'umanità di Cristo ha avuto una diversa origine, doveva essere descritto come *non-creaturale*[39]".

La carne di Cristo, prosegue Krautwald, sarebbe stata deificata progressivamente, con la sua crescita, come in Lc 2, 40; 52[40]. Così, gradualmente, le qualità del Verbo di Dio sarebbero penetrate nella sua carne. Questo si manifesta, nella Scrittura, con la graduale presa di coscienza di Gesù di essere il Cristo e nell'adempimento della profezia di Isaia in Lc 4, 16-21, quando grazie allo Spirito Santo di Dio, il Cristo inaugurerà l'anno di grazia per i salvati[41]. La carne di Cristo non era perfetta mentre era sulla terra, e la somma della sua vulnerabilità è dimostrata dalla morte in croce. Egli è tuttavia il

---

[38] John Norman Davidson Kelly, *Il pensiero cristiano delle origini*, Il Mulino, Bologna 1972, pp.403-419, p. 408; George A. Bevan - Patrick R. Gray, *The Trial of Eutyches: A new Interpretation* in "Byzantinische Zeitschrift", 101, 2008, pp. 617-657.

[39] Shant, *Crautwald and Erasmus*, p. 113.

[40] Lc 2, 40; 52: "Puer autem crescebat et confortabatur plenus sapientia; et gratia Dei erat super illum [...]. Et Iesus proficiebat sapientia et aetate et gratia apud Deum et homines".

[41] Shantz, *Crautwald and Erasmus*, p. 115.

Christus victor[42], che nella morte ha cambiato il suo corpo da mortale ad immortale, un nuovo corpo spirituale perché la sua carne è stata offerta nella croce per la salvezza dell'uomo[43].

Comincia così il *profectus*, la progressiva glorificazione della carne di Cristo. È definita da Shantz come una «incarnazione al contrario»: se prima il Verbo si è unito alla carne umana, ora la carne si unisce alla gloria del Verbo. Questo procedimento di *Verklärung* indica una 'nova generatio corporis Christi', per la quale la carne ha un legame ancora più stretto con il Verbo di quando era sulla terra. Così anche la carne deificata, e così trasfigurata, ha una collocazione nell'impostazione trinitaria – Krautwald non aveva rinunciato alla proposizione dogmatica dalla quale si erano sottratti, in polemica con gli scritti patristici e i decreti conciliari, tanto gli anabattisti quanti gli altri gruppi radicali – una carne che nulla aveva di glorioso, incorruttibile, impassibile, immortale e coeterno, ora gode di tutte le qualità del Verbo di Dio[44].

La posizione filosofica del teologo slesiano che si vede nella filigrana del suo pensiero dipende, in buona parte, dalla scuola alessandrina, secondo la quale era necessario preservare la natura divina di Cristo evitando le posizioni apollinariste[45] che vedevano nel

---

[42] Alister McGrath, *Luther's Theology of the Cross*, Oxford, Blackwell Publishing, 1990, p. 1: Lutero, nell'aprile del 1518, usò per la prima volta il concetto di *theologia crucis*, invitato da Johannes von Staupitz ad un'assembrea della congregazione agostiniana di Heidelberg. "The 'crucified God' – to use Luther's daring phrase – is not merely the foundation of the Christian faith, but is also the key to understanding the nature of God".

[43] Shantz, *Crautwald and Erasmus*, pp. 117-118.

[44] *Ivi*, p. 120.

[45] Daniele Gianotti, *Apollinare di Laodicea. La cristologia tra istanza salvifica e pretesa dimostrativa*, in "Rivista di Teologia dell'Evangelizzazione", IV, 7, 2000, pp. 29-45. La formulazione cristologia di Apollinare di Laodicea afferma la «μία φύσις τοῦ Λόγου σεσαρκωμένη», negando la natura umana di Cristo ed enunciando dunque l'unità di Cristo come una sola natura; egli concepiva l'essere composto

153

Verbo il centro unificatore, cancellando l'anima umana. Seguendo le argomentazioni di Cirillo di Alessandria, egli preserva la piena divinità di Gesù in funzione anti-nestoriana, senza relegare la natura umana a mera apparenza. Di conseguenza, è facile ravvisare quali implicazioni abbia avuto, nella dottrina eucaristica, una posizione come quella di Krautwald[46.]

Un ultimo aspetto del trattato affronta come Cristo condivida il suo corpo glorificato con i credenti. Lo Spirito Santo, procedendo da Cristo, adotta coloro che hanno creduto nel Figlio di Dio e li chiama co-eredi di Cristo. Allo stesso modo, dimostrando con questo l'erronea somministrazione ai fedeli del pane e del vino come segni dell'eucaristia, Krautwald afferma che Cristo, come capo della Chiesa, fornisce esso stesso al suo corpo, che è l'assemblea dei credenti, il nutrimento necessario per la sua *salus*, per la salvezza[47].

6.3.2 Il Novus Homo: *la soteriologia di Krautwald*

Il concetto di *homo novus* elaborato da Valentin Krautwald nel suo impianto teologico è diventato il punto culminante della dottrina

---

del Verbo fatto carne, come una integrazione *substantialis* della carne con il Verbo.

[46] Shantz, *Crautwald and Erasmus*, p. 122. Si veda Battista Mondin, *Storia della Teologia*, 1, Edizioni Studio Domenicano, Bologna 1996, pp. 257.261. Vasile Gorzo, *Cristo Dio e uomo secondo Cirillo di Alessandria*, in "Studia Theologica", I, 8, 2010, pp. 11-19, p. 15.

[47] Shantz, *Crautwald and Erasmus*, pp. 124-125.

schwenckfeldiana studiata da Edward Furcha nel suo volume dedicato al teologo di Ossig[48]. Tuttavia, la soteriologia di Caspar Schwenckeld è debitrice nei confronti della riflessione di Krautwald per lo sviluppo della figura del *Christus incordatus* (Cristo-nel-cuore) piuttosto che del *Christus impanatus* della dottrina eucaristica classica.

L'unione mistica del credente in Cristo, nuovo Adamo, nato da donna per dare origine ad una nuova umanità e ad un nuovo ordine nel creato, comporta la sua stessa deificazione, partecipando del Cristo la cui natura umana è stata trasfigurata nell'umiliazione terrena (secondo la variante speculativa di Schwenckfeld, diversa, come si è visto, da quella di Krautwald)[49].

Valentin Krautwald, che aveva sviluppato la sua antropologia partendo dalla riflessione erasmiana[50], diverge dal teologo olandese su due punti: il primo, pastorale, la sospensione della pratica

---

[48] Edward J. Furcha, *Schwenckfeld's Concept of the New Man. A Study in the Anthropology Caspar von Schwenckfeld as Set Forth in His Major Theological Writings*, Schwenkfelder Church, Pennsburg 1970.

[49] Williams, *The Radical Reformation*, pp. 498-499.

[50] L'influenza del pensiero di Erasmo su Krautwald è principalmente umanistica e secondariamente teologica; dell'umanista di Rotterdam egli apprezza il metodo speculativo e la tendenza irenica; egli tuttavia non viene meno dal prendere una posizione autonoma, dimostrando come Erasmo sia soltanto una delle voci che contribuiscono alla ricerca delle verità di Dio. In una lettera del 1528 infatti, Krautwald scrive a Wolfgang Capitone che «sulla questione del libero arbitrio né Erasmo né Lutero hanno scritto correttamente». Tuttavia, l'elemento che maggiormente influenza l'elaborazione del concetto di uomo nuovo è la lettura che Erasmo fa di Paolo: il tema della *buona battaglia*, la dicotomia tra "lettera" e "spirito", il ruolo pedagogico dei teologi nel rinnovamento spirituale dei credenti, per accompagnarli alla conoscenza della salvezza, allontanandoli dall'ignoranza del peccato. Si veda Karl A. E. Enenkel (ed.), *The Reception of Erasmus in the Early Modern Period*, Brill, Leiden 2013, pp. 1-25; su Erasmo commentatore di Paolo si veda Albert Rabil, *Erasmus and the New Testament. The Mind of a Christian Humanist*, University Press of America, Lanham1993, pp. 124-162.

sacramentaria fino a quando la dottrina non fosse stata catechizzata ai credenti; il secondo, che la deificazione del credente avviene prendendo parte del Cristo celeste, piuttosto che – come sostiene Erasmo – l'imitazione del Cristo terreno. L'uomo nuovo è pertanto colui che partecipa della piena divinità del Cristo.

Sono tre le opere dalle quali possiamo ricavare le argomentazioni per il concetto dell'*homo novus*[51]: principalmente l'omonimo trattato del 1529 (e pubblicato nel 1542), l'*Homo Novus. Institutio vere christiani hominis compendiosa et utilis de novo et veteri homine*; ma anche *In Tria priora capita Geneseos libri annotata* del 1529; e una lettera *De Natura Certitudine et Energia Verae Fidei* del 1536.

Il commento ai primi tre capitoli del libro della Genesi diventa per Krautwald l'occasione per cui riflettere sull'uomo vecchio, il primo Adamo, nel quale si riconosce l'umanità peccatrice. È un'analisi fedele al testo ebraico ma pur tuttavia *cristocentrica*, come

---

[51] Krautwald dipende per la maggior parte della sua esposizione dalle citazioni paoline, che fondano la struttura portante della sua argomentazione neotestamentaria. Delle 274 citazioni scritturistiche, 178 provengono dall'epistolografia paolina. Tra queste, definiscono l'"uomo nuovo": «Se uno è in Cristo è una creatura nuova; le cose vecchie sono passate, ecco, ne sono nate di nuove» (2Cor 5,17). «Vi siete spogliati dell'uomo vecchio con le sue azioni e avete rivestito il nuovo, che si rinnova, per una piena conoscenza, ad immagine del suo Creatore» (Col 3,9-10). «Lo sappiamo: l'uomo vecchio che è in noi è stato crocifisso con lui, affinché fosse reso inefficace questo corpo di peccato, e noi non fossimo più schiavi del peccato. Infatti chi è morto, è liberato dal peccato» (Rm 6, 6-7). «Dovete deporre l'uomo vecchio con la condotta di prima, l'uomo che si corrompe dietro le passioni ingannatrici. Dovete rinnovarvi nello spirito della vostra mente e rivestire l'uomo nuovo, creato secondo Dio nella giustizia e nella santità vera» (Ef 4,22-24). «La carne ha desideri contrari allo Spirito e lo Spirito ha desideri contrari alla carne» (Gal 5,17). «Quelli infatti che vivono secondo la carne, pensano alle cose della carne; quelli che vivono secondo lo Spirito, alle cose dello Spirito» (Rm 8,5).

molti dei commenti di età medievale e usciti dalla penna di Agostino d'Ippona[52]. La lettera invece, destinata a Simon Martin, un amico con il quale più volte si era confrontato sull'argomento, è stata scritta nel contesto della *Concordia di Wittenberg* del 1536, quando si ebbe una pacificazione tra i teologi svizzeri e i luterani[53].

La dottrina si basa su di un princìpio fondamentale: l'uomo è stato creato con una duplice natura: una corporea esterna e una spirituale interna, modellata su Cristo. L'*imago et similitudo Christi* è data dal discepolato alla scuola del Verbo di Dio. Quando l'uomo non riconosce Cristo come suo maestro, cade nel peccato. Si conclude che è l'ignoranza delle cose di Dio che costituisce l'uomo vecchio. L'uomo che crede alla falsa conoscenza perde il proprio libero arbitrio. Krautwald differisce tanto da Erasmo, sul tema della libertà del peccatore, quanto da Lutero, sulla libertà dell'uomo nuovo[54]. Infatti, egli afferma che l'uomo nuovo è colui che è unito a Dio attraverso il Cristo. Così scrive Krautwald: "I redenti sono chiamati *déi* perché sono amici di Dio e condividono la sua natura per grazia". L'uomo nuovo è tale perché partecipa internamente della natura glorificata di Cristo e sviluppa così una nuova conoscenza spirituale per le cose di Dio[55].

---

[52] Si veda *Aurelii Augustini Tractatus de octo quaestiones ex Veteri Testamento*, 2 = PL 35.

[53] Shantz, *Crautwald and Erasmus*, p. 134.

[54] Shantz, *Crautwald and Erasmus*, p. 137.

[55] In questo senso Krautwald si contrappone agli anabattisti, per i quali la conversione interiore si riflette di necessità sull'etica esteriore. Gli attributi dell'uomo nuovo sono elencati da Krautwald nella sua opera; essi sono il riflesso della partecipazione della natura glorificata di Cristo: fare opere buone; prendere una moglie nel Signore; essere forestiero nel mondo; essere re e sacerdote nel Cristo. In aggiunta a queste quattro fondamentali, ne aggiunge altre sette: prega e adora il Padre; è formato ad immagine del Figlio di Dio; la sua vita è nascosta in Dio; è un soldato di Cristo; fa la sua corsa guardando alla sua guida; è forte nel Signore. Vedi Shantz, *Crautwald and Erasmus*, p. 139.

Nel 1529 Krautwald può così scrivere, parafrasando il celebre adagio riassuntivo del riformatore di Wittenberg, "*iustus* est novus homo quatenus novus homo fidelis et in Christo est. *Peccator* et iniustus quatenus vetus est et carneus". Come Lutero, egli afferma che la fede è la chiave della giustificazione del *consortium credentium*, partecipando della natura di Cristo, che è l'unico giusto, secondo la carne[56].

6.4 Il contributo di Krautwald all'educazione: il *Catechismus*

Krautwald, dal 1509, iniziò ad occuparsi dei giovani allievi della schola annessa alla parrocchia di San Giacomo, a Nysa. Meno di vent'anni più tardi, nel 1527, Krautwald è al fianco di Schwenckfeld nella dura battaglia per opporsi alla 'luteranizzazione' della Slesia.

È in questo contesto che emerge con vigore, in una lettera (*Reformationsvorschlägen*) destinata dalle due anime della *Via Media* indirizzata al vescovo di Breslau, Jakub von Salza, la necessità della catechesi:

Wir befinden und erkennen auch, dass zum rechten verstand der Sacrament und aller Christlichen Lehre und lebens ein sonderliche glaubenslehre und ein Catechismus, das ist ein underricht der stuck, die ein jeder Christ wissen solle, gehöret, davon Heb. 5[, 12]; 6[, 1-2]; Gal. 6[, 6]; in Actis [18, 25], sonst an viel örtern des neuwen Testaments und in den Schrifften der Väter gesaget wirt. Er ist aber nu gantz abgegangen, es find nimmer Catechumeni, das ist Schüler des glaubens, die doch vor etlichen jaren, wie dess die Messbücher zeugnis geben, überall ge-

---

[56] Krautwald cita a tale proposito Ebrei 11, 3, per ricordare la fede veterotestamentaria: «Ora la fede è certezza di cose che si sperano, dimostrazione di realtà che non si vedono. Infatti, per essa fu resa buona testimonianza agli antichi. Per fede comprendiamo che i mondi sono stati formati dalla parola di Dio; così le cose che si vedono non sono state tratte da cose apparenti». Segue, fino alla fine del capitolo, la testimonianza di fede degli antichi.

wesen sein, Also sind auch nimmer Schulmeister des glaubens, die hiessen Catechistae der Sacramenten und anderer stucke, so die Christen wissen, darinnen sie von jugent auf erzogen, geneeret und gelehret werden sollen, Daraus denn von notswegen folget, dass auch hinfuro wenig Christen sein müssen, Niemandes lehret uns in der jugent, darumb wissen wir im alter dester weniger, Irer wenig haben achtung auf jhre befohlne Schäffle von jugent auf, darumb ist das Land vol Bären und Böcke, der Pfarrer sicht auf das seine, und dass er einmahl predige oder Messe lese, lest sich den Catechismus nicht fast anfechten, desshalben weist auch das Pfarrkindt und der Pauwrwenig drumb, für welche doch Christus auch gestorben ist[57].

Il manifesto dell'educazione cristiana così come viene concepito da Krautwald, assume un rilievo particolare nella letteratura della Riforma se si condierano almeno tre aspetti: il primo, che la designazione classica di 'Spiritualismus' coniata dalla storiografia per indicare anche la *Via Media* – con tutto ciò che questo significa in ambito storico-dottrinario – trova solo un parziale accoglimento. Si è soliti infatti associare la produzione di catechismi e compendi alle confessioni cristiane ecclesialmente (o eccllesiasticamente) formate: il *Kleiner Catechismus* (1529) di Lutero, il catechismo di Ginevra (1537) di Calvino , il "Catechismo di Heildeberg" (1563), ma anche il *Catechismus ex decreto Concilii tridentini ad parochos* (1566) del vescovo Carlo Borromeo, il *Kleiner Catechismus* (1596) di Pietro Canisio, o *la Dottrina cristiana breve* (1597, con la sucessiva *Dichiarazione più copiosa della dottrina Cristiana*, 1598) del Bellarmino.

Se si cercano tentativi di catechesi tra coloro che, lontani dalle chiese organizzate, sceglievano "ni Rome ni Genève" (per utilizzare l'espressione di Thierry Wanegffelen), troviamo catechismi scritti anche da Francesco Negri e Bartolomeo Fonzio.

---

[57] Valentin Krautwald, *Catechesis und verwandte Schriften*, in *Monumenta Germaniae Paedagogica. Schulordnungen- Schulbücher und pädagogische Miscellaneen aus den Landen deutscher Zunge*, hrsg von Karl Kehrbach, Bd. XXIII: *Die evangelischen Katechismusversuche vor Luthers Enchiridion*, 4, A. Hofmann & Comp., Berlin 1902, pp. 184-225.

L'interpretazione dello spiritualismo slesiano, e delle sue caratteristiche intrinseche, ha risentito fortemente dello studio di G. H. Williams, *The Radical Reformation*, così come della rappresentazione che ne ha dato Leszek Kolakowski in *Chrétiens sans Eglise*:

Sembra che la sua idea [di Schwenckfeld, *ndr*] sia questa: non può esistere in verità una Chiesa di Dio sotto la forma di una grande colletività organizzata secondo il sistema parrocchiale e che costituisca nella sua totalità l'incarnazione dello spirito di Cristo. La Chiesa considerata come l'insieme dei fedeli non può che essere la Chiesa invisibile […]. La Chiesa visibile è, per principio, irriformabile, ma può essere riformata da uno spirito evangelico, di modo che cessi di essere Chiesa […]; è l'utopia della "riforma definitiva" dove la vita religiosa in comune è mantenuta, ma ricondotta interamente ai puri valori religiosi senza alcun mescolamento con la vita profana […]. Infatti, una riforma parziale non può che realizzarsi se non attraverso la sua negazione[58].

Di conseguenza, sembrerebbe inconciliabile l'idea che il gruppo degli spirituali slesiani (o in particolare Krautwald) possa aver pensato alla compilazione di un catechismo, considerato il valore che un compendio occupa nel sistema religioso di una comunità cristiana. Il catechismo è secondo per importanza soltanto alla "Confessione di fede", l'atto costitutivo dell'identità di una chiesa: la *Confessio augustana* (1530) lo sarà per le comunità dell'Impero che aderiranno al luteranesimo, quella di Ginevra per la 'teocrazia' calvinista (1536), quella *Tetrapolitana* per le città alsaziane, e così via[59].

Sono numerose le testimonianze epistolari in cui Krautwald scrive della necessità di redigere un catechismo, principalmente ad

---

[58] *Chrétiens sans Eglise. La Conscience religieuse et le lien confessionel au XVIIe siècle*, par Leszek Kolakowski. Traduit du polonais par Anna Posner, Gallimard, Paris 1987, pp. 156-157. La tradzuione è mia.

[59] Si veda, per completezza, *Confessioni di fede delle chiese cristiane*, a cura di Romeo Fabbri, EDB, Bologna 1996.

uso dei fanciulli, così come era stato pensato il 'piccolo' catechismo di Lutero[60].

Il primo dei tre trattati che costiuiscono l'intera opera catechetica di Krautwald è la *Catechesis hoc est Institutio Vere Christiani hominis. Compendiosa et utilis* (già noto nel 1523, e portato a termine nel 1526), una dichiarazione sulla necessità dell'insegnamento catechetico, e sul metodo da seguire; nella sezione *Capita et Tituli (id est rudium) Catechismi*, Krautwald elenca le 'materie' sulle quali istruire i catecumeni, quali *Naura damnata, Origo peccati, Cognitio peccati, Cordi scrutinium, Mors, vitae brevitas* ecc., per un totale di XL proposizioni non numerate; segue uno schema, titolato *Exemplum*, che il catechista avrebbe usato per istruire i catecumeni: ad ogni proposizione avrebbero fatto sèguito le citazioni tratte dall'Antico e dal Nuovo Testamento. Termina la *Catechesis* un *Catechismus brevissimus*, rivolto ai bambini[61]: poco più lungo di un'orazione domestica e facilmente memorizzabile, è la 'summa' del credo spirituale slesiano (in cui si trovano i risvolti soteriologici del *Novus homo*):

---

[60] *Ex epistola Val. Craut. ad Michaelem Witiger*, 1526, *Pfingsten*: "Audient facile insuper parochi recte monentes, sed non audiet illos plebes asueta aris, presertim si aliquos ad coenam admiserint et impios excluserint, volente nim omnes esse pii et christiani, igitur opus est, ut prius Catechismo formentur et domentur" [CLM 718, ff. 310-311]; *Ex epistola Val. Craut. ad Concionatorem Nurmbergensem* (= Dominicus Schleupner), 1526: "Porro de Catechismo Christiano nihil curamus, ne somniantes quidem, quo tamen ego nihil utilius nihilque magis necessarium hoc tempore affirmare non dubito" [CLM 718, f. 292]; *Ex epistola Val. Craut. ad D. Michaelem Witiger*, 1526, 27-V: "Commentabor et de Catechismo tecum. Quo tu hunc magis hodie ablegas, hoc ego amplius accersendum puto er per illum fidelem populum formandum. Catechismus unice, sic enim autumno, et precipue hoc tempore esset perducendus, ut haberet populus, in que se exerceret, dum pro veritate in castris pugnant antesignani aut contra illam dimicant" [CLM 718, f. 319]. Si veda anche *De sensu verborum coenae Dominicae vero et germano Explicatio* [CLM 718, ff. 102-104].

[61] CLM 718, ff. 26r-62v: "Catechesis".

Per LEGIS expositionem ac DECALOGI formam peccati cognitio statuatur, et morbus hominum ostendatur. | Per FIDEI et SYMBOLI, quod Apostolorum vocant, declarationem Christus predicetur cum suis beneficiis, salute, redemptione, sanctificatione, etc. ac connexis fidei articulis. Sed porvidendum, ut eos diligenter audiat et meditetur catechumenus. | Per DOMINICAM ORATIONEM, quae in Deum credentibus petenda sunt et expectanda interventu Christi. | SUMMA. | Poeniteat vos et credite Evangelio. Resipiscite et baptisetur unusquisque vestrum in nomine Domini Jesu in remissionem peccatorum[62].

Gli altri due trattati sono correlati a questo: il *Canon Generalis super his, quae spectant ad Catechismum Christi* rappresenta lo sviluppo per esteso di ciascuno dei punti enunciati nella sezione *Capita et tituli* della *Catechesis*.

Come si è visto, nella dottrina teologica sviluppata da Krautwald, i sacramenti, intesi come segni visibili, non hanno valore intrinseco, e per questo mancano nella trattazione del *Canon Generalis*. Il terzo trattato catechetico, l'*Institutiuncula de Signis seu Symbolis Sacris et Sacamentis*, contiene tali disposizioni complementari. Tuttavia, la dottrina dei sacramenti, così come viene esposta da Krautwald, è poco adatta ad essere offerta per l'istruzione popolare. Krautwald dimostra di conoscere i padri della Chiesa e la tradizione: cita il *De Catechizandis rudibus* di Agostino, il *De mysteriis* di Ambrogio, il *De parvulis trahendis ad Christum* del 'Doctor Christianissimus' (= Jean Gerson), le *Homiliae* di Crisostomo sulla lettera agli Ebrei e l'*Adversus Marcionem* di Tertulliano (permane qualche incertezza sui passi dal *De institutione clericorum*, attribuiti a Beda il Venerabile). L'assunto di questo terzo e ultimo trattatello è che

Declarant ergo signa sacraque symbola coeleste quiddam aut Christi aliquod beneficium, quod fide sit apprehendendum ac spe certa in thesauro mentis fidelis reponendum[63].

---

[62] *Ivi*, f. 36r.
[63] *Ivi*, 59v.

Come si è potuto quindi constatare, i circoli spirituali di Sch-wenckfeld sono preoccupati dell'insegnamento catechetico: Sch-wenckfeld stesso nel 1531 avrebbe pubblicato un catechismo (*Ca-techismus Christi*), così come, di lì a poco, avrebbe fatto il suo seguace Johann Werner (in tedesco, dal titolo completo: *Neuer recht christli-cher Catechismus für die Kinder Gottes auf die zwölf allgemeinen Artikel des Glaubens und der Sakramente, der Taufe und Nachtmahl, gestellt durch Jo-hann Werner, genannt Siegesmund Rengersdorfer*).

6.5 Krautwald tra Riforma e Controriforma italiana

L'esperienza del gruppo Schwenckfeldiano in Slesia non è un tas-sello isolato nel grande mosaico europeo delle Riforme 'al plurale'. Se si considera il Corpus dei testi censiti, una gran parte è dedicato a lettere, che dimostrano quanto la condizione degli spirituali slesiai fosse nota negli altri contesti nazionali.

In relazione all'Italia – ovvero, alle diverse declinazioni della pro-testa anti-romana nella Penisola – la ricerca è ancora aperta: alcuni accenni si trovano nelle pagine di Roland Bainton e Delio Canti-mori, accenni che tuttavia necessitano di una riconsiderazione alla luce della più recente bibliografia. La loro ricerca si concentrava sulla personalità di Bernardino Ochino e il contesto multi-confes-sionale della città di Augusta (1544 ca.), quando molti appartenenti alla *Via Media* aveavano trovato rifugio in città dopo le persecu-zioni religiose in Slesia.

Il nome di Krautwald tuttavia, rimarrà vivo nella memoria cat-tolica molto più a lungo: egli compare anche *Disputationes* del car-dinale Roberto Bellarmino (1586-1589), polemista gesuita e primo possessore della cattedra romana di "controversie" voluta da papa Gregorio XIV. Come si vedrà di seguito, la citazione del teologo slesiano avviene in corrispondenza del dibattito sacramentario sulla formula "Hoc est corpus meum".

6.5.1 Bernardino Ochino lettore di Krautwald

Pubblicate a distanza di pochi mesi l'una dall'altra, le ricerche di Delio Cantimori (1939) e di Roland Bainton (1940) raggiunsero gli stessi risultati indagando sui rapporti intrattenuti dall'esule senese Bernardino Ochino con il 'quarto partito religioso' di Augusta[64].

Prima dell'arrivo di Ochino ad Augusta e il suo contatto con gli spirituali radicali sostenitori di Schwenckfeld, il senese era già noto allo slesiano, grazie alla mediazione svolta tra i due dal marcante tedesco Philip Walther e dal filologo Valentin Ickelshamer[65]. Le opere di Ochino arrivarono nelle mani di Schwenckfeld insieme a quelle di tal *Corvinus*, che altri non era se non lo pseudonimo del senese.

In questa sede, tuttavia, più che il rapporto intercorso tra Schwenckfeld e Ochino, vogliamo analizzare il contatto – seppur indiretto – che avvenne tra Valentin Krautwald e l'esule cappuccino, attraverso la lettura che quest'ultimo fece del *Novus Homo*. Come è noto, l'opera era stata edita da Schwenckfeld e compariva nel suo *Catalogo* delle opere. Lo stesso Schwenckfeld confermò in più occasioni la paternità dell'opera a Krautwald (specialmente in due lettere destinate dall'Ossig a Wolfgang Thalheuser e a Sibilla Eisler

---

[64] Roland H. Bainton, *Bernardino Ochino. Esule e riformatore senese del Cinquecento (1487-1563)*, Sansoni, Firenze 1940, p. 82.

[65] Cantimori, *Eretici italiani*, p. 123: Ickelshamer sarebbe morto ad Augusta non molto tempo dopo l'arrivo di Ochino, nel 1547. Il suo sostegno alla Riforma, nella roccaforte del cattolicesimo bavarese, si espresse con un appello diretto a Lutero e ai concittadini tedeschi (*Klage etlicher Brüder an alle Christen über die große Ungerechtigkeit und Tyrannei, die Karlstadt jetzt durch Luther geschieht Ein brüderliche ermanung an D[oktor] M[artin] Luther, und andere 5 dergleychen*) per la lettura del Testo Sacro senza mediazione ecclesiastica, convenendo con il teologo di Erfurt sul "libero esame delle Scritture".

nel dicembre 1545). Tuttavia, le prime edizioni a stampa non recavano il nome dell'autore (Krautwald)[66].

In particolare, nella lettera destinata al Thalheuser del 16 dicembre 1545, Schwenckfeld, oltre a segnalare all'amico di aver letto le *Prediche* dell'Ochino e aver preparato un trattatello in risposta (le *Annotationes super ordinem divinum*, andato perduto[67]), informa che

Von Crautwaldo hab[e] ich nichts „De gloria Christi", Allein was er hin und wider, etwa ein wenig in den brieffen hat spargirt. Ich habe aber wol wz er „De Vita intelligentia Verborum" uns schreibt. Ob es der Mann wolte lesen, weil ich höre das ihm „Novus Homo" gefalle welchs auch Craʷtwalds (*sic!*) arbeit ist[68].

Se le venti *Prediche* ochiniane potevano essere il punto d'incontro tra la dottrina spirituale slesiana e qualla italiana (eterogeneamente ricomposta, in Ochino, da spunti valdesiani e calviniani[69]), diversa invece – e certamente più complessa – può risultare l'indagine sull'"apprezzamento" del *Novus homo* e della sua declinazione nella teologia del senese. Ovvero, ci si chiede se – e in che misura – i concetti dell'esposizione di Krautwald si possano riscontrare nella successiva produzione di Ochino.

Prima di tutto è necessario restringere il campo della bibliografia ochiniana: del 1545 sono le successive edizioni alla prima dei *Sermones*, nonché la pubblicazione a Ginevra dell'*Expositione sopra la Epistola di san Paulo alli Romani* (in volgare). Nel 1547 Ochino scappa in Inghilterra, e da qul momento le sue opere oscillano tra l'irrisione del papato e della gerarchia romana (gli *Apologi*, 1554) e

---

[66] *CS*, VIII, 358, p. 34.
[67] *Ibid.*
[68] *CS*, IX, 512, p.508.
[69] Mi permetto di segnalare il mio *La dottrina calviniana* (in: *Calvino e il calvinismo mediterraneo*); in *Dizionario di eretici, dissidenti e inquisitori nel mondo mediterraneo* (DEDIMM) [online: http://www.ereticopedia.org/].

la sacramentaria (*Disputa intorno alla presenza del Corpo di Giesù*; le *Prediche nomate Labirinti del libero o ver servo arbitrio*; il *Catechismo*, 1561; i *Dialogi XXX*, 1563), con una tendenza sempre più radicale, antitrinitaria, e fin troppo eterodossa per le comunità nelle quali trovava ospitalità.

L'unica opera che, per collocazione temporale e contenuto, potrebbe aver risentito dell'influenza del concetto di *Novus homo*, sviluppato da Krautwald e veicolato da Schwenckfeld, potrebbe essere – e il condizionale è d'obbligo – l'*Espositione sopra a la Epistola di Paulo à i Galati*, del 1546. Il contesto augustano è senz'altro favorevole all'Ochino, che dal momento del suo arrivo in città ha goduto della stima degli esuli italiani (tra i quali il più radicale Francesco Stancaro), venendo scelto come predicatore locale.

Già Lutero aveva commentato la lettera ai Galati, al termine delle lezioni sulla lettera ai Romani (1515-1516): una prima volta nel 1516-1517 (pubblicando nel 1519) e una seconda nel 1531 (pubblicando nel 1535). Diversamente, Ochino fa il percorso inverso, giungendo alla lettera ai Galati dopo l'esposizione' di quella ai Romani. Dunque, è possibile pensare che la mancanza di un progetto lineare nel commento di due lettere complementari rimandi ad una sollecitazione diversa[70].

Scritta in volgare, l'*Esposizione* contiene alcuni termini-chiave appartenenti anche alla dottrina enunciata da Krautwald:

---

[70] Il pensiero di Paolo nella lettera ai Galati viene portato ai compimento nella successiva lettera ai Romani: l'esperienza della grazia come annuncio (Galati) diventa testimonianza (Romani); ai Galati, Paolo esorta la liberazione dalla legge mosaica, che non salva e rende schiavi (Gal 3, 23-25; 4, 2-9); mentre ai Romani, Paolo partendo dallo stesso assunto ("la legge da sola non può salvare"), pone l'accento sulla giustizia di Dio e sulla bontà insufficiente della legge (Rm 3, 20; 7, 12 - 8, 3). Infine, se ai Galati parla della legge come "sollecitante il peccato" e "maledizione per l'uomo" (Gal 3, 13-19), ai Romani spiega che la la legge è necessaria per conoscere il peccato (Rm 7, 7-12).

che gli huomini, volendo santificarsi, hanno atteso a santificare l'*huomo esteriore*, e non lo interiore; e questo perche è più facile, e anco per mostrarsi santi al mondo, che la santità dell'*huomo esteriore* appare, et perché hanno visto quel lustro dell'*huomo esteriore*, hanno pensato di esser perfetti senza altrimeti santificar l'*huomo interiore*, ma in verità l'*huono interiore* di questi tali per quella estrinseca santità se ne è insuperbito, e così è diventato peggiore, bisognava in prima *santificare*, e *mortificare* l'*huomo interiore*, et in tal caso subito si sarebbe mortificato lo esteriore[71].

Sono elmenti ricorrenti le opposizioni *huomo interiore* e *huomo esteriore*, tipiche delle correnti spirituali, più o meno organizzate teologicamente. Così, anche i verbi che indicano il percorso di conversione, 'santificare' e 'mortificare', hanno come soggetto – tanto in Ochino quanto negli spirituali – Cristo e non il credente:

[gli huomini] seben difuore parevano buoni, dentro erano impii, ma Christo è stato un medico spirituale, il quale ha sanato internamente il core, non è venuto come Moisé con la legge, ma con la gratia, con la verità, con la luce, con lo spirito, e con lo amore[72].

La 'rinascita' che trasforma l'uomo vecchio in uomo nuovo passa per Cristo, non attraverso segni materiali/visibili (l'acqua del fonte battesimale) bensì attraverso realtà invisibili (Cristo, parola di Dio)[73]. Così, il glossario dell'epistola ai Galati ricorre tanto in Krautwald quanto in Ochino: i rinati da Cristo, gli 'uomini nuovi' sono fratelli di Cristo (Gal 3, 28; 6, 15), figli di Dio (Gal 3, 26),

---

[71] [= Ochino], *Espositione di Messer Bernardino Ochino sopra la Epistola di Paulo à i Galati*, [s.l.], [s.e.], 1546, p. 36v. Il corsivo è mio.

[72] *Ivi*, p. 37r.

[73] Si veda l'opuscolo di Krautwald, del 1538, che tratta i medesimi temi del *Novus Homo: Von der Wiedergeburt und herkhommen eines Christenmenschens, gründliche Auslegung des Spruchs Jn. 3 Was auch dass für ein Wasser sei darauss die Kinder Gottes von oben* (cfr. *CS*, VI, doc. 256, 10-36).

nuove creature (Gal 6, 15), popolo eletto e nazione santa (Gal 3, 7), eredi di Dio (Gal 4, 7), famiglia spirituale (Gal 4, 26):

> inanti che peccasse [l'huomo] era mansuetissimo, e questo perché quanto alla parte superiore, era tutto volto a Dio, e conforme al suo volere, e l'uomo esteriore con li suoi affetti, sentimenti e potentie obediva in tutto alla ragione, laquale teneva lo scettro, si come uno mansueto agnello obedisce alla sua madre [...]. Si come egli si ribellò da Dio, così l'huomo esteriore dallo interiore tal che in esso huomo carnale regnano le immoderate concupiscente, e passioni[74].

6.5.2 *Krautwald nelle* Controversie generali *del Bellarmino*

Nel 1586, il cardinale Roberto Bellarmino, gesuita, comincia la pubblicazione delle sue *Disputationes de controversiis christianae fidei adversus hujus temporis haereticos*, note anche con il titolo di *Controversie generali*.

Bellarmino è conosciuto negli ambienti dell'Ordine, stimato dalla curia pontificia, tanto da essere chiamato a ricoprire, per primo, la cattedra romana di 'controversia'. Terminato il Concilio, vengono anche a mancare i grandi alfieri della Riforma e dell'intransigenza cattolica. I gesuiti, sui quali si fondava la custodia dell'ortodossia presso l'élite intellettuale, insieme agli ordini religiosi nati dall'ispirazione restauratrice del Concilio, cominciavano a raccogliere il patrimonio letterario alla base delle dispute teologiche e dottrinarie che, nel corso del Cinquecento, avevano infiammato l'Europa.

Il clima teso del post-concilio, la serie continua dei papi-inquisitori, la febbrile attività dei giudici e dei censori, porta persino il cardinale Bellarmino sul tavolo dei candidati all'Indice, per alcune

---

[74] Ochino, *Espositione*, p. 36v-37r.

sue affermazioni sulla pienezza della *potestas* pontifica[75]. E la caduta, evitata soltanto per la morte improvvisa del pontefice Sisto V, avrebbe investito proprio le *Disputationes*.

Sopravissuta l'opera, grazie all'intervento di Gregorio XIV, possiamo trovare, nel Secondo tomo, la "Tertia controversia generalis", *De sacramento eucharistiae*[76]. Bellarmino prende le parti della tradizione cattolica, seppure in constante dialettica con la letteratura controversistica protestante.

Dopo le prime considerazioni sulle Scritture neotestamentarie, cita a sostegno dell'argomento "pro veritate corporis Domini in Sacramento", la *Seconda Apologia* di Giustino, nonché le *Liturgie* di Giacomo[77], Basilio, Crisostomo, e tutti coloro che "in consecratione panis, tum vini, et gratias agens, et sanctificavit, seu benedixit", come la terza lettera di Cipriano a Cecilio[78].

Krautwald è citato nella trattazione legata al significato che viene dato dalle "opiniones haereticorum" alle parole dell'istituzione della Cena, *Hoc est corpus meum*, e in particolare alla particella *hoc*.

---

[75] Franco Motta, *Bellarmino: una teologia politica della Controriforma*, Morcelliana, Brescia 2005, pp. 385-439; Paul Godman, *The Saint as Censor. Robert Bellarmine between Inquisition and Index*, Brill, Leiden-Boston-Köln 2000; Silvana Seidel Menchi, *I giudici dell'Inquisizione romana: inquisitori e vescovi, commissari, nunzi, cardinali, papi*, in "Cromohs", 11, 2006, pp. 1-7.

[76] *Roberti Bellarmini Disputationes de controversiis christianae fidei adversus hujus temporis haereticos*, II, 1, cap. X, "Explicantur verba institutionis, et refelluntur haereticorum depravationes", pp. 65-78.

[77] Si tratta della "liturgia di san Giacomo" (o "divina liturgia di Giacomo di Gerusalemme"), la più antica versione della liturgia delle chiese orientali. Si veda Heinzgerd Brakmann, *Das zweite Leben der griechischen Jakobos-Liturgie*, in «Ostkirchliche Studien», 64, 2015, pp. 48-79, con la bibliografia più aggiornata sull'argomento.

[78] *Bellarmini Disputationes*, p. 66.

HOC. Prima vox est pronomen HOC, quod quidem quadrupliciter exponitur ab adversariis. Alii volunt significare, *Hic*, ut Carolostadius, quae fuit PRIMA opinio. Alii, *hac tota actio*, quae fuit SECUNDA opinio. Alii volunt esse demonstratiuum panis, sed ita ut panis sit praedicatum, hoc modo: *Hoc est corpus meum*, id est, corpus est hoc, nimirum panis: quam supra diximus esse TERTIAM opinionem. Alii DENIQUE volunt ea particula demonstrari panem, sed ita ut panis sit subiectum, hoc modo, *Hoc*, id est, hic panis: et est communior sententia adversariorum, et minus absurda, quam ceterae[79].

Il Bellarmino liquida rapidamente le prime due *opiniones*, insieme alla quarta, che lo impegnano con una 'facile' confutazione sulla base della Scrittura. La terza invece è più elaborata, ed è proprio in questo paragrafo che compare Krautwald. L'argomentazione raggunge prontamente il cuore del problema:

Dominus ex sententia adversariorum non dedit Apostolis *cropus* suum, sed panem, cum ait: *Accipite, et manducate*; ergo debuit explicare vim et efficaciam illius panis, non corporis sui: ergo non debuit dicere: *Corpus meum est hoc, nimirum panis*, quia reficit instar panis; sed dicere debuit, *Panis est hoc, id est, corpus meum*, quia reficit significando, vel repraesentando corpus meum.

Bellarmino sostiene che il paradosso dei detrattori della tradizione cattolica (ovvero, *panem conversum in suam* [*Christi*, ndr] *carnem, manentibus tamen accidentibus, et specie exteriore panis*), sia quello di ritenere che la particella "hoc" indichi il pane: questo, al momento della Cena, non sarebbe altro che *corpus suum* [*Christi*, ndr] *spiritualiter manducandum per fidem*, ma "realiter" ('realmente', ovvero, in quanto *res*), *nimirum panis*, "nient'altro che pane". Il significato spirituale della "traditio panis", la consegna del pane nelle mani degli Apostoli, risiederebbe nell'associazione di significato, per cui il beneficio del pane per il corpo, ovvero il nutrimento, è simile al beneficio di Cristo per l'uomo, la salvezza.

---

[79] *Ivi*, p. 67.

Così, Bellarmino si oppone alla considerazione di coloro che, nel comando di Cristo: *Accipite, edite hunc panem...*, leggono la conseguenza *...quia corpus meum nutrit instrar panis*[80].

Il Bellarmino riconosce nel teologo e filologo tedesco Johann Lange (Langus) la fallacia dell'argomentazione riformata basata sul testo greco, ovvero ritenere che

Articulum [τὸ] est signum subiecti [corporis, ndr] in propositione, in hanc autem sententiam τοῦτὸ ἐστιν τὸ σῶμα μοὐ, articulus adiungitur corpori, non pronomini.

Il Bellarmino, per fornire un'argomentazione valida, oppone alla 'regola della grammatica' difesa dal Lange la 'consuetudine', ovvero la ricorrenza nei testi evangelici dell'esatto contrario. Così scrive:

Neque est universalis lex illa Grammaticae Graecae de articulo: saepissime enim ponitur articulus in praedicato ad rem demonstrandam, et definendam[81].

Le citazioni sono tratte dal Vangelo di Matteo (Mt 5, 13: *Vos estis sal terrae*; Mt 5, 14: *Vos estis lux mundi*; Mt 21, 30: *Hic est heres*) e dalla Seconda lettera ai Corinti, nella quale – sostiene il Bellarmino – "ad confundendum haereticum", disse τοῦτὸ μοὐ ἐστιν τὸ σῶμα. Di conseguenza, la validità della proposizione difesa dai cattolici sta nel fatto che la particella hoc/τοῦτὸ non dimostra il "pane in sé", ma la *res* contenuta sotto le specie del pane che, sebbene prima fosse solo pane, è ormai divenuta corpo di Cristo.

Bellarmino si lancia contro quel "praeceptor linguae Graecae" che ha contribuito a disseminare di errori la dottrina sull'eucaristia, ribadita l'11 ottobre 1551, durate la Sessione XIII del Concilio di

---

[80] Ivi, p. 69: "Dicent".
[81] *Ibid.*

Trento (*Catechismo del Concilio di Trento*, ed. 1566: II, §§218, 223, 225):

Preaterea nititur haec sententia baculo arundineo: probat enim eam Langus, quia sic tradidit praeceptor linguae Graecae, Valentinus Cratoaldus […].

Capitolo VII
"Hoc est corpus meum"

7. La *praesenza reale* nella storia del pensiero cristiano

In questa sezione si propone una rapida ricostruzione storica sullo sviluppo del pensiero teologico cristiano intorno al concetto di *presenza* dell'eucaristia. Senza entrare nel merito del contenuto filosofico delle dispute, che nel tempo ha prodotto una grande mole di bibliografia, ci limiteremo a segnalare le tappe del dibattito che ha diviso la Chiesa fino ed oltre la Riforma protestante.

I momenti topici della disputa possono essere raggruppati cronologicamente: la patristica, durante la quale la formazione del dogma era tutt'altro che chiaro negli scritti e nel pensiero di Padri della Chiesa; la scolastica, che reduce dalle dispute eucaristiche medievali si accingeva con Pietro Lombardo e il suo commentatore più attento, Tommaso d'Acquino, a segnare con un approccio più sistematico i fondamenti della dottrina; i movimenti di riforma, nei quali la demolizione del dogma o la sua reinterpretazione ha significato anche un nuovo modo di intendere il rapporto con la figura di Cristo e il nodo della salvezza attraverso la grazia sacramentaria.

7.1 La patristica

Non si può ignorare che la prima fonte per il fondamento dottrinario dell'eucaristia sia la Scrittura, e in particolare – senza considerare le speculazioni successive sulle allegorie presenti nei libri veterotestamentari – alcuni Vangeli (il concetto eucaristico, espresso attraverso l'oblazione del pane e del vino durante la Cena, non è presente nel Vangelo di Giovanni) e in una lettera paolina:

Matteo 26, 26-28: "Cenantibus autem eis, accepit Iesus panem et benedixit ac fregit deditque discipulis et ait: *Accipite, comedite: hoc est corpus meum. Et accipiens calicem, gratias egit et dedit illis dicens: Bibite ex hoc omnes: hic est enim sanguis meus novi testamenti, qui pro multis effunditur in remissionem peccatorum*".

Marco 14, 22-24: "Et manducantibus illis, accepit panem et benedicens fregit et dedit eis et ait: *Sumite: hoc est corpus meum.* Et accepto calice, gratias agens dedit eis; et biberunt ex illo omnes. Et ait illis: *Hic est sanguis meus novi testamenti, qui pro multis effunditur*".

Luca 22, 19-20: "Et accepto pane, gratias egit et fregit et dedit eis dicens: *Hoc est corpus meum, quod pro vobis datur. Hoc facite in meam commemorationem.* Similiter et calicem, postquam cenavit, dicens: *Hic calix novum testamentum est in sanguine meo, qui pro vobis funditur.*

Prima lettera ai Corinzi 11, 23-25: Ego enim accepi a Domino, quod et tradidi vobis, quoniam Dominus Iesus, in qua nocte tradebatur, accepit panem et gratias agens fregit et dixit: *Hoc est corpus meum, quod pro vobis est; hoc facite in meam commemorationem*; similiter et calicem, postquam cenatum est, dicens: *Hic calix novum testamentum est in meo sanguine; hoc facite, quotiescumque bibetis, in meam commemorationem.*

7.2 I padri apostolici

Negli scritti dei Padri apostolici (personalità eminenti vissute tra la seconda metà del I secolo d.C. e la prima metà del II d.C.) sono solo occasionali i riferimenti alla pratica e alla dottrina eucaristica: nella *Didaché* le preghiere eucaristiche sono modellate sulle eulogie che aprivano e chiudevano il pranzo festivo nella tradizione giudaica; esse contengono riferimenti al pane spezzato, la *fractio panis*, come sacrificio puro e gradito a Dio[1], tuttavia la richiesta che viene fatta nel momento dell'offerta è diretta a rafforzare i legami degli appartenenti alla Chiesa di Cristo, una preghiera per l'unità dei dispersi e per la pace (quindi pastorale ed ecclesiale) e non a sostenere un dogma di fede. Analogo riferimento all'unità è presente nella *lettera ai Corinti* di Clemente Romano, dove l'elemento di coesione e di concordia tra i cristiani divisi è il sangue di Cristo[2].

Ignazio d'Antiochia è il primo che nella *lettera agli Smirnesi* si scaglia contro il gruppo dei doceti, i quali negavano la storicità dell'incarnazione e di conseguenza anche la presenza reale di Cristo nel sacramento del pane: egli scrive che

«stanno lontani dalla eucaristia e dalla preghiera perché non riconoscono che l'eucaristia è la carne del nostro salvatore Gesù Cristo che ha sofferto per i nostri peccati e che il Padre nella sua bontà ha risuscitato. Costoro che disconoscono il dono di Dio, nel giorno del giudizio, moriranno. Sarebbe meglio per loro praticare la carità per risorgere[3]».

Poiché i doceti professavano che Cristo era rivestito da una *carne apparente (fàntasma)*, essi di conseguenza non potevano pensare che la carne offerta sulla croce avesse sofferto e fosse stata resuscitata; e pertanto vano era anche l'evento dell'incarnazione[4].

---

[1] *Didachè*, XIV, 1.

[2] Si veda Natale Cocci, *Il sangue di Cristo nella lettera ai Corinti di Clemente Romano* in *Atti della settimana: Sangue e antropologia nella liturgia*, Roma 21-26 nov. 1983, a cura di Francesco Vattion, Centro Studi Sanguis Christi, Roma 1984, II, pp. 845-901, pp. 853-873.

[3] Ignazio d'Antiochia, *Lettera agli Smirnesi*, VII, 1: «Εὐχαριστίας καὶ προσευχῆς ἀπέχονται, διὰ τὸ μὴ ὁμολογεῖν τὴν εὐχαριστίαν σάρκα εἶναι τοῦ σωτῆρος ἡμῶν Ἰησοῦ Χριστοῦ τὴν ὑπὲρ τῶν ἁμαρτιῶν ἡμῶν παθοῦσαν, ἣν τῇ χρηστότητι ὁ θεοῦ συζητοῦντες ἀποθνήσουσιν· συνέφερεν δὲ αὐτοῖς ἀγαπᾶν, ἵνα καὶ ἀναστῶσιν».

[4] Mario Maritano, *L'Eucaristia nei Padri apostolici* in *L'Eucaristia nei Padri della Chiesa*, a cura di Antonio Bonato, Borla, Roma 1998, pp. 12-60, p. 35.

7.2 I padri apologeti

Giustino Martire e Tertulliano, tra II e III secolo, portano le comunità cristiane ad un approfondimento sempre maggiore sul significato dell'eucaristia nella vita della Chiesa, sia come *sacrificio*, in continuità con gli scritti precedenti (e soprattutto con l'interpretazione più immediata del Testo Sacro) sia come *sacramento*.

Giustino, nella *Prima Apologia*, ripropone un parallelismo tra l'incarnazione del Verbo di Dio e l'eucaristia, in tre momenti: la realtà della carne e del sangue, la parola del Verbo come causa efficiente dei due eventi, e la causa finale che essi realizzano, ovvero la salvezza. Si esprime così il convincimento per fede che il pane e il vino consacrati dalle parole di Cristo nella cena si trasformino in qualcosa che prima non erano. Così scrive:

questo cibo è chiamato da noi Eucaristia, e a nessuno è lecito parteciparne, se non a chi crede che i nostri insegnamenti sono veri, si è purificato con il lavacro per la remissione dei peccati e la rigenerazione, e vive così come Cristo ha insegnato. Infatti, noi li prendiamo non come pane comune e bevanda comune; ma come Gesù Cristo, il nostro Salvatore incarnatosi, per la parola di Dio, prese carne e sangue per la nostra salvezza, così abbiamo appreso che anche quel nutrimento, consacrato con la preghiera che contiene la parola di Lui stesso e di cui si nutrono il nostro sangue e la nostra carne per trasformazione, è carne e sangue di quel Gesù incarnato. Infatti, gli Apostoli, nelle loro memorie chiamate vangeli, tramandarono che fu loro lasciato questo comando da Gesù, il quale prese il pane e rese grazie dicendo: "Fate questo in memoria di me, questo è il mio corpo". E parimenti, preso il calice e rese grazie disse: "Questo è il mio sangue"; e ne distribuì soltanto a loro. I malvagi demoni per imitazione, dissero che tutto ciò avveniva anche nei misteri di Mitra. Infatti, voi già sapete, o potete apprendere, come nei riti di iniziazione si introducano un pane ed una coppa d'acqua, mentre si pronunciano alcune formule[5].

---

[5] Giustino, *Apologia prima*, LXVI, 1-4: «Καὶ ἡ τροφὴ αὕτη καλεῖται παρ'ἡμῖν εὐχαριστία, ἧς οὐδενί ἄλλῳ μετασχεῖν ἐξόν ἐστιν ἢ τῷ πιστεύοντι ἀληθῆ εἶναι τὰ δεδιδαγμένα ὑφ'ἡμῶν καὶ λουσαμένῳ ὑπὲρ ἀφέσεως ἁμαρτιῶν καὶ εἰς ἀναγέννησιν

Tertulliano non sviluppa una dottrina eucaristica in una sola opera del suo repertorio; tuttavia uno dei punti più discussi è il riferimento che egli fa nel *De oratione* a proposito della preghiera del Padre Nostro[6]: egli interpreta l'espressione *panem nostrum cotidianum* in senso spirituale, ovvero che Cristo è il 'nostro pane', il nutrimento spirituale di ogni cristiano. La critica ha dibattuto sul significato del verbo *censeo* nella frase "et corpus eius in pane censetur: *Hoc est corpus meum*": se lo si intende come 'è chiamato', allora Tertulliano avrebbe inteso spiritualmente l'eucaristia, affermando che il corpo reale di Cristo viene richiamato nella sostanza del pane, che funge da significante. Se invece lo si traduce 'essere presente, esistere', allora l'interpretazione di Tertulliano è affine alla posizione realista[7].

λουτρὸν καὶ οὕτως βιοῦντι ὡς ὁ Χριστὸς παρέδωκεν. Οὐ γὰρ ὡς κοινὸν ἄρτον οὖ δὲ κοινὸν πόμα ταῦτα λαμβάνομεν ἀλλ'ὃν τρόπον διὰ Λόγου θεοῦ σαρκοποιηθεὶς Ἰησοῦς Χριστὸς ὁ σωτὴρ ἡμῶν καὶ σάρκα καὶ αἷμα ὑπὲρ σωτηρίας ἡμῶν ἔσχεν, οὕτως καὶ τὴν δι'εὐχῆς λόγου τοῦ παρ'αὐτοῦ εὐχαριστηθεῖσαν τροφήν, ἐξ ἧς αἷμα καὶ σάρκες κατὰ μεταβολὴν τρέφονται ἡμῶν, ἐκείνου τοῦ σαρκοποιηθέντος Ἰησοῦ καὶ σάρκα καὶ αἷμα ἐδιδάχθημεν εἶναι»

[6] Tertulliano, *De oratione*, VI, 2-3: «Quanquam "Panem nostrum quotidianum da nobis hodie" spiritaliter potius intelligamus. Christus enim panis noster est, quia vita Christus et vita panis. (Ego sum, inquit, panis vitae et paulo supra: Panis est sermo Dei vivi, qui descendit de caelis), tunc quod et corpus eius in pane censetur (Hoc est corpus meum). Itaque petendo panem quotidianum perpetuitatem postulamus in Christo et individuitatem a corpore eius. Sed et qua carnaliter admittitur ista uox, non sine religione potest fieri et spiritalis disciplinae. Panem enim peti mandat, quod solum fidelibus necessarium est; cetera enim nationes requirunt. Ita et exemplis inculcat, et parabolis retractat, cum dicit Numquid panem filiis pater aufert et canibus tradit? Item: Numquid filio panem poscenti lapidem tradit? Ostendit enim quid a patre filii expectent. Sed et nocturnus ille pulsator panem pulsabat».

.[7] Paolo Siniscalco, *L'Eucaristia negli Apologeti cristiani* in *L'Eucaristia nei Padri della Chiesa*, a cura di Antonio Bonato, Borla, Roma 1998, p. 70.

L'argomentazione di Tertulliano diventa ancora più forte nell'*Adversus Marcionem*, l'opera con la quale affronta con rigore le pozioni del deposto vescovo di Sinope; tuttavia, difficile è argomentare con certezza – come invece è stato fatto dagli autori della Riforma in età moderna – quale sia la posizione di Tertulliano nei confronti dell'eucaristia[8]. I punti sui quali l'autore latino discute con Marcione sono l'interpretazione dei due testamenti e l'emendazione del vangelo di Luca, il dualismo imperante e le posizioni docetiste che si riflettono sull'eucaristia. Il dubbio interpretativo delle parole di Tertulliano però risiede sul il significato da attribuire al termine *figura* che egli usa in due passaggi della sua argomentazione, ovvero se nel senso di 'prefigurazione, rappresentazione simbolica', consegnando così alla storiografia cristiana un Tertulliano simbolista in riferimento alla presenza del corpo e del sangue di Cristo nel pane e nel vino consacrati; o diversamente, prendendo come esempio un passo del libro IV: "acceptum panem et distributum discipulis corpus suum illum fecit, Hoc est corpus meum

---

[8] Tertulliano, *Adversus Marcionem*, III, 19, 4: "Sic enim Deus in evangelio quoque vestro revelavit, panem corpus suum appellans, ut et hinc iam eum intellegas corporis sui figuram pani dedisse, cuius retro corpus in panem prophetes figuravit, ipso domino hoc sacramentum postea interpretaturo». IV, 40, 3: «Professus itaque se concupiscentia concupisse edere pascha ut suum (indignum enim ut quid alienum concupisceret deus), acceptum panem et distributum discipulis corpus suum illum fecit, Hoc est corpus meum dicendo, id est figura corporis mei. Figura autem non fuisset nisi veritatis esset corpus: ceterum vacua res, quod est phantasma, figuram capere non posset. Aut si propterea panem corpus sibi finxit quia corporis carebat veritate, ergo panem debuit tradere pro nobis. Faciebat ad vanitatem Marcionis, ut panis crucifigeretur. Cur autem panem corpus suum appellat, et non magis peponem, quem Marcion cordis loco habuit? Non intellegens veterem fuisse istam figuram corporis Christi, dicentis per Hieremiam, Adversus me cogitaverunt cogitatum, dicentes, Venite coniciamus lignum in panem eius, scilicet crucem in corpus eius".

dicendo, id est figura corporis mei", se si considera *figura* in riferimento ad *acceptum panem* e non ad *hoc*, allora il senso cambia: Tertulliano avrebbe così inteso il corpo eucaristico come prefigurazione del corpo crocifisso. Se poi *figura* invece va letta in senso metonimico, allora l'espressione di Tertulliano *figura corporis mei* deve essere letta legittimamente – e quindi in senso realistico – come riferimento *ad ipsum corpus in formam quandam redactum*, ovvero nella forma del pane e del vino[9].

Molteplici sono anche i passi dell'*Adversus Haereses* (II secolo) in cui Ireneo di Lione sintentizza il suo pensiero. L'opera non è un trattato di dogmatica, ma è principalmente rivolto alla confutazione dello gnosticismo; l'eucaristia e la sua difesa come sacramento della Chiesa sono due temi che rientrano a pieno titolo nel suo progetto apologetico. L'eucaristia, egli afferma, presuppone la fede nell'azione di Dio che, donando il pane e il vino, li trasforma nel corpo e nel sangue del Figlio. La fede nella sussistenza del corpo di Cristo nel pane presuppone anche nella credenza dell'ubiquità *corporaliter* di Cristo e, ovvimante, nella risurrezione. In un passo del libro IV, ingiungendo retorico contro la visione gnostica del dio malvagio del primo Testamento e del dio benevolo del secondo, si chiede "come potranno gli eretici essere certi che il pane eucaristicizzato è il corpo del loro Signore e il calice è il suo sangue?"[10]

---

[9] Siniscalco, *L'Eucaristia negli Apologeti*, pp. 76-77; in particolare si veda Fracis R. Montgomery Hitchcock, *Tertullian's Views on the Sacrament of the Lord's Supper*, in "The Church Quarterly Review", 134, 1942, pp. 21-36; Victor Saxer, *Figura corporis et sanguinis Domini. Une formule echaristique des prmiers siècles chez Tertullien, Hippolyte et Ambroise*, in "Rivista di Archeologia cristiana", 47, 1971, pp. 65-89.

[10] Ireneo di Lione, *Adversus Haereses*, IV, 18, 5: «Quomodo autem constabis eis, eum panem in quo gratiae actae sint, corpus esse Domini sui, et calicem sanguinis eius, si non ipsum fabricatoris mundi Filium dicant, id est Verbum eius, per quod lignum fructificat, et deflunt fontes, et terra dat primum quidem fenum, post deinde spicam, deinde plenum triticum in spica?» (PL VII, col. 1027).

riprendendo così l'argomentazione che già era stata di Giustino nei capitoli citati della sua *Apologia prima*.

I credenti – scrive nel libro V – come membra del corpo di Cristo, vengono fortificati da quel corpo e da quel sangue in virtù dell'offerta, l'eucarsitia appunto, che si configura come l'anello di congiunzione del reale e dello spirituale: la sostanza del pane, che diventa corpo, e la sostanza del vino, che diventa sangue, rappresentano una trasformazione di due elementi della creazione, attraverso la χάρις di Dio, in qualcosa di nuovo; allo stesso modo l'uomo, la creatura più nobile della creazione, viene trasformata da Dio e può sperare nella salvezza attraverso la grazia del sacramento:

siamo dunque sue membra e siamo nutriti mediante la creazione. Egli dichiarò che il calice proveniente dalla creazione è il suo proprio sangue e proclamò che il pane proveniente dalla creazione è il suo proprio corpo, con il quale si fortificano i nostri corpi [...] ora, se la carne non riceve la salvezza, senza dubbio il Signore non ci ha riscattati con il suo sangue, e il calice dell'eucaristia non è la comunione del suo sangue né il pane che spezziamo è la comunione del suo corpo[11].

7.3 Clemente Alessandrino e Origene

Non mancano due maestri della scuola catechetica di Alessandria, fiorita con Ammonio Sacca nel giardino della rinascita neoplatonica, dove avevano trovato spazio pensatori come l'ebreo Filone, dove avevano insegnato gli gnostici Basilide e Valentino, e che era prosperata con il siciliano Panteno, in un clima di fervida osmosi culturale.

---

[11] Ireneo di Lione, *Adversus Haereses*, V, 2, 2-3; questo passo richiama 1Cor 10, 16: «Calix benedictionis, cui benedicimus, nonne communicatio sanguinis Christi est? Et panis quem frangimus nonne participatio corporis Domini est?».

Clemente Alessandrino (150-215 ca.), successore di quest'ultimo alla guida del *Didaskaléion*, è figlio di una scuola che vedeva nell'interpretazione allegorica della Scrittura la lente attraverso la quale leggere il Testo Sacro; allo stesso modo non solo l'interpretazione, ma anche l'esegesi veniva concepita in questa chiave espositiva. Nel *Protrettico* egli introduce il significato della vite e del frumento come i due elementi che, se nell'uomo possono essere equiparati al seme maschile e all'umore femminile come principio della vita, nell'economia della salvezza rappresentano invece il fondamento della risurrezione in Cristo[12].

Per indicare il principio salvifico dell'eucaristia come dono di Cristo, sacerdote e vittima dell'offerta per la redenzione dell'uomo, Clemente Alessandrino argomenta nel *Pedagogo* attraverso l'uso di allegorie come il *latte e il miele*, il *latte materno*, la *manna* – recuperandola dall'iconografia della provvidenza divina dell'Esodo – fino a quando, più apertamente, chiama carne e sangue ciò che altrove ha chiamato cibo e bevanda[13], per indicare quale sia il corpo e l'anima della promessa antica: l'interpretazione dell'eucaristia in Clemente Alessandrino, per quanto sostenuta da successive riflessioni sull'inalienabilità della materia del pane e del vino dal banchetto eucaristico nella prassi comunitaria (in aperto dissenso con lo gnosticismo che vedeva in quella stessa materia, così come nella materia di cui è costituito l'uomo e tutta la creazione, l'opera del dio malvagio veterotestamentario), sembra tuttavia allinearsi al simbolismo allegorico (διὰ συμβόλον) che investe tutta la raffigurazione

---

[12] Carlo Nardi, *L'Eucaristia in Clemente di Alessandria* in *L'Eucaristia nei Padri della Chiesa*, a cura di Antonio Bonato, Borla, Roma 1998, pp. 101-135, p.102.
[13] Clemente Alessandrino, *Paedagogus*, I, 6, 38, 1: «Ἀλλαχόθι δὲ καὶ ὁ Κύρος ἐν τῷ κατὰ Ἰωάννην Εὐαγγηλίῳ ἑτέρως ἐξήνεγκεν διὰ συμβόλον: *Φάγεσθέ μου τὰς σάρκας* εἰπὼν *καὶ πίεσθέ μου τὸ αἷμα*, ἐναργὲς τῆς πίστεως καὶ τῆς ἐπαγγελίας τὸ πότιμον ἀλληγορῶν» (MPG, VIII, col. 296).

della promessa della salvezza, senza tuttavia indicare mai ed entrare con determinazione nella differenza tra presenza reale o simbolica di Cristo nelle specie eucaristiche; quanto più invece è presente l'identificazione delle stesse con il *Lògos* giovanneo e la sua assunzione, per mezzo delle specie del pane e del vino, come ingresso nella salvezza.

In Origene (185-254 ca.), similmente, il piano ermeneutico si confonde tra i riferimenti all'eucaristia e alla parola di Dio, poiché entrambi questi elementi della vita della Chiesa costituiscono l'espressione del *Lògos* di Dio. Tuttavia, manca anche in Origene un chiaro riferimento al dibattito sulla presenza reale o simbolica di Cristo nell'eucaristia

Innanzitutto, è necessario delineare il confine del pensiero origeniano in merito al rapporto tra visibile e invisibile, tra materia e spirito. Nel *Commento al Cantico dei Cantici* lo scrittore alessandrino afferma che «le cose visibili e corporali sulla terra si chiamano riproduzioni delle cose vere, non "cose vere"[14]». Le realtà visibili, quindi, sono *segni* delle realtà spirituali: a questa categoria appartiene anche l'umanità di Cristo e l'interpretazione letterale della Scrittura, che sono tutte espressioni del Lògos. Scrive Samuel Fernández che «lo stesso si può dire dell'eucaristia: il rapporto tra il pane-corpo di Cristo e il Verbo-Parola è lo stesso che esiste tra la carne del Cristo e la sua divinità. Tanto la Scrittura quanto l'eucaristia possono essere considerate secondo la carne o secondo lo spirito[15]».

La questione sulla *quidditas* dell'eucaristia, e se in essa fosse presente realmente, *corporaliter*, il Cristo, o solo simbolicamente, non

---

[14] Si veda il passo di Origene, *In Canticum commentum*, II, citato in Hans U. von Balthasar, *Parola e mistero in Origene*, Jaka Book, Milano 1991, p. 19.
[15] Samuel E. Fernández, *La dottrina sull'Eucaristia in Origene* in *L'Eucaristia nei Padri della Chiesa*, a cura di Antonio Bonato, Borla, Roma 1998, pp. 179-199, p. 180.

era preoccupazione dei primi Padri della Chiesa. Tuttavia, Origene si sofferma in alcune delle sue opere, contribuendo alla costruzione di quella memoria alla quale faranno ricorso i teologi e pensatori successivi, fino all'età della Riforma. Hans Urs von Balthasar afferma che «la presenza reale sacramentale è affermata con tutta la chiarezza voluta» da Origene, e ne cita i passi che fondano la sua argomentazione: principalmente nel *Contra Celsum*, VIII, 33; *In Psalmos 37 homiliae*, II, 6; *In Numeros homiliae*, XVI, 9; *In Exodum homiliae*, XIII, 3; *In Mattheum commentum* XI, 14; *In Iohannem commentum*, XXXII, 16[16].

In particolare, in un passaggio del *Contra Celsum*, Origene sembra sottolineare che il pane sul quale la Chiesa recita la benedizione, diventa il corpo di Cristo, che santifica tutti coloro che vi si accostano con fede. L'azione sacramentale dell'eucaristia presuppone tanta fede da parte del credente quanta se ne richiede nell'opera· santificatrice di Cristo[17]:

Ora, per queste ragioni Celso, non conoscendo Dio, può fare ai demoni i suoi rendimenti di grazie; invece noi, rendendo grazie al Creatore dell'universo, mangiamo i pani offerti con l'azione di grazie e con la preghiera (μετ'εὐχαριστίας καί εὐκῆς) sui doni ricevuti, i pani che per mezzo della preghiera sono divenuti un corpo santo (σῶμα ἅγιον), e che santifica quelli che ne partecipano con pura intenzione[18].

---

[16] Von Balthasar, *Parola e mistero*, p. 47.

[17] Siamo ancora ben lontani dall'approvazione della formula 'ex opere operato' del Concilio di Trento (*Concilium Tridentinum*, 1547, sess. VII, can. 8; *Denzinger* 851).

[18] Origene, *Contra Celsum*, VIII, 33: «Καὶ διὰ τοιαῦτα δὲ Κέλσος μὲν ὡς ἀγνοῶν θεὸν τὰ χαριστήρια δαίμοσιν ἀποδιδότω, ἡμεῖς δὲ τῷ τοῦ παντὸς δημιουργῷ εὐχαριστοῦντες καὶ τοὺς μετ' εὐχαριστίας καὶ εὐχῆς τῆς ἐπὶ τοῖς δοθεῖσι προσαγομένους ἄρτους ἐσθίομεν, σῶμα γενομένους διὰ τὴν εὐχὴν ἅγιόν τι καὶ ἁγιάζον τοὺς μετὰ ὑγιοῦς προθέσεως αὐτῷ χρωμένους». Si veda Gerardo di Nola (a cura di), *Monumenta Eucharistica*, 1, EDB, Roma 1994, p. 176.

Diversamente, nelle *Series in Mattheum* egli sembra negare la posizione fino a qui espressa: il pane e il vino sono innanzitutto doni materiali, che in virtù della preghiera che su di essi viene pronunciata, contengono il corpo e il sangue di Cristo. Essi non sono la realtà ultima, ma rinviano invece alla realtà spirituale suprema del Verbo di Dio; ciò che santifica coloro che sono ben disposti verso la parola del Signore non è il pane, e nemmeno il vino, ma attraverso quelle specie eucaristiche è il Verbo di Dio, il *Lògos*[19]:

Infatti, Dio Verbo diceva suo corpo, non quel pane visibile che aveva tra le mani, ma la parola nel cui mistero quel pane doveva essere spezzato. Né diceva suo sangue quella bevanda visibile, ma la parola nel cui mistero quella bevnanda doveva essere versata[20].

7.4 I padri antiocheni

La scuola di Antiochia si sviluppò in contrasto con l'interpretazione origenista della Scrittura, e in relazione alla diffusione della dottrina del presbitero Ario, adottò una chiave esegetica letteralista attraverso la quale ridimesionare il vigoroso accento che la scuola interpretativa alessandrina aveva dato al Verbo di Dio, recuperando così la storicità dell'evento dell'incarnazione, e per esteso, l'umanità di Cristo.

Diversamente da Alessandria, la cosiddetta scuola interpretativa di Antiochia si è costituita nel tempo attorno alle figure di alcuni teologi che aveano adottato le categorie di pensiero aristoteliche. Il primo, il vescovo Eustazio di Antiochia (323-330), e dopo di lui Diodoro di Tarso (378-390 ca.) furono due delle personalità più

---

[19] Fernández, *La dottrina*, pp. 181-182.
[20] Origene, *Series in Matthaeum*, 85; si veda Gerardo di Nola (a cura di), *Monumenta Eucharistica*, 1, EDB, Roma 1994, pp. 173-174.

importanti dei concili di Nicea e Costantinopoli. Gli epigoni ed eredi di questa tradizione sono Giovanni Crisostomo, Teodoro di Mopsuestia e Teodoreto di Cirro.

Giovanni Crisostomo (344/354-407 ca.), come esponente più importante della scuola in materia eucaristica, mette in relazione l'atto di ringraziamento che accompagna la preghiera sacerdotale sulle offerte con il sacrificio di Cristo. Egli espone *In Corinthos homiliae* che il pane spezzato non è altro che il momento in cui il Cristo soffre ciò che sulla croce gli è stato risparmiato, secondo la Scrittura per cui all'agnello sacrificale non doveva essere rotto alcun osso[21]. Nel commento al vangelo di Giovanni poi egli afferma che là dove è scritto «caro mea vere est cibus et sanguis meus vere est potus» non si deve intendere secondo il senso figurato, ma che ciò che viene mangiato è veramente il corpo e il sangue di Cristo[22]. Crisostomo sottolinea il nesso sussistente tra incarnazione ed eucaristia, poiché Cristo, assumendo la natura umana, redime l'uomo attraverso la sua stessa carne presente nell'eucaristia.

Anche Teodoro di Mopsuestia (350-428 ca.), nelle sue *Homiliae catecheticae* sostiene che quando il Signore dice, durante la cena pasquale, «Questo è il mio corpo», non sta dicendo "questa è la figura del mio corpo", oppure un suo simbolo; e allo stesso modo dice questo riguardo al suo sangue; ma così facendo egli ha voluto che non si guardasse più alla natura del pane e del vino, sui quali era stata infusa la grazia della salvezza dalle parole stesse del Cristo,

---

[21] Esodo 12, 46.
[22] Sergio Zincone, *La dottrina sull'Eucaristia nei Padri antiocheni* in *L'Eucaristia nei Padri della Chiesa*, a cura di Antonio Bonato, Borla, Roma 1998, pp. 189-199. Le omelie citate si trovano *In I Corinthiorum homiliae*, XXX, 2 (PG 61, col. 251); *In Iohannem homiliae* XLVII, 1 (PG 59, coll. 263-264).

secondo la loro apparenza, ma come vero corpo e sangue del Signore[23].

Teodoreto di Cirro (393-458 ca.) invece, nell'*Eranistés*, inquadra il problema sulla presenza reale di Cristo nelle specie consacrate inserendosi nella disputa contro i monofisiti, che intendono il rapporto tra la natura umana e quella divina di Cristo in modo del tutto diverso. Se il monofisita afferma che il pane e il vino, simboli della persona di Cristo, subiscono un mutamento dopo l'epiclesi, così come il corpo del Signore dopo l'ascensione è divenuto totalmente sostanza divina, Teodoreto afferma invece che le due nature, umana e divina, permangono anche dopo l'ascensione nell'unica persona di Cristo, così come la sostanza del pane e del vino dopo l'epiclesi non cambia perché intimamente legata alla sua apparenza; il valore aggiunto è la grazia santificante effusa da Cristo sull'eucaristia[24].

7.5 I padri cappadoci

Ancora attorno al IV secolo è difficile riscontrare l'intenzione pura, nelle opere dei Padri della Chiesa, di trattare il tema dell'eucaristia come qualcosa a sé stnate rispetto alla celebrazione della comunione della vita ecclesiale, non essendosi ancora sviluppate dispute

---

[23] Teodoro di Mopsuestia, *Homiliae catecheticae*, XV, 10 citato in Zincone, *La dottrina*, p. 195.
[24] Teodoreto di Cirro, *Eranistés* II, 152, citato in Zincone, *La dottrina*, p. 198.

sacramentarie che potessero coinvolgere i maggiori pensatori e teologi dell'epoca[25]. Anche i tre cappadoci non vengono meno da questa mancanza di sistematicità, ma bisogna ricercare i riferimenti all'eucaristia disseminati nelle loro opere.

Basilio di Cesarea (330-379 ca.) scrive nell'opera *De jejunio*: "non sapete chi è colui che dovete ricevere? È colui che ha detto: *Io e mio Padre verremo a lui e dimoreremo presso di lui*"[26]. Con questa affermazione egli sembra sostenere la presenza reale di Cristo, senza entrare nella questione di come ciò avvenga e in quale misura modifichi la sostanza materiale delle offerte. Una seconda fonte letteraria è l'epistola XCIII[27], nella quale Basilio indica l'abitudine di conservare l'eucaristia consacrata in alcune case, dalle quali si traeva il pane per la comunione frequente: questo era prova della fede nella permanenza nelle specie del pane e del vino del corpo e del sangue

---

[25] La prima occasione in cui alcuni dei più speculativi teologi avevano messo mano alla penna per argomentare sulla corretta celebrazione del sacrificio eucaristico era stata la disputa con gli encratisti, chiamati anche *hydroparastati*, la setta di origine gnostica nata al principio del II secolo dalla predicazione di Taziano il Siro e portata avanti da Giulio Cassiano che, tra le altre prescrizioni, avevano stabilito che i cristiani si sottraessero dal mangiare carne e vino, sostituendo quest'ultimo nell'eucaristia con l'acqua. La crisi, nota col nome di *acquariana*, attrasse l'attenzione di Clemente Alessandrino (*Stromata*, III), Epifanio di Salamina (*Panarion*, XLVI-XLVII) ed Eusebio di Cesarea (*Storia ecclesiastica*, IV, 28-29). Si veda Georges Blond, *L'hérésie encratite vers la fin du IV° siècle* in "Recherches de science religieuse", 32, 1944, pp. 157-210.

[26] Basilio di Cesarea, *De jejunio* I, 11 (PG XXXI, col. 184): «Ἆρα οἶδας τίς ἐστιν ὅν ὑποδέχεσθαι μέλλεις; Ὁ ἐπαγγειλάμενος ἡμῖν, ὅτι Ἐγὼ καὶ ὁ Πατὴρ ἐλευσόμεθα, καὶ μονὴν παρ'αὐτῷ ποιήσομεν.»

[27] Basilio di Cesarea, *Epistola* XCIII (PG XXXII, col. 484): «Καὶ τὸ κοινωνεῖν δὲ καθ'ἑκάστην ἡμέραν, καὶ μεταλαμβάνειν τοῦ ἁγίου σώματος καὶ αἵματος τοῦ Χριστοῦ, καλὸν καὶ ἐπωφελές· αὐτοῦ σαφῶς λέγοντος· Ὁ τρώγων μου τὴν σάρκα, καί πίνων μου τὸ αἷμα, ἔχει ζωὴν αἰώνιον. Τίς γὰρ ἀμφιβάλλει ὅτι τὸ μετέχειν συνεχῶς τῆς ζωῆς οὐδὲν ἄλλο ἐστὶν ἢ ζῇ πολλαχῶς;».

di Cristo. Sulla stessa linea anche un grande sodale di Basilio, Gregorio di Nazianzo.

Gregorio di Nissa (335-395) è invece l'esponente tra i cappadoci che in modo più esplicito struttura argomentazione sulla presenza reale di Cristo nell'eucaristia. Nell'*Oratio catechetica magna*, dove il Nisseno spiega il ruolo dei sacramenti del battesimo e dell'eucaristia, egli scrive innanzitutto che la natura umana si compone di due elementi, il corpo e l'anima; entrambe, unite insieme, devono unirsi per raggiungere il Signore e godere dell'immortalità: per l'anima è possibile grazie al battesimo, per il corpo invece grazie all'eucaristia. La presenza del Cristo nel pane viene chiamata da Gregorio di Nissa 'conversione': per analogia, come Cristo rendeva parte del suo corpo il pane e il vino che mangiava e beveva, così il pane e il vino vengono cambiati nel corpo e nel sangue di Cristo attraverso la forza del Verbo di Dio nella santificazione dei doni eucaristici[28].

7.6 Ambrogio e Agostino

Secondo il vescovo di Milano Ambrogio (339/349-397 ca.), le offerte presentate sull'altare diventano il corpo e il sangue di Cristo, considerati *bona pascua sacramenta divina* e precisa che si tratta proprio del *dominici corporis sanguinem*[29].

Dalle pagine di Ambrogio emerge una posizione che privilegia un approccio esegetico in funzione pastorale, per la catechesi dei fedeli: l'eucaristia ha quindi un significato simbolico nella vita della

---

[28] Gregorio di Nissa, *Oratio catechetica magna* XLV, 96-97 citata in Manel Nin, *La dottrina dell'Eucaristia nei Padri cappadoci* in *L'Eucaristia nei Padri della Chiesa*, a cura di Antonio Bonato, Borla, Roma 1998, pp. 200-206, p. 205.

[29] Antonio Bonato, *Teologia e spiritualità dell'Eucaristia negli scritti di sant'Ambrogio* in *L'Eucaristia nei Padri nella Chiesa*, a cura di Id., Borla, Roma 1998, pp. 207-260, p. 208.

Chiesa, ma la presenza di Cristo è reale nelle specie del pane e del vino, poiché il sacrificio eucaristico è la continuazione, il *memoriale* del sacrificio di Cristo sulla croce[30].

La Scrittura viene chiamata *cibo degli apostoli* che il credente assume prima di cibarsi del corpo di Cristo. La Scrittura è e rimane un nutrimento indispensabile, che acquista un grande valore in rapporto all'eucaristia. Nell'*Explanatio in XII Psalmos Davidicos* così egli egli commenta a proposito dell'intimo legame tra il pane e la parola di Cristo: "bibe Christum, ut bibas sanguinem quo redemptus es, bibe Christum, ut bibas sermonem eius[31]".

Scrivendo ai catecumeni egli definisce l'eucaristia, insieme al battesimo e alla confermazione, come fonti della grazia della salvezza. Il *sacramentum* è il segno visibile del *mysterium*, usato principalmente come categoria liturgica[32]. Nell'opera *De Mysteriis* vengono poste dal vescovo di Milano le basi per la considerazione della presenza reale di Cristo nel pane e nel vino procedendo inizialmente attraverso delle analogie veterotestamentarie, come la manna e l'acqua che scaturisce dalla roccia:

Probatum est antiquiora esse Ecclesia sacramenta, nunc cognosce potiora. Revera mirabile est quod manna Deus pluerit patribus, et quotidiano coeli pascebatur alimento. Unde dictum est: Panem angelorum manducavit homo (*Psal. LXXVII, 25*). Sed tamen panem illum qui manducaverunt, omnes in deserto mortui sunt: ista autem esca quam accipis, iste panis vivus qui descendit de coelo, vitae aeternae substantiam subministrat; et quicumque hunc manducaverit, non morietur in aeternum: et est corpus Christi. Considera nunc utrum praestantior sit panis angelorum an caro Christi, quae utique corpus est vitae. Manna illud e coelo, hoc supra coelum; illud coeli, hoc Domini coelorum: illud corruptioni

---

[30] Bonato, *Teologia e spiritualità*, p. 209.
[31] Ambrogio, *Explanatio in XII Psalmos Davidicos* I, 33. Si veda Bonato, *Teologia e spiritualità*, p. 212-213.
[32] Bonato, *Teologia e spiritualità*, p. 214, n. 21.

obnoxium, si in diem aterum servaretur; hoc alienum ab omni corruptione, quod quicumque religiose gustaverit, corruptionem sentire non poterit[33].

L'eucaristia invece è procurata dal Cristo per i meriti della sua passione sulla croce. È l'eucaristia che 'comunica' all'uomo la grazia della salvezza, secondo un procedimento allegorico che proviene dalla tradizione ermeneutica alessandrina. Cristo è, secondo la lettura *tipologica*, prefigurato da Melchisedek, il sommo sacerdote senza ascendenza e senza discendenza (Ebrei 7, 3) che offrì a Dio un sacrificio – anch'esso tipologico secondo la lettura di Ambrogio – del pane e del vino[34].

Nella tipologia neotestamentaria, anche l'episodio della moltiplicazione dei pani preannuncia quantitativamente quello che in abbondanza e senza misura sarà dato da Cristo nell'eucaristia[35]. Ambrogio pone la questione sulla presenza reale di Cristo mettendo in relazione gli elementi materiali del sacrificio eucaristico con l'evento della sua morte e della risurrezione, che mettono di fronte al credente il desiderio di dare la vita ad immagine di colui che hanno *acceptum et manducatum*[36]. Il compimento del sacramento attraverso le parole del celebrante sono la ripetizione, il *sermo operatorius* che rinnova il memoriale dell'evento storico dell'Ultima Cena. L'epiclesi è *Verbum Dei*, che opera *hic et nunc* la trasformazione dei doni[37].

---

[33] Ambrogio, *De Mysteriis* I, VIII, 47-48 (PL XVI, coll. 404-405).

[34] Bonato, *Teologia e spiritualità*, p. 216; 218-219.

[35] Si veda in particolare Ambrogio, *De Patriarchis* IX, 38.

[36] Bonato, *Teologia e spiritualità*, p. 222.

[37] Ambrogio, *De Mysteriis* I, IX, 53: «Sed quid argumentis utimur? Suis utamur exemplis, incarnationisque exemplo astruamus mysterii veritatem. Numquid naturae usus praecessit, cum Jesus Dominus ex Maria nascetur? Si ordinem quaerimus, viro mixta femina generare consuevit. Liquet igitur quod praeter naturae ordinem Virgo generavit. Et hoc quod conficimus corpus, ex Virgine est: quid hic quaeris naturae ordinem in Christi corpore, cum praeter naturam

Nell'eucaristia si rende presente realmente il Cristo incarnato, quello che si potrebbe definire il "Cristo storico", che si concretizza nelle specie eucaristiche con l'*Amen*, l'assenso finale della preghiera sacerdotale sulle offerte. Il *sermo Christi*, l'anamnesi, ha la capacità quindi di trasformare (*convertere*) le specie del pane e del vino in realtà diverse, nel vero corpo e nel vero sangue di Cristo[38]: "In illo sacramento Christus est, quia corpus est Christi. Non ergo corporalis esca, sed spiritalis est[39]".

La storiografia patristica invece assegna ad Agostino (354-430), diversamente da Ambrogio, l'interpretazione simbolica del sacramento eucaristico, nel quale le specie del pane e del vino non sono una realtà nuova e santificante *in sé*, ma sono comprese ed esercitano un beneficio solo e soltanto in rapporto a chi le riceve[40].

Tuttavia, mancando anche per Agostino delle trattazioni sistematiche sul problema della presenza reale, si sottolineano i passi in cui egli, pur considerando l'eucaristia sempre in relazione alla vita della chiesa – è infatti un mistero ecclesiale, non un ornamento magico della religione cristiana – e mai come qualcosa di disgiunto. In particolare, poiché l'argomentazione sacramentaria di Agostino si basa su di un procedimento retorico per *similitudini*, è difficile sistematizzare il pensiero del teologo di Ippona con le categorie del simbolismo o del realismo, poiché la sua speculazione entra in profondità nel vissuto ecclesiale e si compone, inevitabilmente, di riflessioni catechetiche e pastorali, sul modello ambrosiano. Un riferimento bibliografico può essere il commento *In Iohannem*, ai capp.

---

sit ipse Dominus Jesus partus ex Virgine? Vera utique caro Christi, quae crucifixa est, quae sepulta est: vere ergo carnis illius sacramentum est».

[38] Bonato, *Teologia e spiritualità*, p. 231.

[39] Ambrogio, *De Mysteriis* I, IX, 58.

[40] Vittorino Grossi, *L'Eucaristia in Agostino* in *L'Eucaristia nei Padri della Chiesa*, a cura di Antonio Bonato, Borla, Roma 1998, pp. 261-270, p. 263.

26-27: "ciò che conta è che uno mangi interiormente, non solo esteriormente: che mangi col cuore, non che mastichi con i denti[41]"; così emerge il senso ecclesiale dell'eucaristia:

i giudei non riuscivano ad intendere il pane della concordia e non volevano accettarlo; ma coloro che mangiano questo pane, non litigano tra loro appunto perché "essendoci un solo pane, noi, pur essendo molti, siamo un solo corpo" (1Cor 10, 27)[42].

7.7 Le dispute eucaristiche nell'evo medio

La necessità di trovare un nuovo linguaggio che potesse mediare culturalmente la tradizione patristica nel nuovo assetto intellettuale, politico e sociale dell'Impero d'occidente, sul finire del V secolo, quando i deboli confini avevano lasciato penetrare il flusso migratorio di popolazioni germaniche, slave e sarmatiche, aveva stimolato i pensatori cristiani a riformulare il lessico teologico sulla base di una nuova priorità; essi infatti erano molto più inclini alla speculazione sull'oggetto (le specie eucaristiche) che sull'evento (l'eucaristia)[43].

La stagione delle dispute sulla *quidditas* dell'eucaristia viene inaugurata dalla riflessione preliminare di Isidoro di Siviglia sul concetto di *sacramentum*. Secondo il *Libro delle etimologie*, il sacramento è ciò che riveste di cose materiali la *virtus* divina nel suo portare a compimento, nascostamente, la salvezza:

Sacramentum est in aliqua celebratione, cum res gesta ita fit ut aliquid significare intelligatur, quod sancte accipiendum est. Sunt autem sacramenta baptismus et chrisma, corpus et sanguis. Quae ob id sacramenta dicuntur, quia sub tegumento

---

[41] Agostino, *In Iohannem XVI*, 11-12 citato in Grossi, *L'Eucaristia*, p. 267.
[42] Agostino, *Op. cit.*, 13 citato in Grossi, *L'Eucaristia*, p. 268.
[43] Cosimo Scordato, *Il settenario sacramentale*, p. 101.

corporalium rerum virtus divina secretius salutem eorundem sacramentorum operatur; unde et a secretis virtutibus vel a sacris sacramenta dicuntur. Quae ideo fructuose penes ecclesiam fiunt, quia sanctus in ea manens Spiritus eundem sacramentorum latenter operatur effectum. Unde seu per bonos seu per malos ministros intra Dei ecclesiasiam dispensatur[44].

7.7.1 Pascasio Radberto e Ratramno

La prima disputa coinvolse principalmente Pascasio Radberto, monaco benedettino e futuro abate di Corbie, e Ratramno, monaco della stessa abbazia, attorno agli anni Trenta del IX secolo. Entrambi sono autori di un'opera dal titolo *De sanguine e corpore Domini* ed entrambi attingono al pensiero agostiniano con delle peculiarità che poco hanno di assimilabile con il pensiero patristico.

Secondo Pascasio, il corpo eucaristico è *veritas*, è reale, e non copia sacramentale del Cristo crocifisso.

Vi è quindi un'identificazione tra la realtà (*veritas*) e l'immagine (*figura*) del pane e del vino con il corpo e il sangue di Cristo:

Substantia panis et vini Christi carnem et sanguinem efficaciter interius commutatur, ita ut deiceps post consecrationem iam vera Christi caro et sanguis veraciter credatur[45].

Ratramno invece sostiene che deve essere posta in essere una distinzione tra specie consacrate e corpo di Cristo. Le specie sono simboli materiali della verità spirituale. Il suo intento è quello di preservare l'unicità dell'evento pasquale, sottolineando che uno

---

[44] Isidoro di Siviglia, *Etymologiarum* VI, 19, 39-42; PL LXXXII, coll. 255-256.
[45] Pascasio, *De corpore et sanguine Domini* VIII, 64-76, citato in Scordato, *Il settenario sacramentale*, p. 102, n. 186.

solo ha patito, uno solo è stato sepolto, uno solo è resuscitato, e di quell'*uno* non vi possono essere immagini, né rappresentazioni:

Corpus et sanguis Christi quae fidelium ore percipiuntur figurae sunt secundum speciem visibilem. At vero secundum invisibilem substantiam, id est divini potentiam verbi, corpus et sanguis Christi esistunt. Unde secundum visibilem creaturam corpus pascunt, iuxta vero potentioris virtutem substantiae mentes fidelium et pascunt et sanctificant[46].

7.7.2 *Berengario e Lanfranco*

La seconda grande disputa in età medievale, nel 1047, vede come protagonisti due esponenti del più grande dibattito tra dialettici e antidialettici, fautori i primi di un'argomentazione filosofica che implicasse l'uso della logica nelle questioni di fede. Berengario di Tours, monaco francese, si situa in questo contesto, nel quale la presenza della filosofia aristotelica nel panorama degli studi viene sempre più accolta con favore e pone dei problemi che non erano apparsi nella trattazione dei Padri: cos'è la sostanza? E in che rapporto è con gli accidenti?

Berengario pone la questione in questi termini: quale cambiamento avviene nel pane e nel vino? E come può essere concepito? Il binomio realtà-immagine che era culminato in Agostino, rischia ora di essere largamente frainteso. Il monaco di Tours afferma che il pane e il vino non sono il corpo e il sangue di Cristo, ma una figura o *similitudo*, se si intende la sostanza come la somma delle proprietà percepibili con i sensi. Così egli deduce che il pane è il sacramento del corpo, ma non il corpo di Cristo[47].

---

[46] Ratramno, *De corpore et sanguine Domini* XLIX, citato in Scordato, *Il settenario sacramentale*, p. 102, n. 188.

[47] Cosimo Scordato, *Il settenario sacramentale*, pp. 103-104.

Per ricomporre la crisi apertasi con l'intervento di un antidialettico del calibro del benedettino Pier Damiani, intervenne nella disputa l'abate del monastero di Bec, Lanfranco di Pavia, il quale nel *Liber de corpore et sanguine Domini*, rifiutando il concetto berengariano di sostanza, precisò invece il rapporto tra la medesima e gli accidenti: egli è realista poiché le sostanze terrene si trasformano nell'essenza del corpo, che è l'unico elemento presente nel pane eucaristico[48].

A fare tesoro della disputa tra dialettici e antidialettici sarà il Concilio Lateranense IV (1215), che sancirà, col documento *De fide catholica*,

[...] Una vero est fidelium universalis Ecclesia extra quam nullus omnino salvatur in qua idem ipse sacerdos et sacrificium Iesus Christus cuius corpus et sanguis in sacramento altaris sub speciebus panis et vini veraciter continentur transsubstantiatis pane in corpus et vino in sanguinem potestate divina ut ad perficiendum mysterium unitatis accipiamus ipsi de suo quod accepit ipse de nostro[49].

7.7.3 Tommaso d'Aquino

La sistematizzazione di cui godranno gli studi teologici, la produzione di *summae* del pensiero filosofico e le nuove scuole interpretative che avranno come esponenti Ugo di San Vittore, Abelardo e Ottone da Lucca, transiteranno la disputa eucaristica attraverso le *Sententiae* di Pietro Lombardo, teologo e vescovo di Parigi (1100-

---

[48] Si veda a tal proposito Giulio D'Onofrio, *Storia della Teologia nel Medioevo*, vol. 1, *La crisi dell'equilibrio teologico altomedievale* (1030-1095), Piemme, Casale Monferrato 1996, pp. 435-480: Lanfranco non è un antidialettico, bensì utilizza nel modo corretto la logica nell'argomentazione teologica, sottraendo al consequenzialismo dialettico la conversione della sostanza e degli accidenti e inserendo la variabile dell'*insipegabilità* (*Ivi*, pp. 450-457).

[49] Concilium Lateranense IV, *De fide catholica*, I (DS 802).

1160 ca.), che nel libro IV, trattando dei sacramenti, offre un'esposizione chiara – nell'orizzonte dialettico – del mistero eucaristico secondo il principio di *imitatio Christi*. Nella *Distinctio XII* interviene nel problema sul rapporto tra la sostanza del corpo e del sangue di Cristo nell'eucaristia, e gli accidenti del pane e del vino, indicando questi come un'anomalia che sostiene il mistero della transustaziazione[50].

La *Summa thelogiae* di Tommaso si sarebbe collocata, nell'intenzione dell'autore, come un 'continuum' con il manuale universitario di Pietro Lombardo, con lo scopo di intrecciare Aristotele e Agostino, l'uno per la speculazione filosofica e l'altro per quella teologica, diventando invece un fondamento dell'ortodossia cattolica in un contesto molteplice di fughe eterodosse[51].

Costituita da articoli che hanno tutti la stessa struttura, la *summa* dell'Aquinate pone una serie di *quaestiones* circa il tema trattato, formulate come domande; ad ogni questione vengono enunciati gli argomenta, che sono le osservazioni contrarie alla tesi proposta (*videtur quod*, "sembra che"); poi un argomento decisivo a favore (*sed contra*, "ma al contrario"), poi nel corpo principale si sviluppa la risposta alla questione (*respondeo*, "rispondo") e infine si contestano, se necessario, una ad una le obiezioni iniziali ed a volte lo stesso *sed contra*.

Nella Terza parte, costituita da 90 quaestiones, 10 sono dedicate all'eucaristia (dalla n. 73 alla n. 83), in 84 articoli. L'eucaristia può

---

[50] Peter Lombard [= Petrus Lombardus], *The Sentences*, vol. 4: *On the doctrine of Signs*, a cura di Giulio Silano, Pontifical Institute of Medieval Studies, Toronto 2010, pp. XV-XXII, p. XX.
[51] Erano gli anni della diffusione del catarismo che negava la corporeità di Cristo, ritenuto un essere spirituale, e di conseguenza nell'eucaristia non poteva esserci corpo e sangue, inteso soltanto in senso figurale; accanto ai catari, anche i seguaci di Pietro Valdo avevano ripreso le argomentazioni donatiste dell'invalidità dell'eucaristia celebrata da un ministro indegno.

essere chiamata in diversi modi, sotto l'aspetto semantico, differenziandosi a seconda del mistero che vuole richiamare: *sacrificium*, se vuole commemorare il sacrificio di Cristo; *communio* (o *sinaxis*) per indicare l'odierna unità ecclesiale; viaticum se prefigura la fruizione di Dio (III, 73, 4).

L'eucaristia – continua Tommaso – è continuità col battestimo, caratterizzandosi come nutrimento spirituale che porta a sviluppo la vita. Nell'eucaristia sono *sacramentum* soltanto il pane e il vino; *res et sacramentum* è invece il corpo vero di Cristo; *res sacramenti* è invece l'unità del corpo mistico di Cristo.

Dopo essersi soffermato sull'opportunità dell'uso del frumento e del vino, mescolato ad acqua, per la celebrazione del banchetto eucaristico, Tommaso entra nel merito della *conversio* del pane e del vino nel corpo e nel sangue di Cristo (III, 75). Essa è "secundum veritatem, vel solum secundum figuram vel sicut in signo". Egli afferma che è realmente presente perché, se i sacrifici antichi erano figura di quello di Cristo, nel sacramento ecclesiale tutto il Cristo, l'untà della persona in due nature uguali e distinte, si esibisce nel pane in modo invisibile, come si addice a Dio[52].

La presenza di Cristo non è annichilimento dello spirito nella materia, o della materia nello spirito, ma è *conversio*, sebbene soprannaturale.

La transustanziazione non elimina gli acccidenti del pane e del vino; tutto il Cristo è presente in ogni parte delle specie; la presenza reale poi è legata al permanere degli accidenti, per cui, corrotto il pane e il vino, viene compromessa anche la loro sostanza[53].

---

[52] Scordato, *Il settenario sacramentale*, p. 129
[53] *Ivi*, p. 130.

7.8 L'età delle riforme

Dopo la crisi del pensiero teologico innescata da Guglielmo da Occam (1285-1347), per il quale venivano meno le argomentazioni fondate sul sistema aristotelico e tomista, spostando l'accento sul nominalismo, sull'indagine empirica e sulla negazione del concetto di sostanza[54], si apre una stagione di reazione all'ortodossia rappresentata dai sostenitori della granitica tradizione scolastica.

Tutti i tentativi di riforma sono principalmente motivati da una lettura più autentica della Scrittura e delle opere dei Padri, inseguendo la chimera del ritorno alla chiesa primitiva: oltre alla componente teologica, che implicava, tra gli altri aspetti, una rilettura dei sacramenti e del significato ultimo dell'azione liturgica, si levava a gran voce la contestazione verso la gerarchia ecclesiastica e il sistema 'romano' dell'amministrazione dei beni materiali della Chiesa universale; in questo anticlericalismo si situava il germe della riforma ecclesiale.

7.8.1 La sintesi del wycliffismo e dell'utraquismo boemo

John Wycliff, come si è già visto, in merito all'eucaristia, riteneva un'assurdità pensare agli accidenti quando viene a mancare il soggetto; il sacramento era inteso dal teologo inglese come l'assunzione del pane e del vino, tali secondo natura, ma contenenti soltanto in forma sacramentale (secondo l'accezione isidoriana) il corpo e il sangue di Cristo. Una volta santificata la sostanza, l'ostia resta

---

[54] Si veda Paul Vincent Spade, *The Cambridge Companion to Ockham*, Cambridge University Press, Cambridge 1999, pp. 103-105.

localiter et *substantialiter* pane, ma *concomitanter* il corpo di Cristo; esso si presenta *sacramentaliter* ed è ricevuto dai fedeli *spiritualiter*. Il pane ed il vino restano così nella loro natura propria e non solamente sotto l'apparenza degli accidenti[55].

Questa dottrina, che negava la transustanziazione, affermava invece la dottrina dell'impanazione[56].

Il Concilio di Costanza nel 1415, nell'ottava sessione, condannò le tesi di Wycliff nel breve *Errores Joahannis Wyclif*, che erano già state censurate dalle autorità di Oxford nel 1382, quando era ancora vivo il teologo. Tra questi errori, quelli relativi all'eucaristia affermano che la sostanza del pane e del vino rimangono nel sacramento dell'altare, in quanto gli accidenti non rimangono senza il loro soggetto; e di conseguenza che Gesù Cristo non è presente identicamente e realmente con la sua persona corporale.

Wycliff era stato la fonte ispiratrice per la predicazione di Jan Hus, in Boemia, dal 1402. Il principale erede e continuatore della tradizione hussita, dopo la morte del maestro e la condanna dei testi del teologo inglese, fu Jacobello da Stribio. La dottrina cattolica aveva stabilito che ciascuno dei due elementi, il pane e il vino, sono equivalenti per la combinazione del corpo e del sangue di Cristo, in accordo con quanto affermato nella glossa del IV libro del *Rationale divinorum officiorum* di Guillaume Durand[57].

---

[55] Burkhard Neunheuser, *L'Eucharistie*, II: *Au Moyen Age et à l'Epoque moderne*, Du Cerf, Paris 1966, p. 103. Traduzione della citazione a cura di Cosimo Scordato, *Il settenario sacramentale*, p. 153.

[56]Scordato, *Il settenario sacramentale*, p. 153. L'impanazione afferma che Cristo è realmente presente nell'eucaristia, pur essendo questa immutata nella sostanza. Il pane non diventa corpo di Cristo, ma Cristo diventa pane.

[57] Guillaume Durand de Mende, *Manuale per comprendere il significato simbolico delle cattedrali e delle chiese*, a cura di Rosanna Campagnari, Arkeios, Roma 1999. *Divinorum* IV, 12-13: «Etsi enim in hostia consecrata Christi sanguis sit, non tamen est ibi sacramentaliter eo quod panis corpus non sanguinem, et vinum sanguinem significat, et non corpus et coetera. Sub altera tantum specie non est completum sacramentum, quo sacramentum vel signum et coetera. Verumtamen

Jacobello, commentando il passo del vangelo di Giovanni 6, 53: «in verità, in verità vi dico: se non mangiate la carne del Figlio dell'uomo e non bevete il suo sangue, non avrete in voi la vita» iniziò una predicazione a favore dell'assunzione di entrambe le specie eucaristiche. Sostenuto dal testo del gelasiano *Comperimus*[58] (480 ca.), egli ritenne parimenti sacrilegio astenersi da entrambe le specie e, rigettando la transustanziazione, considerò il pane nutrimento corporale e il sangue il nustrimento spirituale del credente. Jacobello inoltre, pur non negando che il Cristo fosse presente interamente in entrambe le specie eucaristiche e il valore sacrificale della messa, affermava tuttavia che la Chiesa non poteva disubbidere al comando di Cristo, espresso in Gv 6, 53 per la salvezza di tutti i credenti[59].

7.8.2 La riforma protestante

Con l'inizio della riforma protestante, la controversia eucaristica assunse diverse forme e chiamò in causa diversi interlocutori: la qustione non verteva sulle modalità in cui la sostanza degli elementi

---

cum unum sine reliquo nec sit nec unquam fuerit, secundum hoc nunc Christi sanguine intra venas eius existente, unum sine reliquo propter unionem seu mistionem huiusmodi recipi non potest, quod tamen non est ratione sacramenti, vel signi quod idem est» citato in Kaminsky, *A History of the Hussite Revolution*, pp. 97-98, n. 2.

[58] Il testo del *Comperimus* di papa Gelasio I (480 ca.) è citato in Paul Hinschius (Hrsg), *Das Kirchenrecht der Katholiken und Protestanten in Deutschland*, Guttentag Verlag, Berlin 1888, p. 152, n. 7: «[…] comperimus quod quidem sumpta tantummodo corporis sacri portione, a calice sacrati cruoris abstineant, quia nescio, qua superstitione docentur adstringi, aut integra sacramenta percipiant, aut ab integris arceantur. Quia divisio unius eiusdemque mysterii sine grandi sacrilegio nequit provenire».

[59] Kaminsky, *A History of the Hussite Revolution*, pp. 110-111.

veniva miracolosamente trasformata nel corpo e nel sangue di Cristo, come se Cristo fosse presente *corporaliter* o soltanto spiritualmente negli elementi fisici che costituivano l'offerta; in secondo luogo, se la *manducatio corporis* avvenisse attraverso la bocca o soltanto per fede[60].

La controversia poi vide da un lato Lutero scontrarsi con l'ortodossia cattolica, poi con Zwingli, e in un terzo tempo anche con Calvino. Molti altri riformatori, tra cui Bucero, Ecolampadio e anche Krautwald (insieme a Schwenckfeld) si situano come satelliti nel grande panorama della disputa eucaristica.

Nell'opera *La cattività babilonese della Chiesa* del 1520, Martin Lutero rigettò la dottrina della transustanziazione e le modalità della celebrazione della messa; il suo pensiero si struttura sulla base degli scritti del teologo e vescovo Pierre d'Ailly (conosciuto anche come *Petrus Cameracensis*, cardinale di Cambray, 1350-1420), il quale fu uno degli esponenti più importanti dei movimenti di opposizione durante i concili di Pisa e Costanza. Il vescovo francese diede il suo contributo argomentando sulla transustanziazione e sulla consustanziazione, riflettendo sul pensiero occamiano esposto nelle *Quaestiones super libros Sententiarum*, in particolare il *liber* IV, *quaestio* VI. Così scrive Lutero nel *Praeludium*:

Dedit mihi quondam, cum Theologiam scholasticam haurirem, occasionem cogitandi D. Cardinalis Cameracensis libro sententiarum quarto, acutissime disputans, multo probabilius esse et minus superfluorum miraculorum poni, si in altari verus panis verumque vinum, non autem sola accidentia esse astruerentur, nisi Ecclesia determinasset contrarium. Postea videns, quae esset Ecclesia, quae hoc determinasset, nempe Thomistica, hoc est Aristotelica, audacior factus sum et

---

[60] Sulla controversia sacramentaria si veda l'introduzione, al capitolo IV "Antitesi nella dottrina dei sacramenti", di Johann Adam Möhler, *Simbolica. Esposizione delle antitesi dogmatiche tra cattolici e protestanti secondo i loro scritti confessionali pubblici*, Jaka Book, Milano 1984, pp. 229-276.

tandem stabilivi conscientiam meam sententia priore, Esse videlicet verum panem verumque vinum, in quibus Christi vera caro verusque sanguis non aliter nec minus sit quam illi sub accidentibus suis ponunt[61].

Questa prima posizione di Lutero in materia eucaristica, sulla reale presenza di Cristo nelle specie eucarstiche, rifiutando l'interpretazione simbolica di una parte di coloro che inizialmente lo avevano seguito, come Andrea Bodenstein von Karlstadt (Carlostadio), il quale sosteneva che nel pane e nel vino non fosse presente realmente il Cristo, ma solo spiritualmente[62].

In Svizzera, Zwingli ed Ecolampadio, tra il 1525 e il 1530, riaprirono la disputa sull'eucaristia con rinnovato vigore e nuove argomentazioni. Zwingli aveva tratto le sue argomentazioni a favore di un'iterpretazione figurativa delle parole della cena, *Hoc est corpus meum*, in cui il verbo *est* deve essere inteso come *significat*, da Erasmo, Wessel[63] e Honius[64], secondo una lettera che dopo lunghe rielaborazioni pubblicò a Zurigo nel marzo del 1525. L'argomentazione secondo la quale si doveva escludere una *manducatio realis*, carnale o materiale, del corpo e del sangue di Cristo, era basata su un versetto del Vangelo di Giovanni (Gv 6, 63): «È lo Spirito che dà la vita, la carne non giova a nulla; le parole che vi ho dette sono

---

[61] Jun Matsuura, *Erfurter Annotationen 1509-1510/11*, Böhlau Verlag, Köln-Weimar-Wien 2009, p. CXLII.

[62] Amy Nelson Burnett, *Karlstadt and the Origins of the Eucharistic Controversy. A Study of the Circulation of Ideas*, Oxford University Press, Oxford 2011, pp. 54-64.

[63] Adolf Brecher, *Wessel, Johann* in ADB, 42, 1897, pp. 761–763; Harald Wagner, *Johannes Wessel Gansfort* in BBKL, 3, 1992, coll. 369–370.

[64] Friedrich Wilhelm Bautz, *Honius* in BBKL, 2, 1990, coll. 933–934: Cornelis Henricxz Hoen, forse influenzato da Wessel Gansfort, propose che nelle parole dell'istituzione della cena, il verbo *esse* debba essere letto come *significare*. Si veda a tal proposito Alastair Duke, *Reformation and Revolt in the Low Countries*, Hambledon & New York, London-New York 2003, p. 20.

spirito e vita», esposta da Zwingli nel suo *Commentarius de vera et falsa religione* (1525)[65]. Così egli commenta:

Se il Cristo dice che la carne non giova a nulla, l'arroganza umana non deve discutere mai più sul 'mangiare' la sua carne. Se tu mi obietti che ci dev'essere un altro significato, dato che la carne di Cristo serve invece a qualcosa, poiché mediante essa siamo riscattati dalla morte, ti risponderò: la carne di Cristo è in effetti molto utile in ogni modo, anzi straordinariamente utile, ma – come ho detto – la carne uccisa, non la carne mangiata. Quella ci salva dalla morte, ma questa non giova a nulla[66].

Nello stesso anno Ecolampadio pubblicò un'opera nella quale difendeva la medesima teoria, utilizzando come chiave interpretativa il concetto di figura già utilizzato da Tertulliano: "Hoc est *figura* coporis mei". Erasmo testimonia l'efficacia delle argomentazioni dello svizzero nella lettera *Ad Michaelem Budam episcopum Lingonensem*[67], nell'ottobre 1525, nella quale scriveva:

Exortum est novum dogma, in Eucharistia nihil esse pater panem et vinum. Id ut sit difficillimum refellere, fecit Io. Oecolampadius qui tot testimonis, tot argumentis eam opinionem communiit, ut seduci posse videantur etiam electi[68].

---

[65] Erwin Iserloh, Josef Glazik, Hubert Jedin (a cura di), *Storia della Chiesa*, VI: *Riforma e Controriforma. Crisi, consolidamento, diffusione missionaria, XVI-XVIII secolo*, Jaka Book, Milano 2001[5], p. 296.
[66] Ulrich Zwingli, *Commentarius de vera et falsa religione*, Forschauer, Zurich 1525, p. 236.
[67] Michel Boudet, vescovo di Langres (1512-1529), fu primo elemosiniere e confessore della regina di Francia Mary Tudor nel 1514 e successivamente della principessa Claudia di Valois-Angoulême, quando salì al trono. Ritenuto un pio e devoto pastore, nonché un interlocutore di molti umanisti del primo Cinquecento, si distinse a corte per le sue doti intellettuali. Si veda Abbé Archon, *Histoire ecclesiastique de la Chapelle des Rois de Frances*, chez Pierre-Augustin Le Mercier, Paris 1711, p. 507.
[68] Erasmi, *Opera*, vol. III: *Correspondance*, Brill, Leiden 1969, I, p. 896.

Le argomentazioni contrarie alla posizione di Zwingli raggiunsero anche l'epicopato di Breslau, in Slesia, nei mesi in cui il duca Federico II di Legnica aveva promosso il luteranesimo come la linea teologica che la Chiesa avrebbe adottato nei suoi domini. Zwingli, per rispondere ad una lettera che il pastore luterano Johannes Bughenhagen[69], meglio noto come *Pomeranus*, aveva fatto recapitare a Johann Hess, pubblicò a sua volta una lettera indirizzata al primo, la *Responsio ad Bugenhagii epistolam*, che si configura come una summa del pensiero eucaristico svizzero e si propone di chiarire i punti della sua argomentazione che già due anni prima, nel 1523, Lutero aveva irriso in un lettera indirizzata ai cristiani della Boemia.

Bugenhagen afferma che, se il verbo *est* dell'istituzione dell'eucaristia avesse un significato figurativo, esso avrebbe dovuto conservare il medesimo significato anche negli usi precedenti e successivi all'interno testo evangelico. Riprendendo gli esempi di Lutero,

So möcht man denn sagen, dass Maria ist Jungfrau und Mutter Gottes, sei so viel gesacht, Maria bedeut eine Jungfrau und Gottes Mutter. Item, Christus ist Gott und Mensch, das ist, Christus bedeut Gott und Mensch. Item, Rom. 1: 16, Das Evangelium ist Gottes Kraft, das ist, das Evangelium bedeut Gottes Kraft. Siehe, welch ein greulich Wesen wollt hieraus werden[70].

Zwingli non tarda a rispondere:

Paulo post dicis nos hoc Christi verbum: "Caro non prodest quicquam" [Joh. 6. 63] fortissimum somniare ad probandum, quod "est" hic capiatur pro "significat". Non nihil tribuis, cum nos hoc somniare adseris; nam qui hoc non vident, in universum stertunt; tanto nobis infoeliciores, quod ne in somno quidem ullam

---

[69] Ernst Wolf, *Bugenhagen, Johannes* in NDB, 3, 1957, p. 9; Friedrich Wilhelm Bautz, *Bugenhagen, Johannes* in BBKL, 1, 1990, coll. 805–807.

[70] *Dr. M. Luthers Samtliche Werke*, Erlangen edition, Weimar 1926-1857, XXVIII, pp. 393-394.

veri imaginem vident. Sed expendamus, uter rectius somniet, tune cum adseris scripturae testimoniis etiam, quamvis non nihil tortis, Christum his verbis "caro non prodest quicquam" [Joh. 6. 63] non de suis carne et sanguine loqui, de quibus locutus erat paulo ante, sed carnalem intelligentiam discipulorum damnari, transireque a re praesenti ad locum communem scilicet; an nos, qui nihil dubitamus eum de suis illis ipsis carne et sanguine loqui, de quibus discipuli remurmurabant cum Iudaeis, et a quibus abhorrebant, corporalibus videlicet. Primum, cum videas Cyrillum, Augustinum, Chrysostomum, quamvis istum paulo occultius ex veteribus, ex superstitibus Erasmum et omnem propemodum doctorum cohortem in hac esse sententia, ut Christum hoc loco intelligant carnem accipere, quomodo accipiebant hi, quibus ipse respondebat[71]».

Anche Ecolampadio, nel 1526, dovrà dimostrare tutta la sua capacità argomentativa per rispondere all'opera dei predicatori svevi che, guidati da Johann Brenz, avevano formulato nel *Syngramma Suevicum* un'eposizione della dottrina eucaristica come risultato dell'azione perfomativa del verbo di Dio: così come quando Cristo, dicendo "Pax vobis" dona la pace ai suoi discepoli, e dicendo "Remissa sunt peccata tua" assolve la peccatrice dal suo peccato, allo stesso modo, quando dice "Hoc est copus meum" egli trasforma il pane in carne e il vino in sangue[72].

Lo scontro diretto tra Zwingli e Lutero raggiunse il suo apice tra il 1527 e il 1528, un biennio di dispute che coinvolse tutte le università in cui fosse penetrato il pensiero riformato, da Strasburgo a Legnica, senza dimenticare tutte le altre città svizzere e tedesche.

Lutero cominciò con il *Sermone del sacramento del corpo e del sangue di Cristo contro i fanatici* nel 1526, nel quale, tra gli altri, prendeva di

---

[71] *Huldreich Zwinglis sämtliche Werke*, Heinsius, Leipzig 1927, IV, pp. 561-562.
[72] Gustav Bossert, *Brenz, Johann* in *New Schaff–Herzog Encyclopedia of Religious Knowledge*, ed. Samuel Macauley Jackson, Funk and Wagnalls, London - New York 1914. Si veda anche la più recente monografia di James Martin Estes, *Christian Magistrate and State Church: The Reforming Career of Johannes Brenz*, University of Toronto Press, Toronto 1982.

mira il vecchio amico e collega Andrea Carlostadio, e a seguire *Sul fatto che queste parole "Questo è il mio corpo" sussisitono ancora*, nel 1527, e infine *La grande confessione sulla Cena*, nel 1528. La risposta di Zwingli non tardò a venire: con toni irenici e pacati rispose al primo sermone con una *Amica exegesis*[73] nel 1527, alla quale seguì *Il fatto che queste parole "Questo è il mio corpo" avranno eternamente l'antico significato*, lo stesso anno, e nel 1528, *Sul libro di Lutero intitolato Confessione*[74].

Lutero ebbe modo di informare lo slesiano Caspar Ursinus Velius della sua opera contro i 'sacramentarii turbatores', contro le 'blasphema in Christi verbum et fidem' di Zwingli ed Ecolampadio. La retorica luterana era ricca di riferimenti all'ispirazione diabolica della riflessione teologica degli svizzeri come anche di coloro che egli definitiva *Schwermer*, fanatici.

Lutero si trovava a dover dialogare con i riformatori su tre fronti, come egli stesso ebbe modo di notare: se Carlostadio gli si opponeva sul significato del pronome "hoc" nelle parole dell'istituzione della Cena, Zwingli lo faceva sul significato di "est", mentre Ecolampadio attentava all'integrità della parola "corpus". Lutero erano l'unico - egli pensava - a salvare l'unità della presenza reale di Cristo, pur senza adottare le argomentazioni cattoliche della transustanziazione. Nella *Concordien-Formel* del 1577 verrà messa per iscritto la dottrina luterana, affermando, a proposito dell'eucaristia che

Wir gläuben, lehren und bekennen, daß nicht allein die Rechtgläubigen und Würdigen, sondern auch die Unwürdigen und Ungläubigen empfahen den wahrhaftigen Leib und Blut Christi; doch nicht zum Leben und Trost, sondern zum Gericht und Verdammnis, wann sie sich nicht bekehren und Buße thun. Dann ob sie wol Christum als ein Seligmacher von sich stoßen, so müßen sie ihn doch

---

[73] Si veda la recente edizione del testo di Ulrico Zwingli, *Amica esegesi*, a cura di Ermanno Genre, traduzione di Marco Zambon, Claudiana, Torino 2017.

[74] Iserloh, Glazik, Jedin (a cura di), *Storia della Chiesa*, VI, p. 300.

auch wider ihren Willen als einen strengen Richter zulaßen, welcher so gegenwärtig das Gericht auch in den unbußfertigen Gästen über und erzeiget, als gegenwärtig er Leben und Trost in den Herzen der Rechtgläubigen und würdigen Gäste wirket. [...] Daß die Gläubigen den Leib Christi nicht bei dem Brot und Wein des heiligen Abendmahls suchen, sondern ihre Augen von dem Brod in Himmel erheben, und doselbst den Leib Christi suchen sollen[75].

La dottrina luterana della presenza reale si configurerà quindi, sempre di più, come una 'unione sacramentale', in quanto nei segni del sacramento vi è sì la presenza reale, cioè il vero Corpo ed il vero Sangue di Cristo, ma allo stesso tempo il pane e il vino mantengono la loro natura materiale. Nella XIII sessione del Concilio di Trento invece, la transustaziazione venne definita con le parole che seguono:

Quoniam autem Christus redemptor noster corpus suum id quod sub specie panis offerebat vere esse dixit ideo persuasum semper in Ecclesia Dei fuit id que nunc denuo sancta haec synodus declarat per consecrationem panis et vini conversionem fieri totius substantiae panis in substantiam corporis Christi Domini nostri et totius substantiae vini in substantiam sanguinis eius. Quae conversio convenienter et proprie a sancta Catholica Ecclesia transsubstantiatio est appellata[76].

Zwingli, cercando con la sua ultima opera del 1528 di confutare Lutero, notò come il riformatore di Wittenberg fosse caduto egli stesso nell'interpretazione simbolica della Scrittura, proprio nella sezione riguardante l'ubiquità corporale di Cristo, e anzi, quasi arrivava a negare la reale ascensione, ovvero corporale, del Risorto:

---

[75] *Concordien-Formel*, VII, 7, 15; si veda Manfred Roensch, *Die Konkordienformel in der Geschichte des deutschen Luthertums* in "Lutherische Theologie und Kirche", 2, 1979, pp. 37-52.

[76] *Concilium Tridentinum*, sessio XIII (11 octobris 1551), caput IV: *De transubstantiatione* in Giuseppe Alberigo (a cura di), *Conciliorum Oecomenicorum decreta*, edizione bilingue, EDB, Bologna 1991.

Wie man den Kindern pflegt fürzubilden einen Gaukelhimmel, darin ein gülden Stuhl stehe und Christus neben dem Vater sitze in einem Chorkappen und gülden Krone, gleichwie es die Mäler malen. Denn wo sie nicht solche kindischen, fleischlichen Gedanken hätten von der rechten Hand Gottes, würden sie freilich sich nicht so lassen anfechten den Leib Christi im Abendmahl, oder sich bläün mit dem Spruch Augustini (welchem sie doch sonst nichts gläuben noch keinem andern), Christus muss an einem Ort leiblichsein, aber seine Wahrheit [Gottheit?] is allenthalben[77].

Lutero, possiamo qui sottolineare, sbagliò nel sovrapporre, come sinonimi, i termini *reale* e *corporale*, con i loro relativi significati. Zwingli infatti non può che constatare come Lutero abbia confuso i piani argomentativi tra l'unione delle nature, umana e divina, nell'unica persona di Cristo, e la corporeità del Verbo. Senza mettere in discussione il primo dogma, ma anzi, tenendolo come preambolo della sua tesi, Zwingli non può che constatare come l'ubiquità del corpo di Cristo non sia che una contraddizione in termini: Cristo è dappertutto, ma il suo corpo non può esserlo senza smettere di essere un corpo nel suo senso più proprio. Corpo è qualcosa la cui estensione materiale è limitata nello spazio e la sua durevolezza è sottoposta alla caducità del tempo[78].

Un tentativo di mediazione venne dal riformatore renano Martin Bucero, vicino a Lutero per spiritualità ma di formazione culturale umanistica come gli svizzeri. Appoggiato nella sua attività dal langravio Filippo d'Assia, politicamente preoccupato dell'unità dello schieramento protestante, ottenne nel 1529 la convocazione di un colloquio tra le parti in causa a Marburgo. Che fallì. Furono convocati Lutero e Melantone da un lato, Zwingli ed Ecolampadio

---

[77] *Dr. M. Luthers Samtliche Werke*, XXX, p. 56.
[78] *Daß diese Worte: Das ist mein Leib usw. ewiglich den alten Sinn haben werden usw* (20. Juni 1527) in *Huldreich Zwinglis sämtliche Werke*, Heinsius, Leipzig 1934, V, pp. 918-920.

dall'altro. Il primo, risoluto, non diede cenno di un possibile cedimento: una fermezza che conservava e coltivava per proseguire, come già aveva fatto a Worms, la sua protesta contro il papa; Zwingli ed Ecolampadio, più dialettici, disponibili al confronto, si muovevano però su argomentazioni più radicali, tali da non essere accettate dal più irenico Melantone, ancora rivolto alla possibilità di incontrarsi con i teologi romani, in vista di una soluzione conciliatoria.

Melantone sarà infatti colui che, nella *Confessio augustana* dell'anno successivo, presenterà a Carlo V una soluzione sulla Cena, quella secondo cui "il corpo e il sangue di Cristo sono veramente presenti nelle specie eucaristiche e sono distribuiti a coloro che si nutrono nella Cena del Signore"[79]. Le questioni al centro della dieta di Augusta non furono tanto teologiche, quanto piuttosto politico-ecclesiologiche, poiché nell'Impero – secondo l'affermazione di Tourn – o si era luterani o non si era riformati. Questa direttrice determinerà la totale ignoranza della dottrina sacramentarla zwingliana, facendo confluire in quella luterana tutte le confessioni evangeliche presenti sul suolo tedesco, come quelle di Strasburgo, Costanza, Memmingen e Lindau, che si erano unite nella *Confessio tetrapolitana*, scritta da Bucero e da Capitone.

A Ginevra invece Giovanni Calvino, con il *Petit Traicté*, il *Piccolo trattato della Santa Cena*, redatto in francese per dargli più ampia divulgazione, si colloca su un piano intermedio tra il «realismo» luterano e il simbolismo 'zwingliano', non come divulgatore di pensieri altrui – a fare il mediatore ci pensava già Bucero[80] - ma ponendo il problema in termini nuovi. Punto di partenza per la sua opera sarà

---

[79] Tourn, *Introduzione* a Calvino, *Il «Piccolo trattato»*, p. 18. Si veda anche Charles Partee, *The Theology of John Calvin*, Lousville, Westminster John Knox Press, 2008, pp. 258-296.
[80] Tourn, *Introduzione a Calvino*, p. 37.

il recupero della trattazione svolta nel cap. IV dell'*Institutio*, sviluppata secondo i principi della «eucaristia-comunione» del luteranesimo temperato. Da Zwingli invece si mantiene lontano, pur essendo possibile vedere in filigrana una lettura da parte di Calvino del *Commentario* del basileese[81].

Con il radicalizzarsi delle posizioni degli epigoni del luteranesimo, più intransigenti del loro ispiratore, la dottrina eucaristica comincia a solidificarsi intorno al concetto di 'consustanziazione', opposta alla teologia cattolica e al pensiero zwingliano. Esito di questo processo sarà lo scoppiò della seconda disputa sacramentaria, intorno alla pubblicazione dell'opera *Vera dottrina della Cena del Signore* del pastore di stretta osservanza Joachim Westphal[82]. Quale fu la posizione di Calvino?

Innanzitutto, invitò tutti i suoi amici e fedeli a sottoscrivere, in nome dell'unità e della comunione che la partecipazione alla Cena dovrebbe garantire e ispirare, la dottrina eucaristica della confessione protestante in cui si trovano[83]. Raggiunta la pace politica con i confederati svizzeri e religiosa con gli zwingliani di Bullinger, successore del fondatore, con il quale ancora poteva avere alcune frizioni in materia sacramentaria e riguardo alla predestinazione, Calvino poté compiere il passo definitivo per spostare l'accento sul valore ecclesiologico – piuttosto che soteriologico – dei sacramenti, della Cena e del battesimo.

Come risolve – o tenta di farlo – la questione in merito alla Cena? Calvino, nel cap. IV dell'*Institutio*, sottolinea tre aspetti della Cena: procedendo con una prima analisi di carattere formale, Calvino riflette sulla formulazione retorica della frase di Gesù «hoc est corpus meum». Si tratta, a suo parere, di una metonimia, ovvero della

---

[81] *Ivi*, p. 38.
[82] *Ibidem*.
[83] *Ivi*, p. 39.

facoltà di chiamare una cosa con un altro nome – l'esempio classico, 'bere una bottiglia di vino', non si pensa alla bottiglia ma al vino – in riferimento al verbo *essere*.

Secondo Calvino pertanto, quando un credente riceve il pane, riceve (e pensa) al corpo di Cristo: l'attenzione si sposta dalla relazione Cristo-elementi (relazione che ha animato il dibattito sacramentario precedente) a quella Corpo di Cristo-credenti. "Comunicare la sostanza di Cristo", potremmo parafrasarlo con le parole di Tourn: "dicendo che Cristo con suo corpo ed il suo sangue è *la sostanza* della Cena, Calvino intende affermare che nella Cena, Cristo è presente nella pienezza della sua persona, della sua divinità ed umanità"[84].

In secondo luogo, scansando il concetto dell'onnipresenza totalizzante di Cristo nella realtà, sostenuta dal luteranesimo, Calvino recupera la lettura evangelica fatta da Zwingli della reale sussistenza di Cristo nell'oltremondo, sulla base della realtà dell'incarnazione e risurrezione.

Terzo e ultimo aspetto, l'effetto della Cena: essa è momento della ricezione della grazia, partecipazione del beneficio di Cristo, nella realtà del Corpo di Cristo. E questo avviene per un'adesione di fede totale alla realtà salvifica, per opera dello Spirito di Dio. La comunione, si ribadisce, non avviene attraverso i segni e nei segni, ma attraverso i segni nella realtà[85]. La soluzione calvinista, lungi dall'essere una mera speculazione terminologica, punta a sintetizzare la sua essenza nel concetto per cui è necessario "abbandonare l'uso dell'aggettivo *reale* per ricorrere all'uso dell'avverbio *realmente*"[86].

---

[84] *Ivi*, p. 44.
[85] *Ivi*, p. 46.
[86] *Ibidem*.

Non interessano le modalità con cui si compie la «comunione» del Cristo con il credente, facili vittime delle aporie del sistema logico-teologico adottato, quanto piuttosto la sua realizzazione nella fede, per opera dello Spirito.

7.9 Una difficoltà interpretativa: Zwingli nella tradizione schwenckfeldiana

La storiografia recente ha largamente dibattuto sulla vicinanza del pensiero di Valentin Krautwald a quello di Zwingli nell'edificazione dell'impalcatura teologica della dottrina eucaristica, poi confluita nel sistema schwenckfeldiano.

Le argomentazioni, che vedono contrapposti Horst Weigelt e Robert Emmet McLaughlin, come abbiamo già avuto modo di ricordare, non considerano Krautwald in sé, ma soltanto in relazione allo sviluppo che il suo pensiero ha avuto successivamente in Schwenckfeld. Contrariamente a questa impostazione – enunciata già nell'Introduzione – vogliamo qui definire, anche attraverso l'analisi del *De caena dominica epistulae duae*, un'opera minore ma significativa nello sviluppo della dottrina eucaristica di Krautwald, l'autonomia del suo pensiero.

Weigelt, innanzitutto, ritiene che, fino al 1525 – data topica della biografia schwenckfeldiana – la posizione del teologo di Ossig in merito all'eucaristia fosse affine a quella di Zwingli e di Hoen, quella simbolica. Krautwald avrebbe cotribuito alla formazione di una dottrina propria dello slesiano facendo presenti due aspetti: il primo, che le parole di Cristo in Giovanni 6, 54-55[87] devono essere

---

[87] Gv 6, 54-55: "Chi mangia la mia carne e beve il mio sangue ha la vita eterna e io lo risusciterò nell'ultimo giorno. Perché la mia carne è vero cibo e il mio

utilizzate per parafrasare il testo dell'istituzione della Cena; e secondo, che la Cena è il principale momento per partecipare spiritualmente di Cristo per mezzo della fede.

Diversamente, McLaughlin afferma invece che pur muovendosi all'interno di una forma di simbolismo, affine a quella zwingliana, Schwenckfeld avrebbe sviluppato una dottrina etica, più che filosofica, sulla partecipazione per fede al corpo di Cristo, sulla base del testo evangelico che vede anche Giuda prendere parte al banchetto eucaristico, mangiando quel pane e quel vino che la dottrina aveva tramandato come corpo e sangue di Cristo, senza tuttavia maturare una conversione morale[88].

Shantz ritiene che la tradizione storiografica e le argomentazioni sostenute da Weigelt siano più vicine alla corretta interpretazione del pensiero di Schwenckfeld e, per esteso, di Krautwald, almeno in tre punti: il primo, la *manducatio spiritualis*, comune anche a Zwingli, dispone il credente a partecipare del corpo di Cristo spiritualmente in ogni luogo e in ogni tempo, nell'uomo interiore; il secondo, Schwenckfeld, come Zwingli, interpretano le parole «Hoc est corpus meum» in senso metaforico; il terzo, che durante le dispute eucaristiche, Schwenckfeld non ha mai ripudiato la visione zwingliana, allontanandosi invece dal pensiero originario di Lutero[89].

---

sangue vera bevanda. Chi mangia la mia carne e beve il mio sangue dimora in me e io in lui" (Tr. It. CEI 2008).

[88] Shantz, *Crautwald and Erasmus*, p. 79.

[89] Shantz, *Crautwald and Erasmus*, pp. 80-82.

Capitolo VIII
Il *De caena dominica*, modello per un'ermeneutica biblica

8. Il *De caena dominica et verbis caenae epistulae duae*

L'opera alla quale finalmente siamo giunti, il *De caena dominica*, si configura in questo studio come il centro dell'analisi del pensiero di Krautwald in merito alla presenza reale di Cristo nell'eucaristia, ma nello stesso tempo si propone come il modello, divenuto tipico per il movimento della *Via Media*, per l'ermeneutica del Testo Sacro.

In questa sezione potremo cominciare ad isolare i tratti che distinguono l'originalità del teologo slesiano prima che il suo pensiero potesse confluire nel più ampio progetto di riforma schwenckfeldiana. Alla radice di ogni ricerca c'è innanzitutto il tentativo di riconoscere la struttura argomentativa dell'autore, in questo contesto facilitata dal fatto che l'opera, costituita da due lettere di cui Krautwald è mittente, presenta nella prima una trattazione teologica i cui capisaldi si poggiano sulle strutture della grammatica latina.

La conocenza della lingua in cui è veicolato il Testo Sacro, e la sua incidenza nella formazione del pensiero logico-argomentativo, nonché la familiarità con gli autori dell'età classica (e la datazione dell'opera, il 1526, anno in cui Krautwald non ha ancora raggiunto la maturità del suo pensiero) contribuiscono anche a sondare la profondità speculativa dell'autore.

8.1 Storia e critica dell'edizione

L'opera contiene due delle lettere tratte dalla corrispondenza tra Krautwald e due ministri della città di Haynau, il parroco Matthias Funck e il teologo dell'ordine degli agostiniani eremiti Adam Adamus. L'opera fu pubblicata sotto la supervisione di Caspar Schwenckfeld e comparve, nel cataologo delle opere del 1561 di quest'ultimo, con il titolo *De caena dominica et verbis caenae epistolae duae*; il manoscritto originale delle lettere non è sopravvissuto, ma è certo che venne utilizzato da Adam Reissner per la ricostruzione biografica dell'amico e maestro.

Krautwald – per sua stessa ammissione – non conservava la minuta delle lettere inviate, ma chiedeva ai suoi interlocutori di conservarle per una futura pubblicazione. La trascrizione delle lettere originali è riportata nell'unico manoscritto superstite, il München SB, Ms CLM 718, ff. 226^a – 241^b, nel quale sono riportate altre fonti utili per ricostruire la biografia e il pensiero di Krautwald.

Stando alle prime ricerche di Hartranft, nel 1921, le cinquecentine che recano il testo del *De caena dominica* sono conservate presso la Berlin Kaiserbibliothek, la Breslau Staatsbibliothek, la München Universitätsbibliothek, la Strasbourg Nationalbibliotheck e la Wien Kaiserbibliothek[1]. Il dedicatario della quartina composta per Caspar Schwenckfeld è stato eraso in tutti gli esemplari censiti: originariamente riportava il nome dell'autore, Johann Langius (Lange), poi sostituito, sovrapponendo i caratteri, con "nobili domino". La ragione di questa *damnatio memoriae* è dovuta al fatto che Langius, formatosi all'università di Vienna, era vicario del consiglio della città di Goldberg quando si avvicinò al circolo schwenckfeldiano, sposandone la dottrina; nel 1526 venne chiamato da Krautwald

---

[1] *CS* II, pp. 411-412.

all'univerisità di Legnica, dove rimase fino al 1528. Divenuto successivamente rettore della scuola di Nysa, si mantenne in contatto epistolare con Schwenckfeld; quando venne richiesto da Ferdinando d'Asburgo come membro della cancelleria reale, fu in quell'occasione che, in seguito alle leggi sovrane sull'ortodossia religiosa, Langius negò di aver mai conosciuto Schwenckfeld e il gruppo dei radicali[2].

La segnatura delle pagine si estende da *a* fino a c^{iv}; la lettera di cui è destinatario Matthias Funck, che prenderemo in considerazione, si estende in particolare da d^i fino a b^{iib}, mentre la seconda, di cui è destinatario Adam Adamus, da b^{iii} fino a c^{iv}. Il carattere tipografico è quello italico tipico delle aldine, e il formato è *in quarto*. Confrontando la filigrana dei fogli del *De caena dominica* con quelli delle opere precedenti, lo stampatore potrebbe essere, con buona probabilità, Caspar Libisch[3], attivo a Breslau tra il 1522 e il 1537. L'opera viene fatta risalire all'autunno del 1526 perché, analizzando il contenuto, potrebbe seguire la lettera circolare *Sacramentarios et impanatores non tam adversus Deum et universam Scripturam, Quam contra Grammaticam enormiter peccare. Val: Craut: D. Doctori Adamo Augustiniano Concionatori Hanoviensi*[4].

Il testo che è stato utilizzato per la traduzione dell'opera è quello riportato nel *Corpus Scwenckfeldianorum*[5], che è basato sulla trascrizione diplomatica, con apparato critico, del MS CLM 718 di Monaco a cura di Chester D. Hartranft. Si è scelto di accostare a que-

---

[2] *CS* II, pp. 414-416.
[3] Helmut Claus, *New Ligth on the Presses of Adam Dyon and Kaspar Libisch in Breslau: (1518-1540)*, British Library, London 1995.
[4] *CS* II, p. 413.
[5] CS II, pp. 421-438, in particolare per l'epistola a Matthias Funck, pp. 421-429.

sto anche l'edizione a stampa conservata alla Bayerische Staatsbibliothek di Monaco[6], non segnalata da Hartranft. Le particolarità di questo esemplare sono innanzitutto l'anno e il luogo di stampa, il 1530 a Strasburgo. Lo stampatore sarebbe quindi quell'Hans Schweintzer, del quale si è già avuto modo di parlare, amico e discepolo di Krautwald, colui che nel 1530 aveva dato alle stampe, pur senza l'esplicita autorizzazione, altre opere del maestro. L'edizione poi presenta ancora la dedica originale di Langus, senza emendazioni: questo aspetto apre alcune ipotesi interpretative sul percorso che l'opera manoscritta di Krautwald possa aver compiuto per giungere fino a Strasburgo. Un ultimo dato, sono i marginalia manoscritti, di difficile attribuzione.

8.2 Matthias Funck di Haynau

Il destinatario di questa lettera, come abbiamo detto, è Matthias Funck[7], *parocho* di Haynau, stando all'intestazione del testo. Sono sconociuti alla storiografia gli estremi biografici. Figlio di Caspar Funck e fratello minore di Fabian (c'è un terzo fratello, Georg, che si trova citato soltanto nelle *matriculae* dell'università di Francoforte, nel 1508), fu allievo di Laurentius Corvinus dal quale ereditò la passione per gli studi umanistici. Nel 1502 raggiunge il fratello all'Univeristà di Cracovia, dove viene immatricolato come *Matthias Caspar de Haynowia*, e nel 1506 prosegue gli studi a Francoforte e consegue

---

[6] Valentin Crautwald, *De caena dominica et verbis caenae epistolae duae*, [Straßburg], [Schoffer & Schweintzer] [ca. 1530] [VD16 C 5724]. La segnatura di questo esemplare è *4 Diss. 1417*. Un secondo esemplare conservato alla Bayerische Staatsbibliothek è in legatura con altre opere della polemistica teologica; la segnatura è *4 Polem. 786*.

[7] Si veda *CS* II, pp. 416-418; Gustav Bauch, *Funck, Mathias* in ADB, 49, 1904, p. 213; per il fratello Fabian si veda Gustav Bauch, *Funck, Fabian* in ADB, 49, 1904, pp. 212-213.

il baccelierato in teologia. In quello stesso anno venne ammesso nella *natio slesiaca* della città anche Schwenckfeld. Nel 1511 Funck consegue il titolo di *magister philosophiae* e ottiene il rettorato della scuola di Stendal. Da qual momento, pur rivestendo un incarico fin troppo modesto per le sue capacità e la sua formazione, ha la possibilità di dedicarsi alla poesia, componendo in versi una *Vita Sanctae Edvigae* (1511), le *Primitie Carminum in Genethlium salutifere Virginis Marie* (1513) e il *Triumphus Christianus* (1514). Tra il 1518 e il 1520 venne richiamato all'università di Francoforte come decano. Terminata così la sua carriera accademica, nel 1520 venne chiamato alla guida della chiesa parrocchiale di Haynau, nel bel mezzo di una controversia con gli agostiniani in città sulla prelazione dell'amministrazione dei sacramenti, la predicazione e la celebrazione dell'eucaristia: la cura delle anime, stimate su di una popolazione di circa 1600 abitanti, era contesa tra la Pfarrkircke e il chiostro della Santa Croce.

Matthias Funck ebbe il merito di riuscire a trovare un accomodamento con i padri agostiniani, dividendosi i compiti liturgici e pastorali: fu in quell'occasione che il giovane parroco ebbe modo di conoscere il predicatore agostiniano Adam Adamus. Il Capitolo di Breslau, diocesi dalla quale dipendeva Haynau, osservò attentamente l'operato di Funck e fu prodigo nel ricoprire la chiesa parrocchiale di privilegi, tra cui benefici economici e cappellani, senza tuttavia concedere il titolo di collegiata.

Con l'introduzione della Riforma in Slesia, Matthias Funck si avvicinò alle posizioni evangeliche sostenute dal circolo di Legnica, e rese partecipe la sua chiesa, come già avevano fatto Moibanus ed Hess, delle novità dottrinarie. Tuttavia, ad oggi non è chiaro – nel caso di Haynau – quali siano stati i cambiamenti apportati alla liturgia, perché Funck non lasciò scritto nulla, nemmeno della sua relazione con il gruppo di Wittenberg. Tra il 1530 e il 1535 la Pfarrkircke di Haynau ebbe una considerevole perdita economica, che

Funck tentò di sanare con le sue proprie sostanze; impoveritosi, il pastore della comunità rassegnò le dimissioni al consiglio cittadino, ed ottenne, per i meriti della sua attività pastolare, una pensione di 10 marchi annui, che egli rifiutò perché fosse devoluta ai poveri della città, gravati dalle forti tasse; chiese in cambio di poter usufruire ancora per tre anni della casa canonicale e del suo giardino. Sugli ultimi anni della sua vita non abbiamo altre notizie biografiche.

8.3 Commento

La lettera che Krautwald indirizza all'amico Funck ha un esordio che ci conduce direttamente *in medias res*, nel pieno di un dibattito del quale non vengono riportate compiutamente le argomentazioni. Non è difficile pensare che, come si diceva nel paragrafo precedente, la vertenza tra Krautwald e Adam Adamus, che – e lo si deduce dalla chiarificazione del primo paragrafo – verosimilmente li vedeva sostenere una posizione avversata da Funck, potrebbe essere contenuta nella lettera circolare *Sacramentarios et impanatores non tam adversus Deum et universam Scripturam, Quam contra Grammaticam enormiter peccare. Val: Craut: D. Doctori Adamo Augustiniano Concionatori Hanoviensi*, scritta da Krautwald e destinata all'agostiniano, ma della quale Funck, legato ai due da vincoli di amicizia e dalle medesime speculazioni dottrinarie, non era stato lasciato all'oscuro.

Già in una lettera stampata nel 1525 indirizzata a Schwenckfeld, e in una precedente data 16 novembre 1524 e indirizzata a Mattheus Alber, Krautwald presentava gli argomenti che poi avrebbe sostenuto nella circolare indirizzata all'agostiniano del monastero di Santa Croce di Haynau. Nell'edizione della lettera al teologo di

Ossig, edita nel *Corpus Schwenckfeldianorum* da Hartfrant[8], viene chiarito il contesto in cui essa è stata concepita da Krautwald: si tratta di una chiarificazione sull'eucaristia fatta a beneficio di Schwenckfeld, nella quale il primo dimostra la sua conoscenza dei *loci* della Scrittura e della letteratura patristica nei quali viene affrontato il problema del sacramento della Cena.

Krautwald confessa che, nella notte del 16 settembre 1525, una data topica della sua biografia, dopo aver partecipato alla celebrazione eucaristica e aver ricevuto il pane consacrato, ebbe una rivelazione interiore da parte dello Spirito secondo la quale né Lutero né Zwingli avevano interpretato correttamente le parole della Cena:

Post caenam eius diei, cum me Domum recipio, posthabitis omnibus in Eucharistiam perducor, Sentencias Zwinglii, atque Martini, ultro citroque confero: libellos revolvo. Ac iam profundo noctis crepuscolo, ad lumen usque progredior, magno animi conatu et angustia, inter multa alia quae in animum irruebant meum, visus est mihi quispiam, mecum intra me colloqui, in hunc modum. Quid si neque Martinus, neque Zwinglius, Eucharistiae rationem [...][9].

A questa breve esposizione del suo pensiero, che senza dubbio lasciò Schwenckfeld con il grande interrogativo sulla corretta interpretazione dell'eucaristia proprio nel momento di transizione dall'ortodossia luterana all'evangelismo zwingliano, Krautwald fa seguire una corposa appendice, *Miscellanea rudimenta et schedae literis imposite de Geramano sensu verborum Coenae*, attraverso le quali dimostra dove abbiano errato i due teologi che fino da quel momento in poi avrebbero dominato la prima disputa eucaristica (dal 1526 al 1528). Gli elementi che qui egli appena introduce, saranno sviluppati nel *De caena dominica*.

---

[8] *CS* II, pp. 193-209.
[9] *CS* II, p. 196.

La prima argomentazione si fonda sul significato da attribuire alle sentenze evangeliche che sono costruite sulle allegorie: "Sicut quando Scriptura dicit *Semen est Verbum Dei*. Construe, Verbum Dei, est Semen, discis, e Verbo Dei addito, quale sit semen"[10].

Questo tipo di lettura, illustrata dalla proposizione comparativa utilizzata negli esempi scritturistici *semen quale...*, *ager qualis...*, *petra qualis...*, che accentua il significato spirituale delle parole di Cristo, può essere applicata anche alla sostanza del pane nelle parole della Cena, rettamente intese in senso spirituale: le parole "Panis quem Ego dabo caro mea est" non sono una promessa di cibo per il futuro, come se Cristo "Leve fuerit, si dixeris: *Mea Caro panis ille est, quem dabo*", spostando debolmente l'accento sulla funzione materiale del pane nel sacramento appena compiuto nella Cena, bensì la promessa che, *qualis panis*, appena spezzato, distribuito e al quale tutti si sono comunicati, è stato consegnato al momento della Cena per il nutrimento del corpo, così Cristo darà nel tempo imminente il suo corpo, come nutrimento spirituale[11].

Non bisogna quindi dimenticare che, nel *De Caena dominica*, la chiave ermeneutica del Testo Sacro è data, secondo Krautwald, dal discepolato dello Sprito Santo, senza tuttavia discostarsi dalla lettera così come, egli intende, è stata data da Dio. È questo anche il punto di partenza del confronto con Funck, il quale, a quanto ci è dato capire, non solo tende a sostenere una *lectio facilior* dei luoghi più complessi della Scrittura – come sono quelli relativi alle parole di Cristo durante la Cena – ma soprattutto manca di coerenza nell'esegesi testuale.

Krautwald insiste con il suo interlocutore sulla grammatica, perché, molto più della speculazione teologica, non può avere, in relazione alla parola di Dio, significati diversi da quello che Dio stesso

---

[10] *CS* II, p. 204.
[11] *Idem*.

ha voluto attribuirgli: la parola di Dio è Cristo, e in Cristo non può che esserci una sola verità.

Il primo punto sul quale Krautwald richiama l'attenzione di Funck, probabilmente sulla scorta di un dibattito precedente, è il significato da attribuire al pronome (o aggettivo) dimostrativo "hoc" nel contesto delle parole di Cristo durante l'Ultima Cena: *Hoc est corpus meum*. Krautwald sostiene che intendere "hoc" come se significasse "haec res", ovvero questa cosa, potrebbe forse inizialmente dare peso alla posizione realista, per la quale il pronome dimostrativo "hoc" andrebbe a designare un oggetto materiale, una *res* concreta appunto. Tuttavia, egli rileva come "res" abbia anche un uso astratto, potendo definire un evento, un'azione.

Nel terzo paragrafo riporta due citazioni, a tiolo d'esempio, da altrettante opere virigiliane, dalle quali fa emergere l'ambiguità del significato di "res"; Virgilio – vale la pena ricordarlo – era una delle *auctoritates* utilizzate dai grammatici della tarda latinità, e si può supporre che la formazione umanistica di Krautwald avesse compreso lo studio delle grammatiche di Elio Donato, il *Commento a Virgilio* di Servio Onorato o l'arte poetica e la retorica in quattro libri di Macrobio[12].

Il primo, «triste lupus stabulis[13]», è tratto dalle parole di Damoetas, protagonista della III ecloga delle *Bucoliche*. Esso deve essere inteso come "tristis res", ovvero 'un evento triste', così come d'altra parte è considerato nel contesto poetico. Il secondo esempio, nel quarto paragrafo, «varium et mutabile (semper) foemina», è

[12] Si veda, per approfondire, Valerio Lomato – Ermanno Malaspina, *Passato, presente e futuro dei grammatici latini* in *Grammatica e grammatici latini: teoria ed esegesi*, a cura di Fabio Gasti, Ibis, Pavia 2003, pp. 205-219; Domenico Comparetti, *Virgilio nel Medioevo*, La Nuova Italia, Firenze 1985² (al capitolo IX: «Virgilio nella tradizione letteraria fino a Dante»).
[13] Virgilio, *Bucoliche*, III: «Triste lupus stabulis, maturis frugibus imbres, arboribus venti, nobia Amaryllidis irae».

tratto invece dall'*Eneide*[14]. L'*ens* della donna, nell'argomentazione di Krautwald, e non una donna in particolare, è una realtà variabile e mutevole, così come lo sono state, nel testo epico, Creusa, Didone, le Arpie, Venere e Giunone.

L'invito a riflettere segue queste argomentazioni: Krautwald ha fin qui tentato di persuadere il suo interlocutore della facilità di misinterpretare la *res* materiale con le realtà astratte che possono essere designate dal pronome dimostrativo "hoc". Nel sesto paragrafo, egli considera "hoc" invece come aggettivo, unito ad una parola con funzione dimostrativa; se usato invece come pronome – e questo è il centro dell'argomentazione di Funck che egli avversa – è necessario che si tenga a mente qualcosa che, una volta esplicitata, rende il senso evidente e chiaro: "ciò che mi vedete fare, tene*lo* (hoc) a mente e fate*lo* anche voi".

Krautwald interroga Funck sul motivo per cui si debba intendere il pronome "hoc" con il significato di *res* materiale nel versetto *Hoc est corpus meum* (da intendersi, "*questa cosa qui* è il mio corpo") mentre il pronome "hoc" nel comando *hoc facite* debba essere inteso, in senso incidentale, come richiamo ad un agire astratto; questa incoerenza del pensiero di Funck porta Krautwald ad irridere il suo interlocutore, arrivando a considerare l'*hoc facite* non come un'intenzione d'azione, ma come un invito di Cristo ai suoi discepoli a 'fare il pane'.

Krautwald entra pertanto nel merito della Scrittura: se l'invito di Cristo è quello di fare il pane in sua memoria, in esso non è presente il Suo corpo. Se invece – come sostiene Krautwald – il corpo di Cristo è *come* (*qualis*) quel pane che nella Cena viene spezzato e mangiato, allora non si parlerà più di presenza sostanziale (*substan-*

---

[14] Virgilio, *Eneide*, IV, 569-570: «varium et mutabile semper foemina. Sic fatus nocti se immiscuit atrae».

224

tialiter) ma simbolica, memoriale. Krautwald anticipa la possibile risposta del suo interlocutore, sul valore posizione del pronome "hoc": l'argomentazione non sarebbe valida, poiché – ancora una volta – uno solo è il contesto in cui Cristo parla, e non possono essere diversi i significati che Lui attribuisce alle parole.

Se "hoc" designa un comando, sia nel caso di «hoc est corpus meum» (come a voler dire "considerate questo il mio corpo") sia nel caso, più chiaro, di *hoc facite*, questo lo si vede nei passi evangelici della risurrezione di Lazzaro, *Surge et ambula*, o nel racconto della Cena secondo Marco: *Et biberunt ex eo omnes*, o ancora allo scriba che aveva interrogato il Cristo: *Hoc fac, et vives*. Krautwald, avvicinandosi al cuore della sua argomentazione – che prevede la centralità della *fede* – chiede a Funck se, con quell'"hoc", non si indichi qualcosa che sta sotto gli occhi dello scriba o piuttosto una delle cose che sono state dette da questi e sono rimaste impresse nel suo animo, ovvero un contenuto intellettuale e spirituale.

L'analisi della costruzione sintattico-grammaticale delle affermazioni di Cristo nei testi evangelici mette al centro la questione della provenienza della fede e soprattutto la relazione tra l'agire e il credere. «Hoc est opus Dei, ut credatis in eum qui missus est»: come si pone Krautwald di fonte all'interpretazione di questo detto di Cristo? Si tratta di considerare se l'*ut*, che l'autore preferisce considerare secondo la versione greca ἵνα, abbia un valore dichiarativo o finale: Krautwald sostiene che l'intera frase abbia un'accezione finale ("questa è l'opera di Dio affinché voi crediate"), e che il pronome "hoc" indichi una qualche opera di Dio che si è compiuta e che Cristo la proponga alle menti dei Giudei affinché credano.

Se la frase avesse avuto un'accezione dichiarativa, l'opera di Dio sarebbe stata la fede degli interlocutori di Cristo, ma l'autore non può fare a meno di ricordare come Cristo stesso rimproveri i Giudei per la loro incredulità.

Krautwald, poco più avanti, chiede a Funck di riflettere su tutti gli esempi che ha avuto la cura di sottoporgli, per notare come in tutti il pronome "hoc" avesse un valore dimostrativo dell'azione e non indicasse invece una *res* materiale. L'esempio che segue, dovrebbe chiarire ancora di più il concetto: Krautwald sostiene che nella frase *Tu es Petrus et super hanc petram*, l'aggettivo dimostrativo "hanc" designi, nel contesto del versetto, una realtà spirituale ed esterna; diversamente, si dovrebbe ipotizzare che Cristo stesse indicando all'apostolo una pietra reale, concreta, sulla quale avrebbe edificato un edificio di culto. Perché allora questa considerazione non può essere estesa anche al pronome "hoc"? Nelle parole della Cena, "Questo è il mio corpo" designa, secondo Krautwald, una realtà esterna e immateriale, significata dal pane ma estranea, materialmente, alla sua sostanza.

Krautwald non viene meno dal rimproverare Funck per la sua esegesi incauta nei confronti del Testo Sacro: lo mette di fronte all'errore in cui molti cadono e in seguito al quale molti fraintendono il senso delle parole di Cristo. La Scrittura non deve essere toccata dall'esegeta, perché così è stata consegnata da Dio all'uomo, attraverso il Verbo, che è Cristo. Anche solo l'inversione di due parole nel testo può essere causa di fraintendimento: egli sostiene vi sia una grande differenza tra *"Questo è* il mio calice" è "Il mio calice *è questo"*, poiché nel primo caso si è portati a pensare ad una realtà esterna e spirituale, mentre nel secondo si dovrebbe pensare al calice che era tra le mani di Cristo (a seconda del 'valore posizionale' del pronome nella struttura della frase). A quel punto – e qui si trova l'aporia del pensiero realista secondo Krautwald – sarebbe impossibile per i credenti bere di quel vino, perché Cristo non ha indicato altri calici se non il suo, e poiché la sua Parola è immutabile e vera, non avrebbe potuto indicarne altri. Se invece, come sostiene Krautwald, quel calice rimanda ad una realtà 'altra', esterna e spirituale, allora il credente può parteciparvi per fede.

La lettera prosegue con altri esempi, tutti volti a considerare la Scrittura come la fonte immutabile della verità, come immutabile è Dio che, attraverso il suo Verbo che è Cristo, l'ha mandata ai credenti. Krautwald lamenta tuttavia la mancanza della potenza e dell'efficacia dello Spirito, perché, come è scritto nel Vangelo di Giovanni

cum autem venerit ille, Spiritus veritatis, deducet vos in omnem veritatem; non enim loquetur a semetipso, sed quaecumque audiet, loquetur et, quae ventura sunt, annuntiabit vobis. Ille me clarificabit, quia de meo accipiet et annuntiabit vobis[15].

È dalle Scritture che si deve trarre la verità su Cristo, ma non attraverso la filosofia e l'uso della logica – ritenuti da Krautwald validi strumenti, ma non per lo studio delle Scritture – ma con il discepolato dello Spirito

Anche Lutero – incalza Krautwald in chiusura della lettera – era caduto nella tentazione di argomentare la sua dottrina (e in particolare, quella eucaristica) senza porsi in atteggiamento 'discente' verso la Scrittura. In materia di fede non esiste l'*ipse dixit*, non c'è scuola o tradizione ermeneutica che non possa essere messa in secondo piano da Cristo, che è la verità di Dio. Per questo motivo – termina Krautwald – egli affida ogni suo tentativo interpretativo a Cristo, perché sia lui a giudicarlo; diversamente, chi si affida alla filosofia (intesa come speculazione dialettica) non potrà che allontanarsi dalla verità.

In conclusione, del pensiero di Krautwald possiamo riassumere quanto segue. Mathias Funck aveva adottato delle posizioni realiste per quanto riguarda la presenza di Cristo nelle specie eucaristiche. Le argomentazioni cattoliche tuttavia non entravano in profondità

---

[15] Gv 16, 13-14.

nelle costruzioni grammaticali del testo: Krautwald non nega la possibilità di partecipare del corpo di Cristo, ma sulla base del Testo Sacro, egli ritiene che ogni volta che una sentenza evangelica viene accompagnata dal pronome "hoc", essa designi una realtà spirituale ed esterna. Ancora prima di entrare nel merito della questione se Cristo possa essere nello stesso *Sede[re] ad dexteram maiestatis in excelsis*[16] ed essere presente corporalmente nella sostanza del pane, cosa ritenuta impossibile, Krautwald ritiene che la partecipazione al corpo di Cristo sia una realtà di fede.

Krautwald interpreta le parole dell'istituzione della Cena quindi come una parabola, come se Cristo avesse detto "Il mio corpo è questo, un pane che nutre l'anima per la vita eterna come il pane materiale nutre il corpo". E la chiave interpretativa è il lungo discorso eucaristico nel Vangelo di Giovanni:

Ego sum panis vitae. Patres vestri manducaverunt in deserto manna et mortui sunt. Hic est panis de caelo descendens, ut, si quis ex ipso manducaverit, non moriatur. Ego sum panis vivus, qui de caelo descendi. Si quis manducaverit ex hoc pane, vivet in aeternum; panis autem, quem ego dabo, caro mea est pro mundi vita ". Litigabant ergo Iudaei ad invicem dicentes: "Quomodo potest hic nobis carnem suam dare ad manducandum?". Dixit ergo eis Iesus: "Amen, amen dico vobis: Nisi manducaveritis carnem Filii hominis et biberitis eius sanguinem, non habetis vitam in vobismetipsis. Qui manducat meam carnem et bibit meum sanguinem, habet vitam aeternam; et ego resuscitabo eum in novissimo die. Caro enim mea verus est cibus, et sanguis meus verus est potus. Qui manducat meam carnem et bibit meum sanguinem, in me manet, et ego in illo. Sicut misit me vivens Pater, et ego vivo propter Patrem; et, qui manducat me, et ipse vivet propter me. Hic est panis, qui de caelo descendit, non sicut manducaverunt patres et mortui sunt; qui manducat hunc panem, vivet in aeternum"[17].

---

[16] Ebr 1, 7.
[17] Gv 6, 48-58.

Schweckfeld fece sua la riflessione di Krautwald, che vide come risposta alle sue *Duodecim Quaestiones* sopra l'eucaristia, formulate nel 1525[18]. Schwenckfeld chiese a Lutero di prendere in considerazione la sua posizione, ma il teologo di Wittenberg, allora impegnato nel rispondere ad Erasmo sulla questione del libero arbitrio, rimandò al pastore Bugenhagen la soluzione della questione. Bugenhagen, ritenuto da molti non all'altezza di questioni dottrinarie che richiedessero l'impiego di una raffinata speculazione teologica, liquidò lo slesiano riproponendo gli scritti di Lutero a Marburgo, ma Schwenckfeld rispose con una domanda che mise il *Pomeranus* alle strette: il colloquio riportato da McLaughlin nel suo contributo, rende l'idea della complessità della vicenda. A cosa giova per la fede che Cristo abbia lasciato il suo corpo o la sua carne materiale nel pane come cibo? Bugenhagen rispose che il Cristo ha lasciato il suo corpo invisibile nel pane come memoriale della sua passione. Schwenckfeld proseguì chiedendo ancora come si assume questa carne invisibile; Bugehagen rispose che veniva assunta spiritualmente. Allora Schwenckfeld, sentendosi vincitore della disputa, disse che il *Pomeranus* era caduto in contraddizione e aveva constatato la debolezza delle argomentazioni luterane[19].

Da questo momento la riforma radicale in Slesia porterà il nome di Schwenckfeld che, tornato in patria, comincerà ad elaborare autonomamente il suo pensiero, prendendo le mosse da Krautwald. È in questo momento che il teologo di Nysa viene adombrato dal suo sodale e che la sua dottrina si caratterizzerà autonomamente come la *Via Media*.

L'incontro con il gruppo di Wittenberg, che aveva lasciato la convinzione a Schwenckfeld di essere uscito vincitore, preannuncia la

---

[18] Robert Emmet McLaughlin, *The genesis of Schwenckfeld's Eucharistic doctrine*, in "Archiv für Reformationsgeschichte", 74, 1983, pp. 92-121, p. 114.
[19] McLaughlin, *The genesis*, pp. 116-117.

debolezza organizzativa del gruppo slesiano e l'esito della riforma radicale nella regione. Di lì a quattro anni infatti, Federico II di Legnica deciderà di appoggiare il luteranesimo e Schwenckfeld prenderà la via dell'esilio. Vent'anni dopo, nei *Tischreden*, Lutero scriverà: «Quando Schwenckfeld venne dalla Slesia, volle convincere il Dottor Pomeranus e me che la sua opinione sul sacramento fosse corretta. E poiché lui aveva qualche problema con l'udito, egli ci chiese di pregare per lui. Si, volli pregare per lui, perché diventasse anche muto[20]».

---

[20] *Dr Martin Luthers Werke, Tischreden*, vol. 5, Weimar, Böhlaus, 1912, p. 300, vv. 1-8.

Appendice

Testo 1

Adam Reissner *Vita beati Valentini Crautwaldi Silesii Theologi* (1554).

Trascrizione del CLM 718, ff. 549-552 (München SB)

[1] **[549r]** Valentinus Crautwald, presbyter Ordinis Canonicorum a puero melioribus literis, artibus et linguis incumbens ad summum humanae eruditionis fastigium conscendit, et propter literas in aulam adfectus a secretis et a studiis aliquot annis fuit Johannis Tursonis Episcopi Vratislaviensis. Postea vero quam Christum Summum Bonum et coelestium divitiarum unicum Fontem, divinitus cognoscere cepit omnia quae in philosophia et prosa et carmine conscripserat in ignem coniecit.

[2] Fuit homo mitis, mansuetus, magna sapientia integritate et continentia praeditus, Deum semper in oculis ferebat. Sodalem ceu famulum habuit fidelem Sebastianum Eiseman, qui fuit promus, condus et cocus, cum quo solus habitavit annis plus quam viginti et foeminam ullam habuit in aedibus. Sed toto vitae suae tempore **[549v]** celebs, caste, pureque vixit.

[3] Hebreae, Grecae et Latinae linguae eruditissimus praevia Luce Spiritus Sancti Sacras Literas diu noctuque versavit. Proinde a bono thesauro cordis protulit dona divina et syncerioris vereque theologiae Doctorem et professorem Lignisii in Slesia multis annis egit, Libros Novi Testamenti quin etiam Psalmos publica lectione sa-

pienter est interpretatus. In qua de fide et pietatis mysteriis gravissime et efficacissime disseruit ad coelestia et spiritualia suos auditores inflammavit illisque lacrimas sepe excussit.

[4] Demum multo senio, magnis laboribus et crebris aegritudinibus adflictus, etiam ieiunis et deprecationibus confectus, anno salutis millesimo quingentesimo vigesimo quinto, illam maxime necessariam revelationem de intellectu verborum Coenae vero et genuino, a Domino accepit. De qua tamen ut etiam de aliis donis coelestibus, parum gloriabatur, nec venabatur rumores et gloriam hominum, sed eam tam quam qui maxime fugiebat. Silentium illi erat viro, et homo ut dicitur perpaucorum hominum, nemini se facile credebat. Parcus etiam et tardus erat in scribendis literis, nisi maturo tempore. Occasione autem oblata, scribebat copiosissime.

[5] Inter amicos erat illi magis familiaris, imo σύζυγος γνήσιος, compar et socius **[550r]** germanus, vir vere nobilis et insigni pietate praeditus, Gasbar Schwenckfeldius[1] ex nobili antiquaque prosapia natus ab ineunte aetate in schola deinde etiam in aula principali versatus. In cuius sinum adhuc in aula et mox propter veritatem exulis Crautwaldus ea quae a Domino acceperat effudit et cum eo prae coeteris, pleraque contulit is Gaspar singulari gratia et fide plenus, talentum a Domino acceptum non in terram fodit nec lucem sub modio posuit, sed super candelabrum, ut luceret iis qui sunt in domo, hoc est cognitionem Christi secundum Spiritum, iam inde ab Apostolorum tempore obscuratam et gloriam carnis seu humanitatis Christi ad dexteram Patris sedentis, constanter divulgavit ob cuius gloriae assertionem etiamnum tam mali audit

---

[1] A margine del testo manoscritto "ab Ossig".

passim, et crucem fert Christi omnibus, in primis pseudoevangelicis invisus.

[6] Quum autem in hoc certamine res ipsa loquatur veritatem hoc est Christum esse εἰς σημεῖον ἀντιλεγόμενον, iuxta Simonis Iusti profetiam et quod plerique sapientes huius seculi, ἐν ματαιότητι του νοός αὐτῶν ambulantes, hos duos viros testes Veritatis, et servos Christi, propter revelatam illis Veritatem, maledictis atque ad eo famosis libellis mirum in modum affligant ὡς περικαθάρματα τοῦ κόσμου καὶ παντῶν περιψήματα convitiis consputant et opprimant, illi tamen in tantis fluctibus et **[550v]** procellis nihil deterriti, Spartam nactam ut proverbio dicitur, reddere ornatiorem semper studuerunt. Siquidem Crautwaldus suo functus officio non modo pluribus etiam iis qui videbantur principes religionis de hac re epistolas scripsit, sed insuper strenue chartis illevit et in libros suos quos in omni linguarum genere locupletissimos habuit multa Regni Dei mysteria annotavit, ut chartacea illius suppellex huius mundi divitiis facile praeferenda esset. Si restaret, et per antilogos et sophistas Lutheranos, mortuo Crautwaldo non esset intercepta.

[7] Quantus enim fructus, quanta Lux ex Divinis meditationibus huius viri omnibus in densissimis tenebris sedentibus accessisset. Pius et prudens lector ex hisce fragmentis et reliquiis tamquam ex unguibus leonem facile aestimabit, et sentiet vix alium fuisse qui post Apostolorum tempora erroribus Aegipti, hoc est huius mundi, detectis lucem veritatis dilucidius explicarit, mentem et sensum Domini presertim in Coena exactius norit.

[8] Ex faucibus autem hostium erepta sunt preter hec fragmenta, et alia quedam quae partim amici in vita eius extorserunt partim auditores ex ore legentis excerpserunt. Ut sunt succinctae et luculentae annotationes in aliquot capita Geneseos, in Prophetas Minores, in Psalmos, in **[551r]** Evangelistas, in Acta Apostolorum, in

233

Epistolas Pauli et Petri et in Apocalipsim. Ex quibus omnibus ut etiam ex Epistolis ultro citroque amicis scriptis, scopus rerum et quae sit Anchora Salutis, clarius et apertius videri posset. Si Domino volente in unum volumen haec conscriberentur.

[9] Quandoquidem vero nomina et cognomina ab exteris etiam ad etymologiam revocari soleant atque constet servorum Dei nomina plerumque ab aeterno praevisa et imposita esse. Dictus videtur Valentinus quod validis rationibus valentissimum animarum cibum post ἀποστασίαν illam et post diuturnam famem in deserto mundo, cum primus adduxerit. Cognomine vero Olisylvius quod in hortum et paradisum refertum gramine herbis et floribus. Hoc est ad Christum animarum, novum et aeternum pabulum in Regno Patris monstraret viam et recta eo duxerit.

[10] Gasbar vero interpretatur thesaurarius. Quemadmodum enim Cyrus Rex Persarum in typo per manum Mythridatis Gasbaris protulit vasa templi Domini que tulerat Nebucadnezar de Jerusalem et posuerat ea in Templo Dei sui, ita verus Cyrus, Christus Dominus Coeli et Rex Regum, ante adventum Suum gloriosum in hoc ultimo tempore **[551v]** vasa et symbola quae Ἄνομος ille in templo Dei sedens iamdudum abduxerat per Gasbarem Scwenckfeldium profert, ut colligantur filii Dei ad reedificandum Templum Spirituale, ut veri Israelitae, hoc est sequentes Christum crucifixum et glorificatum ex captivitate sathanica ascendant in Jerusalem, quae sursum est, et Mater omnium fidelium.

[11] Deinde Strephopedinus sive Verticampianus sonat vertentem campum, quod natale solum ob Christi veritatem verterit hoc est mundum et omnia reliquerit et quod nihil aliud in suis libris doceat, quam quod Dominus ipse, et Apostoli eius docuerint, nempe ut homo se convertat, resipiscat et solum mutet, Egiptum relinquat et

sublata cruce Christum sequatur, quae sursum sunt querat et spiritalia sapiat. Id quod fatebitur pius quisque cui Dominus tangit cor ut horum virorum scripta attente legat et expendat.

[12] Quicunque vero haec sannis excipiunt et rident, sentient tandem suo magno malo et perpetuo damno quid Dominus Ihesuh Christus per tales parvos et minimos hoc est mundo abiectissimos et odio habitos operatus sit in suam gloriam, quando redditurus est unicuique iuxta facta sua.

[13] Valentinus Crautwald, tum fidei tum pietatis mysterii praeclarus professor, feliciter in Domino obdormivit, anno **[552r]** Christiano MDXXXXV, die septembris quinto cum paulo ante decimo octavo iulii eiusdem anni προγνώστης et presagus amico cuidam scripsisset in haec verba:

[14] Vetus Papismus se in pedes eriget siquidem pontifex romanus cum tota aula de iure suo nihil concedet, erubescere nesciens nec volens de sorte venire in dubium. Ecclesia Christi manebit in solitudine, Antichristus Regnum suum augebit et obtinebit. Predicantes nihil adhuc sentiunt fortes, firmi et securi brachiis et edictis agunt mundanis. Gaudent et exultant incrassati συνεωχούμενοι ἀφόβως ἑαυτοὺς ποιμαίνοντες ut Judae apostoli utamur verbis at tempestas mala turbabit eos ubi inciderint tonitrua, fulgura et terrae motus. Literati et eruditi praediti sentient in his turbis magnum incommodum. Neque Christi Domini confessores immunes malorum erunt.

[15] Haec Crautwaldi prophetia mox sequenti anno cepta est impleri quando ex insidiis Pontificum Germania est oppugnata et in hunc Diem impendet grando magna. Dominus misereatur nostri. Amen.

Traduzione

[1] Valentin Krautwald, sacerdote dell'Ordine dei Canonici, si dedicò fin da fanciullo agli studi più alti, alle arti e alle lingue, raggiungendo le alte vette della conoscenza umana. E grazie alla sua formazione, conferitagli la carica di segretario e consigliere, fu per alcuni anni alla corte del vescovo Giovanni Thurzo di Breslau. Poi, quando grazie alla provvidenza divina iniziò a conoscere Cristo, Bene supremo e unica Fonte delle ricchezze celesti, egli gettò alle fiamme tutto ciò che aveva scritto di filosofia, prosa e poesia.

[2] Fu un uomo mite, mansueto, dotato di grande sapienza, integrità e temperanza. Teneva sempre Dio davanti ai suoi occhi. Egli ebbe come compagno e servitore fedele Sebastian Eisemann, che fu per lui dispensiere, economo e cuoco, l'unico con il quale abitò per più di vent'anni, senza avere tra le mura domestiche alcuna donna, ma anzi visse celibe, casto e puro, per tutta la vita.

[3] Profondo conoscitore dell'ebraico, del greco e del latino, si dedicava alle Sacre Scritture alla luce dello Spirito Santo, giorno e notte. Così da questo buon tesoro del cuore estrasse i doni divini e per molti anni insegnò la sincera e vera teologia come dottore e professore a Legnica, in Slesia; con sapienza lesse pubblicamente ed interpretò i libri del Nuovo Testamento e persino dei Salmi, e in quelle occasioni rivelò ai suoi uditori i misteri della fede e della pietà con tale profondità ed efficacia da entusiasmarli per le cose celesti e spirituali, per le quali spesso versò lacrime.

[4] Infine, malandato per gli anni, tra grandi fatiche e frequenti malattie, stremato da digiuni e continue preghiere, nell'anno della Salvezza 1525 ricevette dal Signore la sua più grande e sommamente

necessaria rivelazione sulla comprensione del senso più vero e genuino delle parole della Santa Cena. Riguardo alla quale però già si vantava poco come degli altri suoi doni celesti, non ha cercato la fama e la gloria di uomo buono, ma anzi la fuggiva come mai altre cose. Lui era un uomo del silenzio. E uomo, come si dice, *come ce ne sono pochi*[2], egli difficilmente si confidava con qualcuno. Egli era cauto e lento nelle cose che scrisse, e aspettava il momento favorevole. Ma quando gli si presentava l'occasione giusta, scriveva in abbondanza.

[5] Tra gli amici ve ne era uno che gli era più vicino, quasi *uno stretto collaboratore*[3], un compagno e amico fraterno, un uomo veramente nobile e dotato di grande pietà, Caspar Schwenckfeld, nato da una stirpe nobile e antica, impegnato a scuola fin dalla giovane età e poi nella corte principesca. Krautwald versò le cose che aveva imparato dal Signore nel seno di colui che è stato un tempo a corte, ma presto in esilio per amore della verità, e con lui Caspar a preferenza di

---

[2] Citazione tratta da Q. Terentii Afrii *Eunucus*, III, 1, vv. 18-19.

[3] Fil 4, 3: σύζυγος γνήσιος. Erroneamente riportato da Douglas H. Shantz come σύρυγος, vedi Shantz, *Crautwald and Erasmus*, cit., p. 190. La citazione dall'epistola paolina fa riferimento ad un passo ad oggi molto discusso dalla critica biblica. «E prego te pure, mio fedele collaboratore, di aiutarle, poiché hanno combattuto per il Vangelo insieme con me, con Clemente e con gli altri miei collaboratori, i cui nomi sono nel libro della vita». Letteralmente σύζυγος significa "aggiogato insieme", da συξεύγνυμι, "accoppiare sotto un unico giogo". In greco questo termine può indicare tanto il coniuge, moglie o marito, quanto un compagno o collega di lavoro, di battaglia, di fede. Secondo Giovanni Crisostomo, e dopo di lui, altri commentatori contemporanei, Σύζυγος sarebbe un "nome proprio descrittivo", alla pari di Onesimo, Cresto, Cresimo, Onesiforo, Sinforo. Lutero invece sostiene che si tratti di un nome comune ed indichi il capo della Chiesa di Filippi; altri come Clemente Alessandrino, ripreso poi da Erasmo, che si tratti addirittura della sposa di Paolo (tuttavia, non si capirebbe il vocativo maschile dell'aggettivo e il riferimento a Paolo come celibe, 1Cor 7, 7-8).

altri, pieno di singolare grazia e di fede, discusse molte cose. Schwenckfeld non seppellì nella terra il talento ricevuto dal Signore, né mise la luce sotto il moggio, ma sopra il lucerniere perché potesse dare luce per coloro che sono nella casa, ovvero la conoscenza di Cristo secondo lo Spirito, ormai oscurata fin dal tempo degli apostoli. E ha fatto conoscere con perseveranza la gloria della carne ovvero l'umanità di Cristo, che siede alla destra del Padre; ancora oggi di lui si parla con malevolenza ovunque a causa della proclamazione della gloria della sua umanità, e si porta la croce di Cristo, odiato da tutti, soprattutto dai falsi evangelici.

[6] Ma dal momento che in questa battaglia i fatti stessi dicono la verità, cioè che Cristo è un *segno di contraddizione*[4], secondo la profezia di Simeone il Giusto, e poiché gli uomini più saggi di questo secolo che *camminano nella stoltezza della loro mente*[5], infamarono con maledizioni e con accuse questi due uomini testimoni della verità e servi di Cristo, a causa della verità proclamata, sputando loro contro e sottomettendoli con insulti *come la spazzatura del mondo, come il rifiuto di tutti*[6], essi invece, non essendo mai stati scoraggiati anche in così grandi flutti e tempeste, hanno sempre cercato, come dice il proverbio, di "rendere la sconfitta Sparta sempre più bella". Infatti Krautwald, dopo aver finito con i suoi doveri, non solo ha scritto lettere concernenti questa materia a molti di coloro che sembravano essere i leader della religione; ma inoltre ha lavorato strenuamente sui suoi scritti e ha osservato i molti misteri del Regno di Dio nei suoi libri che aveva riccamente forniti in ogni tipo di linguaggio, tanto da preferire più facilmente la carta come unica ricchezza di questo mondo. Se questi fogli fossero sopravvissuti

---

[4] Lc 2, 34: εἰς σημεῖον ἀντιλεγόμενον.

[5] Ef 4: 17: ἐν ματαιότητι νοὸς αὐτῶν.

[6] 1Cor 4, 13: ὡς περικαθάρματα τοῦ κόσμου καὶ παντῶν περιψήματα.

anche a quegli ingannevoli sofisti dei luterani, morto Krautwald, non sarebbe stato messo a tacere.

[7] Quale grande frutto, quale luce sarebbe venuta a tutti coloro che stanno nelle tenebre più profonde dalle meditazioni divine di questo uomo. Il lettore pio e prudente dovrebbe formarsi un'opinione di Krautwald da questi frammenti e residui scritti proprio come si può stimare le dimensioni di un leone dalla sua impronta. E che non vi è stato nessun altro dal tempo degli apostoli che abbia illuminato con la verità gli errori d'Egitto, cioè dalle cose scoperte dal mondo, e nessun altro capì così in profondità l'intento e la mente del Signore, soprattutto sulla Cena.

[8] Dalle fauci dei suoi avversari sono sopravvissuti tuttavia questi frammenti, e altre che in parte gli amici, quando era in vita, gli estorsero, e in parte gli uditori trascrissero mentre lui li leggeva con la sua voce. Pertanto ci sono succinte e chiarissime annotazioni su alcuni capitoli della Genesi, sui Profeti Minori, sui Salmi, sui Vangeli, sugli Atti degli Apostoli, sulle lettere di Paolo e Pietro e sull'Apocalisse. Da tutti questi scritti, come dalle lettere che scambiò con gli amici, di cui fu mittente o destinatario, l'obiettivo di queste cose, come un'ancora di salvezza, è che si possa vedere più chiaramente e apertamente soprattutto se, a Dio piacendo, venissero scritte insieme in un unico volume.

[9] Poiché infatti i nomi e i cognomi sono spesso ridotti dagli estranei alla loro etimologia, così anche è stabilito che i nomi dei servi del Signore sono per la maggior parte previsti e fissati dall'eternità. Sembra sia stato chiamato "Valentino"[7] perché con mezzi potenti avrebbe portato l'alimento più prezioso per le anime dopo l'apostasia e dopo la lunga carestia in questo mondo devastato, come

---

[7] L'etimologia è, evidentemente, legata al participio latino "valens".

prima si è detto. "Olysilvius"[8], il suo cognome, perché ha mostrato la via per il giardino del Paradiso, ricco di piante, erbe e fiori. In questo modo ha mostrato alle anime il nuovo ed eterno pascolo per Cristo verso il Regno del Padre e le ha condotte direttamente a Lui.

[10] "Gaspar" infatti si traduce tesoriere[9]. Come infatti Ciro, re dei Persiani, per mano di Mitradate, che fu come un tesoriere, portò fuori dal Tempio del Signore i vasi sacri che Nabucodonosor aveva portato da Gerusalemme, e li mise nel tempio del suo dio, così il vero Ciro, Cristo Signore del cielo e Re dei re, prima del suo avvento glorioso in questo ultimo tempo, porterà fuori, grazie al Tesoriere Schwenckfeld i vasi e i simboli che quel Senza-legge che siede nel Tempio di Dio ha da tempo portato via, perché possano aiutare i figli di Dio a riedificare il Tempio spirituale, così che i veri Israeliti, ovvero i discepoli di Cristo crocifisso e glorificato, tornino

---

[8] Se si tratta di un calco classicheggiante del cognome Krautwald ("Kraut" "wald", lett. "foresta d'erba"), possiamo notare poca corrispondenza tra una prima parte greca ("Oly...": ὅλον -ου, τό, "tutto") e una seconda parte più chiaramente latina ("...silvus": silva -ae, "foresta"). Una seconda ipotesi, meno plausibile, è che Olysilvus possa rimandare a Ὄλυμπος/Olympos, per metonimia indicante il Paradiso cristiano.

[9] Il riferimento è all'episodio narrato in Esd 1, 7-11: "Rex quoque Cyrus protulit vasa templi Domini quae tulerat Nabuchodonosor de Hierusalem et posuerat ea in templo dei sui. Protulit autem ea Cyrus rex Persarum per manum Mitridatis filii *Gazabar* et adnumeravit ea Sasabassar principi Iudae et hic est numerus eorum fialae aureae triginta fialae argenteae, mille cultri, viginti novem scyphi aurei, triginta scyphi argentei, secundi quadringenti decem vasa alia mille omnia vasa aurea et argentea quinque milia quadringenta universa tulit Sasabassar cum his qui ascendebant de transmigratione Babylonis in Hierusalem". Mitridate, tesoriere del re Ciro, è detto 'figlio di Gazabar' (in persiano *khazandar/ganibar/kansbar*), ovvero 'figlio del tesoriere'.

a Gerusalemme, che è nei cieli ed è la madre di tutti i credenti, dalla satanica prigionia.

[11] Poi "Strephopedinus" o "Verticampianus" [10] sembra dire "cambiare terra", poiché se ne andò dal suo paese natale per la verità di Cristo, ovvero lasciò il mondo e tutte le altre cose, e poiché non insegnava altro nei suoi libri se non ciò che il Signore stesso e i suoi apostoli avevano insegnato, ovvero che l'uomo si converta, si ravveda e cambi suolo, lasci l'Egitto e, presa la croce, segua Cristo e cerchi le cose di lassù e conosca le cose spirituali. Questo è ciò che dirà ogni uomo pio al quale Dio ha toccato il cuore affinché legga e consideri gli scritti di quegli uomini.

[12] Infatti, coloro che hanno accolto queste cose con scherno e le hanno derise, sapranno a loro discapito e a perputo danno ciò che il Signore Gesù Cristo ha stabilito nella sua gloria attraverso così piccoli e insignificanti uomini, quelli più rifiutati dal mondo e quelli più odiati, *quando restituirà a ciascuno secondo le sue azioni[11]*.

[13] Valentin Krautwald, illustre professore tanto nella fede quanto nel mistero della pietà, si spense felicemente nel Signore nell'anno cristiano 1545, il cinque settembre; poco tempo prima, il diciotto

---

[10] *Strephopedinus* sarebbe la traslitterazione del nome greco composto da στρέφω: cambiare, e πεδινός (agg.): piano, pianeggiante (*est.*: "pianura"), nonché il calco latino di *Verticampianus*, composto dal verbo "vertere": cambiare, e "campus": campo. Entrambi si riferiscono alla traduzione del cognome di Schwenkfeld ("Schwenken" e "Feld"). Tanto il verbo greco στρέφω quanto il suo corrispondente latino "vertere" sono alla base del concetto teologico di "conversione" ("cumvertere", ἐπιστρέφειν), traduzione dell'ebraico *shuv* (voltarsi, in senso fisico e morale).

[11] 2 Cor 5, 10.

luglio, aveva scritto queste parole ad un suo amico, con presentimento presago:

[14] "Il vecchio Papato si alzerà in piedi, poiché il pontefice romano, insieme a tutta la sua corte, arrossirà non sapendo né volendo mettersi in discussione sulla sua sorte. La Chiesa di Cristo ccontinuerà nella privazione, mentre l'Anticristo ingrandirà il suo regno e durerà nel tempo. Persino i predicatori più forti, tenaci e sicuri non capiscono ancora nulla, ma agiscono insieme ai cittadini con braccia e proclami. Gli ignoranti, o per usare le parole dell'apostolo Giuda, *quelli che banchettano con voi senza timore, pastori che nutrono solo se stessi*[12], gioiscono ed esultano. Ma una tempesta tremenda li getterà in confusione quando avverranno tuoni, fulmini e terremoti. I grandi sapienti e i dotti proveranno grande difficoltà in questi tumulti. Nemmeno coloro che confesseranno il nome di Cristo Signore saranno immuni da questi mali"[13].

[15] Queste profezie di Krautwald presto cominciarono ad avverarsi per l'anno seguente, quando per le trame dei pontefici la Germania è stata attaccata. E una grande tempesta si abbatterà. Che il Signore abbia misericordia di noi. Amen

---

[12] Gd 1, 12: συνευωχούμενοι ἀφόβως ἑαυτοὺς ποιμαίνοντες.

[13] È diffile definire a cosa possa riferirsi la "profezia" di Krautwald, secondo la testimonianza di Adam Reissner: se l'attribuzione di queste parole al teologo di Nysa è stata fatta 'a posteriori', si tratterebbe di un evento accaduto in prossimità della stesura della biografia da parte di Reissner, quindi tra 1546-1554: il "vecchio pontefice" Paolo III (allora prossimo agli ottant'anni) avrebbe convocato il Concilio a Trento; dopo la morte di Lutero (18 febbraio 1546), la Germania dovette soffrire dello scoppio della guerra tra la Lega di Smalcalda (protestante) e le truppe imperiali (cattoliche), che si sarebbe potratta fino alla *pace di Augusta* (1555).

Testo 2

Valentin Krautwald
De caena dominica [...]. Matthiae Funccio Parocho.

DE CAENA DOMINICA ET VERBIS CAENAE EPISTOLAE DUAE.
D. VALENTINI CRATOALDI

IOHAN. LANGUS CASPARI SCHVENCFELDIO
Serius quidem, fateor, clarissime Caspar,
At melius forsan, offero scripta tibi:
Quae precor accipias placidus, vultuque sereno,
Sat cito scripta putans, quae bene scripta vides.

MATTHIAE FUNCCIO PAROCHO
HANNOVIENSI, VALENT. CRATOALDUS
Gratiam et pacem, per Christum

Tametsi tibi ausim affirmare, quaecunque communibus literis Adamo, seni nostro, atque tibi iniunxeram, ex animo sincero, citra omne iaculum ac scomma profluxisse: tamen cum tu contraria fueris de iis ipsis suspicatus, liberum tibi sit, utut voles, interpretari, modo deinceps fortem agas antagonisten: neque aliter in Cratoaldum animeris, quam si crebro occinat tibi pugilicum illud: non est quam ob rem segnius agas, aut mitius.

Porrò, si putas tibi factam iniuriam, quod te ad grammaticen ablegarim: Adamum autem ut Theologum, quaestiunculis suis exercere studuerim, ecce renovo de verbo Dei luctam, atque abs te rationem verbi Dei, id est, Christi, et verbi Christi, id est Dei, exquiro. Scio enim in hac parte plurimum et errare, et decipi multos, ita fere omnem disceptationis, ac rei quam agimus summam, versari.

Iamque hic tuam et deposco, et expecto sententiam. Interea de grammaticis conferamus.

Quae Adamo scripsi, commemini, atque scripta scio, quod vero censeas: si quis particulam, HOC, ita resolverit, ut ita dicat, hoc, id est haec res, eam resolutionem pro te facere (taceo enim caetera) immo devoro, quibus et pugnantia, et minime mihi cogitata, depraedicas: vide quaeso ne fallaris. Nam, non arbitror te latere, in quem ordinem terminorum grammatici Rem | [a^{ii}] collocarint: et quid finiat, aut non finiat rei vox, si dicatur: triste lupus stabulis, id est, tristis res. Non utique, qui ita resolvit, dixit lupum tristem: locum, aut aliud quiddam esse, sed simpliciter rem quampiam tristem, sed nondum discrevit, neque tribuit ordinem rerum.

Ad eum modum, quando grammaticus quispiam preceptor dicat: varium, id est, varia res, et mutabile, id est mutabilis res, est foemina: videtur ne tibi distinctum quid, certumque dixisse? Aut quae res sit, ostendisse? Ita ut varietatem illi vel alteri rei, quemadmodum et mutabilitatem, sive praecedat in contextu, sive sequatur, iuste queas appingere? Non puto certe ego: manet foemina varia res, ac mutabilis. Sed cui rerum ordini deputabis hanc variam rem? Iam tu igitur et communem sensum, et loquendi usum consule: atque si ego parum cogitans fuerim, fac quaeso ex meo errore sis paulo cogitantior, idque ut facias, assumito simul tuam orationem. Hoc donum tibi ex me habeto, dum scyphum in manu gestaveris, nam quod sequitur, me hinc avocat.

Quoties, ais, pronomen hoc verbo cohaeret vi demonstrationis, vel priora respicit, vel posteriora, aliquidque desiderat necessario in mente reservandum, quo explicato, sensus erit absolutus et perspicuus. Ad hunc ergo modum hanc orationem ponemus integre, atque explicabimus: hoc quod me facientem videtis, facite, et coetera. Agnoscis, ni fallor, tua? Sed, dic quaeso, cur tam praegnans sit hoc quod appositum est faciendi verbo? Et sterile sit quod praecessit, additum essendi verbo? An non est eadem particula? An non eandem originem atque vim habet? An [a^{iib}] non eadem ubique fieri resolutio unius? Aut num prius resolvatur per hanc rem, posterius vero, per hoc quod me facere vidistis? Utrumque hoc, utrinque verbo cohaeret: demonstratiuum est utrinque, sic enim puto, utrinque igitur aliquid, tua quoque sententia, necessario in mente reservandum fuerit, quo explicato, sensus erit absolutus.

Tentabo de priore hoc: corpus meum quod pro vobis traditur[14] est hoc, quod est panis qui frangitur et editur, acceptus, saturatque corpus: Ecce, utrinque est respondet. Quod si dicas: mutari, hoc, de loco suo non debere, consentiam, si commodiorem, et veritati magis aptam dederis structuram, immo nihil mea retulerit iam, quo loco voles collocatum, modo mihi tua observatio integra sit.

Venio ad hoc Lucae et Pauli: *hoc facite*[15], utique dices: facite hoc, id est, frangite, accipite et comedite. Nam, hoc est facere, quod Christus fecerat. Cernis opinor, quid rei sit, chare Matthia, et quam potens sit veritas, quanque sibi constet. Sed permitte, ut et mea resolutio examinetur: hoc, id est, haec res. Christus accipit panem, frangit, datque benedictum discipulis dicens: *accipite, et comedite, hoc, id est, haec res, est corpus meum, quod pro vobis datur*[16]. Nunc circumspice, an etiam haec expositio, nempè, haec res, permittat animum tuum suspicari, quod corpus Christi sit haec res quae accepta sit, et comesta: idque manifestus docebit structura, quantumvis passim comptemptui habeatur. In hunc enim modum vel pueri coniungent: corpus meum, et coetera est hoc, id est, haec res: quae res?

---

[14] 1 Cor 11, 24.
[15] Lc 22, 19; 1 Cor 11, 24.
[16] Lc 22, 19.

Num pa | [a^{iii}]nis? Valent ne quaeso (vide) haec res: iste, vel hic panis? Si enim tibi istud videbitur, id est, quod haec res, tantundem valeat, atque, hic panis. Iam et in posteriore, hoc, idem pollebit, hoc facite, hanc rem, hunc panem facite. Sive igitur mea stet resolutio, non erit corpus Christi in pane: sive tua observatio firma sit, idem clamabunt Christi verba, nempé, quod corpus Christi sit haec res, quae est panis fractus et comestus: non autem sit ipse panis substantialiter, et quod hoc, id est istam rem et coetera, faciant discipuli in Magistri et benefactoris memoriam. Atque secundum te, non minus necessario quid piam observandum est in priore hoc, quam in posteriore, quo sensus reddatur apertior.

Sed suspicio est te ad apologiam provocaturum: at prius hoc, propinquius est, inquies, pani fracto et comesto, quam posterius. Si hoc dixeris, rogo te, ut prius dispicias, quid opponas hoc loco mihi: mox enim multa comperta habuero, adeoque in promptu, quibus te urgebo: Frangit panem, et dicit Iesus: *accipite, comedite: hoc este corpus et coetera*[17], uno habitu et contextu.

Primum, ut preludam, responde: an decuit discipulos parêre iubenti Christo, ut accipiant et comedant? Si annueris, vici: est enim non minus hoc imperium, quam cum dixit Christus: surge et ambula. Si vero renueris, convincit te Marcus: *Et biberunt ex eo omnes*[18], inquiens in verbis de sanguine Christi. Iam, si semel paritum est, dic cur non decuerit et ante paruisse discipulos?

---

[17] Lc 22, 19; 1 Cor 11, 21.
[18] Mc 14, 23.

Porro, ad hanc quoque libram examina Christi verba: *Hoc fac, et vives*[19]; atque vide quid demostret, hoc, | [a^{iiib}] an aliquid oculis subiectum, an potius quiddam ex iis quae a Scriba dicta sunt, in animo relictum, id est intellectuale et spirituale.

Perge deinde ad coetera: *hoc est opus Dei ut credatis*[20]. Ibi te quaeso, acutius expende particulam, τôυτο, cum ἰνα, ut credatis in eum quem misit ille: Hoc est opus Dei, sed, quodnam est illud opus' Ut credatis in eum, qui missus est? Si diceretur: quod creditis, est opus Dei, aequius coetera responderent. Sed dixit Christus: hoc opus est Dei, non potest, hoc, absolui a vi demonstrationis, et opus Dei, est opus. Praeterea, si exponas: hoc opus Dei est: dices fortassis: hoc operatur deus, seu operatus est est, ut credatis: atque hic iam videbis, Dei quoddam opus esse hoc, ut credatur in mittentem. Non autem hunc versiculum evincere, quod Fides sit opus Dei, sed quod Deus opus quoddam, sive hoc, fecerit, ut credatur. Iam dic quodnam sit illud opus: an quod credant? Sed scriptum est: ut credant, Fidei inquam ipsorum causa, ut credant, non quod credunt. Arguit enim Christus eos non semel infidelitatis eo loco auditores: Factum est aliquod opu**d** Dei, quod demonstrat particula, hoc, atque animis Iudaaeorum ob oculos ponit.

Acutius igitur introspice hunc versiculum, postea *τôυτο δέ ἐστί τo θέλημα et coetera*[21], non item transi tam oculis coniventibus, sed redde etiam causam, propter quam absolvas particulam τôυτο, a demonstratione ad priora, et tribuas ei vi, demostrandi in postrema, nempè, *ἰνα πάς ὁ θεωρών*[22], et coetera: Annon idem mihi licebit in verbo cenae? Hoc est corpus meum, ut hoc, ad corpus, totum | [aⁱⁱⁱⁱ]

---

[19] Lc 10, 28.
[20] Gv 6, 29.
[21] Gv 6, 39-40.
[22] Gv 12, 45.

quod demonstrativa vis habet, apportet, non autem panem realiter monstret. Non enim sine iusta causa hoc genus sententias adscripseram, sed ut cum hoc in caena conferres: simulque intuereris, idem ne ius obtineret, hoc caenae, quod obtinent, hoc, in eiusmodi exemplis, praefertim, quando in verbis Christi de suo sanguine dicat Matthaeus: τόυτο γάϱ ἐστί το ἁιμά μου²³, non utique frustra addito γάϱ et coetera. *Tu es Petrus, et super hanc petram et coetera²⁴*: cur non hoc quoque loco altius rimatus es, vel totum versiculum, vel saltem hanc particulam: hanc petram? Quid demonstraret, hanc: et an aliquid oculis Petro subiiceret? An potius animum ipsius convelleret, admoneretque: immo, an spiritualis, aut externa demonstratio sit in, hanc.

Versamur in litera spirituali, et eorum quae legimus autor est spiritus: at nos nihil, neque magistri spiritus neque suae grammatices commeminisse solemus: nihil inquam proprie et apposite perspicimus, omnia autem limis oculis, ac manu (quod aiunt) dimidiata contrectamus.

Iam tandem etiam miror, quod tu putes nihil interesse inter has orationes: τόυτο το ποτήϱιον, et το ποτήϱιον τόυτο²⁵. Mirabor autem potius quam te obiurgem, quod haec partim nobis contempta sint, partim raro passim occurrant. Sed illud quod in verbis Christi, et Dei, adeoque in sacris literis putas aliquid transferre commode posse, simulque translatum idem significare, iniquiore animo me ferre, tibi palam testor: neque dubito quin tu idem sis paulo post, tuas istas nugas damnaturus: | [aⁱⁱⁱⁱᵇ] Secundum enim tuam opinionem, fortuitum quiddam fuerit in verbis Christi, supervacuum, absque ordine et pondere, moxque exemptile, et

²³ Mt 26, 28.
²⁴ Mt 16, 18.
²⁵ Lc 22, 20; 1 Cor 11, 23.

quoties opus sit, transferibile. Philosophi sua nomina, et verba, specillorum instar, eximant: nobis in verbis Christi nihil sit, nisi quod augustum, et maiestatis plenum fuerit, utpote in quibus neque iota, neque apiculus quispiam otiosus est. Observavit quidem Erasmus articulum τo vim quamdam habere, sed ad eam non penetravit.

Age dum vero chare Matthia, tu observa: si quispiam Ephesiorum sexto[26] panopliam Paulinam explicasset, atque postea astantibus aliquot auditoribus, in armorum depositorium divertens, diceret: hoc est panoplia Pauli, qua producit in aciem Christianum militem: quid demonstraret particula, hoc? Aut si quando ex eodem Paulo, eademque epistola capite quinto[27], matrimonii omne mysterium proponetur, ac quispiam cernens coniuges sese mutuo deamantes, in vocem prorumperet: hoc est Christus, et Ecclesia, quam vim demonstrando obtineat, hoc? Insuper, si post depictam imaginem, coram discipulis suis diceret Lucas Vitenbergensis: Hoc est Darius Persa, quem domuit Macedo Alexander: attende, quid demonstret, hoc?

Pertracta sane diligenter tecum haec quaeso, tu enim non pauca in spiritualibus literis cernes accomodate et intime magis: velut illud Genesis nono capite[28], de arcu coelesti, et de circuncisione decimoseptimo: *hoc est pactum meum, et caetera*[29]. Non sunt ista tam oscitanter transeunda, quam vel nos censemus, vel hucusque factum est, neque quia haec a plerisque contemnantur: atque rursus | quispiam sit, qui Dei benefitio ista rimanda suscipiat, illico in rebus aliquid novabit, aut Sophista sit, si Dialecticam adhibet.

---

[26] Ef 6, 11-17.
[27] Ef 5, 32.
[28] Gn 9, 13-16.
[29] Gn 17, 10-13.

Quaereris enim hoc ipsum fieri a plerisque: quasi mihi obscurum sit, quos digito indices exerto. Istud autem est puerum elementarium semper esse: nihil pensi habere, sacra profanis miscêre, nempe sequi hoc, quod tu praescribis. Est tamen altius, et ad Christum usque perveniendum: neque continuo qui a vulgo dissentit, male sentit, quod ipse nosti: neque qui in sacris sobrie argutatur, ad fideique regulam, illico Sophista est: altius quiddam habent istae literae, quam caecitas nostra assequi potest.

Est, fateor, regnum Dei non in sermone, sed *in virtute, et efficatia Spiritus*[30], Sed ut sermonem non excludi a regno video debere, ita virtutem et efficatiam Spiritus, nobis (quantumvis eam iactemus) deesse doleo: prome prius virtutem et efficatiam Spiritus, immo Spiritus exere Christi atque tum vetato, ne scilicet de sacris disquiratur, neve sermo spiritui praeponatur. Non videmus revera nos hucusque quanta nobis desint, quanque in otio nostro hallucinemur, interim mire nobis placentes, et alios, si paulo supra nostrum commentarium cupiant, sannis excipientes: Literarii magistri sumus, et commentarii nos, spiritus discipuli pauci sunt: discipulus spiritus fuit Petrus ipse. Non est igitur, quam ob rem credas adeo stupidum fuisse homuntionem, ut si quis rationem fidei suae poposcisset, non fuerit examussim redditurus: Aut si quis verbi Dei, id est, Christi tractationem exegisset, non potuerit locupletissime de omnibus disserere, qui etiam in catechismo dixerat: *Tu es Christus filius Dei* | [b^b] *vivi*[31], Et Ioha. 6 *et nos cognovimus, et credidimus, et caetera*[32]. De fide simul, quam frigide disputes, si nondum novisti, ex literis Adami rudimentum cognosces eorum.

---

[30] 1 Cor 4, 20.
[31] Mt 16, 16.
[32] Gv 6, 69-70.

An vero philosophiam respiciat, an veritatem: quod cum Christus ad dexteram Patris, praesens sit corporaliter, et substantialiter: Si autem eodem tempore, eodemque modo in pane, sciunt pueri, qui symbolum, quod Apostolorum appellant, tenatius meminerunt. Non est igitur philosophia, et phitanologia, sed veritas, immo tuum dogma philosophicum est, et multos in praedam abduxit, id quod si nondum vides, det tibi dominus ut videas cito, amen.

Si praeterea voles multiplicem Christi adventum praescribere, ex scripturis hoc ipsum facito, et nemo te irridebit: si praeter scripturas faceris, an non iustius cachinnis excipiêre? Iudicato. Quod ad permissionem quam requiris attinet, ego sic sentio: nemini quicquam donandum, quod gloriam Christi obfuscet, et veritatem obruet, alioquin ad pleraque connivendum: hic nullo ius permittendum, ut aut erret sciens, aut basphemet ignorans: Ad extremum, conatus meos omnes in manu sua habet, qui cumulate praestare potest omnia, supra id quod petimus, aut cogitamus, Iesus Christus, qui est Deus in saecula, amen.

Invidiosa et provintia, simulque periculosa, si quis humanas vires metiatur: at quisquis illum respexerit, qui omnia potest, certus est veritatem tandem triumphaturam. Nam mea parum refert, an damner, an vin | [b^{ii}]cat per me Christus, modo omnia abeant in gloriam Christi: etenim ea efficit, ut nihil timeam dogmati meo etiam a Martino Lutero damnato, sed sine scripturis, sine doctrinae sanioris deprompta: ut etiam suum dogma sine scripturis, magnus ille vir, antea adseruerat.

Nam scripturas, rationes, veritatem, non autoritatem humanam respectandam nostri. Producant igitur contra quas scripturas peccemus, quibus abutamur, aut vim inferamus, qua parte vel unum iôta torqueamus in nostram cohortem invitum, ubi gloriae Christi derogamus? Ubi verbo Dei detrahimus? Ubi denique linguarum usibus refragamur? Autoritatem enim, et αυτός έφα, nihil moramur, qui videamus a nobis stare Christum, cum suo spiritu. Fidei analogiam, historias, decreta, sententias patrum, si quis recte acceperit, denique et veritatem, et eum ipsum, Christum inquam, cuius tota haec causa et pugna est, *ad nostram confusionem, et suam aeternam gloriam*[33], quo ut quidquid ego facturus sim, quidquid etiam reliqui, sive hostes sint, sive consentientes christianae pietati unquam admissuri, evadat, praestet ipse, quem decet omnis gloria, et triumphus omnis, amen. Iam vale: atque quod a me repetis, tu quoque rescribe: certus sis, universa tibi, sine periculo, aut iurgio, abitura apud me: vicissim autem, omnia mea boni consulito: atque iterum vale.

Rogo te, chare Matthia, ut cum Adamo tuo meas schedas congregges: nam extemporaria sunt quae vobis scribo, neque ullum apud me relinquo, aut servo, antigraphon.

---

[33] Dn 9, 7-8.

Traduzione

DE CAENA DOMINICA ET VERBIS CAENAE EPISTOLAE DUAE.
D. VALENTINI CRATOALDI

Tardi, lo ammetto, illustrissimo Gaspare,
ti offro questi scritti; forse, però, composti con più cura:
accettali, ti prego, di buon animo e con volto sereno
e ciò che vedi scritto bene, consideralo anche scritto a tempo

A MATTHIAS FUNCK PARROCO
DI HAYNAU, VALENTIN KRAUTWALD
augura grazia e pace, per Cristo

Indirizzo di saluto (§ 1-2)

[1] Sebbene io ardisca affermare che tutte le obiezioni che avevo inflitto in una lettera comune a te e al nostro vecchio Adamo erano procedute da un animo sincero, senza alcuna intenzione maligna o sarcastica, poiché tuttavia tu hai sospettato il contrario, sii libero di interpretarle come vorrai, purché tu ti dimostri in seguito un avversario valoroso e non ti disponga nei confronti di Cratoaldo diversamente che se tu sentissi suonare con insistenza il richiamo alla lotta: non vi è ragione che tu agisca con troppa riluttanza o mitezza.

[2] D'altra parte, se ritieni che io ti abbia fatto un'ingiuria, perché ti ho rinviato alla grammatica, mentre mi sono sforzato di tenere occupato Adamo, in quanto teologo, nelle sue questioncelle, ecco, rinnovo la lotta riguardo alla parola di Dio e ti chiedo conto della parola di Dio, cioè di Cristo, e della parola di Cristo, cioè di Dio. So, infatti, che su questo punto molti sbagliano e sono tratti in inganno. Così in questo consiste la quasi totalità della discussione e

del problema di cui trattiamo. Perciò ti domando ora e attendo il tuo parere. Nel frattempo, discutiamo di questioni grammaticali.

La funzione dimostrativa di *hoc*. Due esempi (§ 3-7)

[3] Ricordo quello che ho scritto ad Adamo e conosco gli scritti. Anzi, ammetto il fatto che – se qualcuno sciogliesse la particella "hoc" così da dire «hoc, cioè questa cosa» – tu possa ritenere che una tale soluzione sia a tuo vantaggio (tralascio, infatti, le altre considerazioni). Però, sulle cose che vai dicendo in giro essere contraddittorie e mal pensate da me, bada, ti prego, di non essere tu a sbagliarti. Ritengo, infatti, che non ignori in quale ordine di termini i grammatici abbiano collocato il termine "res" e che cosa il termine "res" definisca o non definisca nel caso in cui si dica: «triste lupus stabulis», cioè "è una cosa triste". Chi scioglie la frase in questo modo, non ha affatto detto che il lupo è triste, un luogo è triste o alcunché di altro sia triste, bensì semplicemente che una qualche cosa è triste, senza determinazione e senza aver indicato un ordine di cose.

[4] Allo stesso modo, se un maestro di grammatica dicesse: «varium (cioè cosa variabile) et mutabile (cioè cosa mutevole) est foemina», ti sembra che abbia detto qualcosa di determinato e di preciso? O che abbia mostrato quale cosa sia, in modo tale che tu possa giustamente attribuire la variabilità come anche la mutevolezza a quella o a un'altra cosa, sia che nel contesto della frase preceda o segua? Io non lo penso affatto: la donna resta una cosa variabile e mutevole. Ma a quale ordine di cose attribuirai questa cosa variabile?

[5] Esamina tu, ora, il senso comune e l'uso linguistico e, se io sono stato poco riflessivo, ti prego di fare in modo, in virtù del mio errore, di esserlo un poco di più tu; e perché tu lo faccia, prendi in considerazione anche il tuo discorso. Abbi da parte mia questo

dono, mentre terrai tra le mani il calice, perché ora il séguito mi chiama a procedere oltre.

[6] Ogni volta – tu dici – che il pronome "hoc" è unito a una parola con funzione dimostrativa, riguarda o ciò che precede o ciò che segue e richiede di necessità che si tenga a mente qualcosa che, una volta esplicitata, rende il senso evidente e chiaro. In questo modo, dunque, formuleremo per esteso questo discorso e lo spiegheremo così: «ciò che vedete che io sto facendo, fatelo anche voi, ecc.». Riconosci, se non mi sbaglio, i tuoi argomenti? Dimmi, però, per favore, perché sia così carico il "quod" che accompagna il verbo "fare", mentre è tanto povero quello che precede ed è unito al verbo "essere". Non si tratta, forse, della medesima particella? Non ha la medesima origine e la medesima funzione? E non è dappertutto il medesimo il modo di sciogliere una medesima cosa? Forse che prima si deve sciogliere in "questa cosa" e dopo, invece, in "questo che mi vedete fare"? Entrambi gli "hoc" sono uniti da entrambe le parti a un verbo; dunque, da entrambe le parti sono dei dimostrativi, penso, quindi da entrambe le parti, secondo il tuo stesso parere, richiederanno di necessità che si tenga a mente qualche cosa che, una volta esplicitata, renderà il senso evidente.

[7] Farò una prova con il primo "hoc": «il mio corpo che per voi è consegnato è questa cosa, che è il pane che si spezza, si mangia e, ricevuto, sazia il corpo. Ecco, da entrambe le parti l' "è" si corrisponde. Se poi dici che non si deve spostare l' "hoc" dal suo posto, sarò d'accordo, purché tu dia una costruzione più adeguata e conforme alla verità; anzi, non mi interessa proprio in che posizione lo vorrai collocare, a patto che tu agisca in modo scrupoloso.

L'uso di *hoc* nel Vangelo di Luca e nell'epistola paolina (§ 8-11)

[8] Vengo all' "hoc" di Luca e Paolo: «fate questo»; senza dubbio dirai: «fate questo, cioè spezzate, ricevete e mangiate». Giacché in questo consiste il fare ciò che aveva fatto Cristo. Credo che tu ti renda conto di come stanno le cose, caro Mattia, e quanto la verità sia potente e coerente con sé stessa. Permetti, però, che anche la mia interpretazione sia esaminata: "questo", cioè "questa cosa". Cristo prende il pane, lo spezza e lo dà ai discepoli, dopo che lo ha benedetto, dicendo: «prendete e mangiate, questo – cioè questa cosa – è il mio corpo, che per voi è consegnato». Ora, considera se anche questa spiegazione – ossia "questa cosa" – permetta al tuo animo di supporre che sia corpo di Cristo questa cosa che è stata ricevuta e mangiata; e questo manifestamente lo insegnerà la costruzione, anche se dappertutto è tenuta in dispregio. Anche i bambini, infatti, metteranno insieme i termini in questo modo: il mio corpo ecc. è questo, cioè questa cosa; quale cosa? Forse il pane? L'espressione "questa cosa" significa forse (vedi un po' tu): "codesto" oppure "questo pane"? Se, infatti, ti sembrerà così, cioè che l'espressione "questa cosa" equivalga a "questo pane", allora lo stesso varrà anche nel caso dell'"hoc" successivo: fate questo, questa cosa, cioè: fate questo pane. Se, dunque, la mia maniera di risolvere sta in piedi, il corpo di Cristo non sarà nel pane; se la tua osservazione sta salda, le parole di Cristo diranno la stessa cosa, e precisamente che è corpo di Cristo questa cosa che è il pane spezzato e mangiato – ma non lo è il pane stesso sostanzialmente – e che questo, cioè questa cosa e quel che segue, fanno i discepoli in memoria del loro maestro e benefattore. Secondo te, inoltre, si deve necessariamente considerare nel primo quanto nel secondo "hoc" qualcosa che renda più evidente il senso della frase.

[9] Ho però il sospetto che tu te ne esca con questa giustificazione: «il primo "hoc" – dirai – è più vicino al pane spezzato e mangiato rispetto al secondo». Se è questo quello che dirai, ti prego di considerare prima per bene che cosa tu mi possa obiettare riguardo a questo passo, giacché in seguito avrò molti argomenti accertati e a portata di mano con i quali ti incalzerò: Gesù spezza il pane e dice «prendete, mangiate: questo è il mio corpo» ecc. con un unico atteggiamento e in un medesimo contesto.

[10] Per incominciare, rispondi anzitutto a questo: è stato giusto che i discepoli obbedissero a Cristo, che ordinava loro di prendere e mangiare? Se sei d'accordo, ho vinto: questo, infatti, è un comando non meno di quando Cristo disse «àlzati e cammina». Se, invece, non sei d'accordo, ti convince Marco: «e ne bevvero tutti», parlando delle parole riguardanti il sangue di Cristo. Ormai, se si è obbedito una volta, dimmi perché i discepoli non avrebbero dovuto obbedire anche prima?

[11] Metti inoltre su questa bilancia anche le parole di Cristo: «Fai questo e vivrai»; e considera che cosa indichi il termine "hoc", se qualcosa che sta sotto gli occhi o piuttosto una delle cose che sono state dette dallo scriba e che è rimasta impressa nel suo animo, cioè un contenuto intellettuale e spirituale.

Valore finale o dimostrativo? (§ 12-13)

[12] Volgiti, poi, anche a queste altre parole: «Questo [hoc] è opera di Dio, affinché crediate». In quel passo, ti prego, esamina con particolare precisione la particella τοῦτο con l'ἵνα: «affinché crediate in colui che egli ha mandato». «Questo è opera di Dio»: ma qual è quest'opera compiuta «affinché crediate in colui che è stato mandato»? Se si dicesse: «il fatto che voi credete è opera di Dio» gli altri elementi si corrisponderebbero meglio. Cristo, però, ha detto:

«questo è opera di Dio»; non si può eliminare dalla particella "questo [hoc]" la funzione dimostrativa e l'opera di Dio è, appunto, un'opera. Inoltre, se tu dovessi spiegare la frase "questo è opera di Dio", dirai forse: «Dio opera, o ha operato, questo: che voi crediate». Ma vedrai qui che l' "hoc" indica una qualche opera di Dio, affinché si creda in lui, che invia il Cristo. Questo versetto non dimostra che la fede è opera di Dio, bensì che Dio ha compiuto una certa opera – cioè "questo [hoc]" – affinché sia creduto. Dimmi ora qual è quest'opera: il fatto che essi credano? Ma è scritto: «affinché credano»! È la causa della loro fede: «affinché credano» e non «il fatto che essi credono»! Infatti, non una volta soltanto Cristo rimprovera di incredulità quelli che in quel luogo lo stavano ascoltando; si è compiuta una qualche opera di Dio – indicata dalla particella "hoc" – ed egli la propone alle menti dei giudei, sotto i loro occhi.

[13] Considera, dunque, con maggiore attenzione questo versetto e poi non passare oltre l'espressione τοῦτο δέ ἐστι τὸ θέλημα ecc. allo stesso modo di tanti che tengono gli occhi chiusi, ma spiegami anche la ragione per la quale elimini dalla particella τοῦτο il riferimento a ciò che precede e le attribuisci la funzione di indicare ciò che viene dopo, e precisamente ἵνα πᾶς ὁ θεωρῶν ecc. Non mi sarà permesso di fare la stessa cosa anche a proposito della parola usata nella cena, «Questo è il mio corpo», così che il termine "questo" riferisca al corpo tutto ciò che la sua funzione dimostrativa comprende, ma non indichi il pane nella sua concretezza? Giacché non è senza un buon motivo che avevo aggiunto questo genere di frasi, ma perché tu le mettessi a confronto con il termine "questo" usato nella cena e allo stesso tempo vedessi se il termine "questo" usato nella cena ricevesse la medesima prerogativa che ha il termine "questo" usato in tali esempi, soprattutto quando nelle parole di Cristo a proposito del proprio sangue Matteo dice: τοῦτο γάρ ἐστι

τὸ αἷμά μου – e non per caso è stato aggiunto il γάρ – ecc. «Tu sei Pietro e su questa pietra» ecc. Perché non hai osservato più a fondo anche in questo passo o tutto il versetto o, almeno, l'espressione "questa pietra", per vedere che cosa indicasse la particella "questa" e se alludesse a qualcosa che stava sotto gli occhi di Pietro o, piuttosto, volesse smuovere la sua anima e ammonirla e, anzi, vi fosse nel termine "questa" il riferimento a una realtà spirituale o esterna?

La lettura spirituale (§ 14)

[14] Ci occupiamo di un testo spirituale e autore delle cose che leggiamo è lo Spirito; ma noi non abbiamo l'abitudine di tenere a mente nulla né del maestro che è lo Spirito, né della sua grammatica, nulla – dico – osserviamo in modo appropriato e accurato, ma tutto guardiamo con occhio distratto e lo maneggiamo, come si dice, alla buona.

Il valore posizionale (§ 15-17)

[15] E infine mi meraviglio anche che tu possa pensare che non vi sia alcuna differenza tra questi due modi di esprimersi: τοῦτο τὸ ποτήριον e τὸ ποτήριον τοῦτο. E mi meraviglierò, piuttosto che rimproveratelo, del fatto che queste cose in parte non siano prese sul serio da noi e in parte solo di tanto in tanto ci si presentino alla mente. Il fatto, però, che tu pensi di poter agevolmente cambiare di posto qualche cosa nelle parole di Cristo e di Dio, e perciò nella Sacra Scrittura, e che una volta spostata essa abbia il medesimo significato, questo ti confesso apertamente che lo sopporto con più difficoltà e non dubito che anche tu tra non molto condannerai queste tue sciocchezze. Secondo la tua opinione, infatti, vi sarebbe stato nelle parole di Cristo qualcosa di casuale, superfluo, privo di ordine e di peso, che si può eliminare e, ogni volta che torni utile,

cambiare di posto. I filosofi ripuliscano le proprie parole come con degli specilli, ma per noi non vi sia nelle parole di Cristo alcunché che non sia nobile e pieno di maestà, dal momento che in esse neppure uno iota o un piccolo apice è gratuito. Erasmo, in verità, aveva notato che l'articolo τό aveva una certa funzione, ma non è giunto a intenderla bene.

[16] Coraggio, perciò, caro Mattia, considera tu stesso: se qualcuno avesse spiegato l'armatura di Paolo nel capitolo 6 della lettera agli Efesini e poi, sotto gli occhi di alcuni uditori, andando al deposito delle armi, dicesse: «Questo [hoc] è l'armatura di Paolo, con la quale egli fa schierare in campo il soldato cristiano»; che cosa indicherebbe la particella "questo [hoc]"? E se, quando dal medesimo Paolo e dal capitolo 5 della medesima lettera si esporrà l'intero mistero del matrimonio, qualcuno, vedendo degli sposi che si amano reciprocamente, dovesse esclamare: «Questo è il Cristo e la chiesa», quale funzione dimostrativa avrebbe il termine "questo"? E ancora, se, dopo aver dipinto un'immagine, davanti ai propri discepoli Luca di Wittemberg dovesse dire: «Questo [hoc] è Dario il persiano, che Alessandro il macedone ha sconfitto», considera un po': che cosa indicherebbe la parola "questo"?

[17] Considera diligentemente per conto tuo queste cose, te ne prego, giacché riconoscerai tu stesso in modo appropriato e con maggiore profondità non poche cose nelle Scritture spirituali, come quel passo nel nono capitolo della Genesi, riguardante l'arcobaleno, e nel capitolo diciassettesimo, riguardo alla circoncisione: «questo [hoc] è la mia alleanza» ecc. Non si deve passare davanti a queste parole in modo tanto disinteressato come ci pare e come finora si è fatto; e nemmeno – dato che queste cose sono considerate irrilevanti da molti e, invece, a un dato momento arriva qualcuno che per grazia di Dio se ne occupa con attenzione – egli

introdurrà senz'altro delle novità in queste cose o sarebbe un sofista, solo perché vi applica la dialettica. Tu ti lamenti, infatti, che questo avviene da parte di molti; come se io ignorassi a chi alludi alzando il tuo dito. Questo, però, significa essere eternamente un bambino alle prese con l'abbiccì, non assumersi alcun impegno, mescolare le cose sacre a quelle profane, seguire, insomma, le cose che tu prescrivi. Bisogna, invece, arrivare più in profondità, fino al Cristo; e non è vero che, se uno dissente dalla massa, immediatamente vuol dire che si sbagli – tu stesso lo sai – né, se argomenta in modo misurato sulle cose sacre, attenendosi alla regola della fede, immediatamente è un sofista. Queste Scritture possiedono qualcosa di più profondo di quanto la nostra cecità sia in grado di conseguire.

Lo Spirito è il Maestro della lettera (§ 18-19)

[18] Il regno di Dio – dico – non consiste in discorsi, ma nella potenza e nell'efficacia dello Spirito; ma, così come vedo che non si deve escludere dal regno la parola, altrettanto mi dolgo del fatto che (per quanto ne meniamo vanto) ci manchi la potenza e l'efficacia dello Spirito. Esprimi, anzitutto, la potenza e l'efficacia dello Spirito, anzi manifesta lo Spirito di Cristo e poi, allora, vieterai pure che si discuta delle cose sacre e che si anteponga la parola allo Spirito. In verità noi non vediamo quante cose a noi manchino, quanto nel nostro ozio noi siamo incoerenti, mentre noi siamo straordinariamente compiaciuti di noi stessi e insultiamo coloro che si spingono appena un poco al di sopra dei nostri commenti. Noi siamo solo maestri elementari e commentatori, mentre pochi sono i discepoli dello Spirito: Pietro stesso fu un discepolo dello Spirito. Non c'è alcuna ragione per la quale tu creda che sia stato un omiciattolo così stupido, che se qualcuno gli avesse domandato ragione della sua fede, egli non avrebbe risposto esattamente; o se qualcuno

gli avesse richiesto un'esposizione del verbo di Dio, ovvero, di Cristo, non sarebbe riuscito ad argomentare di tutto in modo esaustivo, lui, che nella propria dichiarazione di fede aveva detto: «Tu sei il Cristo, il figlio del Dio vivo (e con Giovanni, capitolo 6) e noi abbiamo conosciuto e abbiamo creduto etc.»? Sulla fede, e di quanto aridamente tu ne discuta, se non lo hai ancora capito, ne intenderai i rudimenti dalle lettere di Adamo.

[19] Se riguardi la filosofia, o riguarda la verità, siccome Cristo è presente alla destra del Padre, sia presente *corporaliter* e *substantialiter*, se invece nello stesso tempo e nello stesso modo sia presente nel pane, questo lo sanno anche i bambini, che ricordano saldamente il simbolo, che chiamano "degli apostoli". Non si tratta di filosofia, nemmeno di argomentazioni probabili, ma di verità, mentre la tua è piuttosto una dottrina filosofica, e molti ha tratto in inganno, e se non te ne sei ancora accorto, il Signore faccia in mondo di aprirti gli occhi al più presto, amen!

Sola Scriptura (§ 20-22)

[20] Se poi tu vorrai scrivere sulla molteplice venuta di Cristo, fallo dalle Scritture, e nessuno riderà di te: se lo farai a prescindere dalle Scritture, forse non saranno meritate le derisioni? Giudica tu stesso. Relativamente a ciò che chiedi, così io dico: a nessuno si deve concedere qualcosa che offuschi la gloria di Cristo e nasconda la verità, altrimenti si dovrebbero chiudere gli occhi su molte cose: così non si deve dare diritto a nessuno di sbagliare consapevolmente o bestemmiare per ignoranza. Infine, ogni mio tentativo ha nella sua mano colui che può concedere tutto in una volta, al di là di ciò che noi chiediamo, o pensiamo, Gesù Cristo che è Dio nei secoli, amen.

[21] È anche un compito inviso e per di più pericoloso se si misurano le forze umane, ma chiunque abbia rivolto lo sguardo a colui

che può tutte le cose, è certo che vedrà trionfare la verità. Infatti a me poco importa di venir condannato, o che vinca per mezzo mio Cristo, purché tutte le cose siano soltanto a Sua gloria. Giacché essa opera in modo che io non tema nulla riguardo al mio insegnamento, anche se condannato da Martin Lutero, ma senza le Scritture e con una sentenza non proveniente da una dottrina più sana; così come quel grande uomo aveva difeso senza l'ausilio delle Scritture anche la sua dottrina.

[22] Infatti siamo chiamati a rispettare le Scritture, il discernimento, la verità e non l'autorità umana. Mostrino infatti contro quali Scritture pecchiamo, di quali abusiamo, o a quali facciamo violenza, in quale parte ne distorciamo uno iota pur che esse volgano a nostro favore, laddove veniamo meno alla gloria di Cristo? Dove togliamo alla parola di Dio? Dove facciamo resistenza nell'uso linguistico? Non perdiamo tempo con l'autorità, con l'*ipse dixit*, se vediamo stare con noi Cristo con il suo spirito. Se qualcuno assumerà rettamente l'analogia della fede, le storie, i decreti, le sentenze dei Padri, in breve la verità, e il Cristo stesso, io dico, al quale appartiene tutta questa causa e questa battaglia, a nostra confusione e a sua eterna gloria, come riusciranno le cose qualunque cosa io farò e qualunque commettano gli altri, sia che siano nemici sia che siano aderenti alla pietà cristiana, lo decida colui che è degno di ogni gloria e di ogni vittoria, amen.

Epilogo (§ 23-24)

[23] Stammi bene, orsù, e quello che tu mi chiedi, scrivimelo anche tu in risposta. Stai certo che tutto quello che mi scriverai si risolverà, per quanto mi riguarda, senza pericolo e contesa. A tua volta, considera di buon animo tutte queste mie cose; e ancora una volta, stammi bene.

[24] Ti chiedo, caro Mattia, di raccogliere con il tuo Adamo queste mie carte: infatti sono solo appunti le cose che vi scrivo, e non tengo qui con me né conservo l'antigrafo.

(*) Esemplificazione dell'ermenutica sacramentaria in rapporto al significato del pronome *hoc*

	Hoc est corpus meum	**Hoc** quod me facientem videtis, **facite**
Se hoc significa "questa cosa" (haec res)…	Viene tradotto "Questo è il mio corpo, e per esteso, il pane *transustanziato*. Questa traduzione pende a favore di Matthias Funck e dei luterani. Presenza reale.	Di conseguenza viene tradotto *Fate questa cosa, ovvero, fate il pane*. Krautwald banalizza l'interpretazione letterale del suo corrispondente, spiegando come un luterano dovrebbe intendere – standoalla grammatica – il comando di Cristo.
Se hoc richiama qualcosa che è stato detto da Cristo e che viene recuperato nel pronome stesso…	Viene tradotto "Questo è come se fosse il mio corpo, che sarà dato per voi (come detto ai discepoli in precedenza). Il pane viene inteso – come in Tertulliano – quale *figura corporis Christi*. Non richiede presenza reale.	Di conseguenza viene tradotto "Fate quello che ho fatto io", ovvero, date la vostra vita per il Vangelo.

Ringraziamenti

Ringrazio Marco Zambon (Università di Padova) per la supervisione della traduzione, soprattutto per gli interventi puntuali, le correzioni e i suggerimenti per la resa italiana del latino umanistico e del lessico teologico. Si ringraziano il Douglas H. Shantz (Università di Calgary) per le informazioni bibliografiche che mi ha fornito, essendo l'ultimo, in ordine di tempo, ad essersi occupato di Krautwald; in particolare, per l'invio di una copia dattiloscritta della sua tesi di dottorato discussa nel 1986 presso l'Università di Waterloo (Canada), e il Martin Rothkegel (Theologische Hochschule Elstal, Berlino), per l'incoraggiamento a scrivere questo volume, come sintesi di un percorso storiografico che mi ha portato a ritrovare il profondo legame tra la storia della Riforma radicale centro-europea con quella del Veneto del Cinquecento inquieto. Si ringrazia anche il personale della Biblioteca di Storia del Dipartimento di Scienze Storiche Geografiche e dell'Antichità (DiSSGeA) dell'Università di Padova per il prezioso aiuto nel reperimento del gran numero di volumi presenti nelle biblioteche non italiane. Si ringrazia infine chiunque abbia contribuito, a diverso titolo e in diversa misura, con consigli e osservazioni, per la buona riuscita di questa ricerca.

Bibliografia

Fonti manoscritte

Adam Reissner. *Vita beati Valentini Crautwaldi Silesii Theologi* (1554). München SB: CLM 718, ff. 549 – 552.

Etliche Sändbriefe von mancherlai Stucklen vnd vnderredung beim christlichen glauben 1543 (von Kaspar von Schwenckfeld und Valentin Crautwald). Herzog August Bibliothek, Wolfenbüttel HAB, Cod. Guelf. 45.9 Aug. 2°, ff. 420-423 (Heinemann-Nr. 2558).

Bibliografia secondaria

Hugh L. Agnew, *The Czechs and the Lands of the Bohemian Crown*, Stanford, Hoover Institution Press, 2004.

Giuseppe Alberigo (a cura di), *Conciliorum Oecomenicorum decreta*, edizione bilingue, Bologna, EDB, 1991.

Eduard Anders, *Historische Statistik der evangelischen Kirche in Schlesien nebst einer Kirchen-Charte*, Breslau, Wilhelm Gottlieb Korn, 1867.

Abbé Archon, *Histoire ecclesiastique de la Chapelle des Rois de Frances*, Paris, chez Pierre-Augustin Le Mercier, 1711.

Gottfried Arnold, *Unparteiische Kirchen und Ketzer-Historie*, Leipzig und Frankfurt am Main, Fritsch, 1699.

Craig D. Atwood, *The Theology of the Czech Brethren from Hus to Comenius*, University Park, Pannsylvania State University Press, 2009

Adolf Bachmann, *Georg von Podiebrad* in «Allgemeine Deutsche Biographie» (ADB) vol. 8, Leipzig, Duncker & Humblot, 1878, pp. 602–611.

Joachim Bahlcke, *Die böhmische Brüder-Unität und der reformierte Typus der Reformation im östlichen Europa* in «Comenius-Jahrbuch», nn. 16-17 (2008-2009), pp. 11-23.

Ferdinand Bahlow, *Die Reformation in Liegnitz*, Liegnitz, Krumbhaar, 1918.

Roland H. Bainton, *Bernardino Ochino. Esule e riformatore senese del Cinquecento (1487-1563)*, Sansoni, Firenze 1940.

Hans Urs von Balthasar, *Parola e mistero in Origene*, Milano, Jaka Book, 1991, p. 19.

Julia Barrow, *The Clergy in the Medieval World: Secular Clerics, their Families and Careers in North-Western Europe, c.800–c.1200*, Cambridge University Press, Cambridge 2015.

František Michálek Bartoš, *Husitská revoluce*, voll. 2, Praha, České dějiny, 1965-1966.

Luca Baschera – Bruce Gordon – Christian Moser, *Following Zwingli: Applying the Past in Reformation Zurich*, Ferham, Ashgate, 2014.

Gustav Bauch, *Funck, Fabian i*n «Allgemeine Deutsche Biographie» (ADB), vol. 49, Leipzig, Duncker & Humblot, 1904, pp. 212-213.

—, *Funck, Mathias* in «Allgemeine Deutsche Biographie» (ADB), vol. 49, Leipzig, Duncker & Humblot, 1904, p. 213.

—, *Schlesien und die Universität Krakau im XV. und XVI. Jahrhundert* in «Zeitschrift des Vereins für Geschichte Schlesiens», 41 (1907), pp. 99-180, p. 155.

Friedrich Wilhelm Bautz, *Bugenhagen, Johannes* in «Biographisch-Bibliographisches Kirchenlexikon» (BBKL), vol. 1, Hamm, Bautz, 1990, coll. 805–807.

—, *Frecht, Martin* in «Biographisch-Bibliographisches Kirchenlexikon» (BBKL), vol. 2, Hamm, Bautz, 1990, coll. 115–16.

—, *Hedwig, Herzogin von Schlesien, Heilige* in «Biographisch-Bibliographisches Kirchenlexikon» (BBKL), vol. 2, Bautz, Hamm, 1990, coll. 636–638.

—, *Hess (Hesse), Johann* in «Biographisch-Bibliographisches Kirchenlexikon» (BBKL), vol. 2, Hamm, Bautz, 1990, coll. 784–786.

—, *Honius* in «Biographisch-Bibliographisches Kirchenlexikon» (BBKL), vol. 2, Hamm, Bautz, 1990, coll. 933–934.

—, *Sebastian Franck* in «Biographisch-Bibliographisches Kirchenlexikon» (BBKL), vol. 2, Hamm, Bautz, 1990, coll. 82–85.

Leonore Bazinek, *Witelo (Cioêkai, Vitellio, Vitellium, Vitelo, Vitelon, Vittelio, Vittelium, vermutl.* Dim. von *Wido/Wito)* in «Biographisch-Bibliographisches Kirchenlexikon» (BBKL), Nordhausen, Bautz, 2005, vol. 24, coll. 1553–1560.

Roberti Bellarmini Disputationes de controversiis christianae fidei adversus hujus temporis haereticos, II, 1, cap. X, "Explicantur verba institutionis, et refelluntur haeretico-rum depravationes", pp. 65-78.

Claus Bernet, *Podiebrad, Georg von* in «Biographisch-Bibliographisches Kirchenlexikon» (BBKL), vol. 21, Nordhausen, Bautz, 2003, coll. 1183–1203.

George A. Bevan - Patrick R. Gray, *The Trial of Eutyches: A new Interpretation* in «Byzantinische Zeitschrift» n. 101 (2008), pp. 617-657.

Erich Beyreuther, *Nikolaus Ludwig von Zinzendorf. Selbstzeugnisse und Bilddokumente. Eine Biographie,* Gießen - Basel, Brunner, 2000.

Mario Biagioni – Lucia Felici, *La Riforma radicale nell'Europa del Cinquecento,* Roma-Bari, Laterza, 2012.

Jan Bistřický, *Nikolaus von Riesenburg,* in Erwin Gatz - Clemens Brodkorb, *Die Bischöfe des Heiligen Römischen Reiches 1198 bis 1448,* Berlin, Duncker & Humblot, 2001, pp. 515-516.

Peter Blickle, *La riforma luterana e la guerra dei contadini*, Bologna, Il Mulino, 1983.

Georges Blond, *L'hérésie encratite vers la fin du IV° siècle* in «Recherches de science religieuse», n. 32 (1944), pp. 157-210.

Antonio Bonato, *Teologia e spiritualità dell'Eucaristia negli scritti di sant'Ambrogio* in *L'Eucaristia nei Padri nella Chiesa*, a cura di Antonio Bonato, Roma, Borla, 1998, pp. 207-260.

Gustav Bossert, *Brenz, Johann* in *New Schaff–Herzog Encyclopedia of Religious Knowledge*, a cura di Samuel Macauley Jackson, London - New York, Funk and Wagnalls, 1914.

Heinzgerd Brakmann, *Das zweite Leben der griechischen Jakobos-Liturgie*, in «Ostkir-chliche Studien», 64, 2015, pp. 48-79

Adolf Brecher, *Wessel, Johann* in «Allgemeine Deutsche Biographie» (ADB), vol. 42, Leipzig, Duncker & Humblot, 1897, pp. 761–763.

Samuel K. Brecht, *"Supplementary History—The First Schwenkfelder Church of Philadelphia,"* *The Genealogical Record of the Schwenkfelder Families*, Pennsburg, Board of Publications of the Schwenkfelder Church, 1923.

Peter Brock, *The Political and Social Doctrines of the Unity of Czech Brethren in the Fifteenth and Early Sixteenth Centuries*, The Hague, Mouton, 1957.

Dale Brown, *Understanding Pietism*, Nappanee, Evangel Publishing House, 1996.

Amy N. Burnett, *Karlstadt and the Origins of the Eucharistic Controversy. A Study of the Circulation of Ideas*, Oxford, Oxford University Press, 2011.

František Čapka, *Dějiny zemí Koruny* české v datech, Praha, Libri, 1998.

Francis W. Carter, *Trade and urban development in Poland: an economic geography of Cracow, from its origins to 1795*, Cambridge University Press, 1994.

Jaroslav Čechura, *České země v letech 1310–1378. Lucemburkové na českém trůně I*, Praha, Libri, 1999.

Romolo Cegna, *Valdismo e Ussitismo: mito e storia tra i fogli dei Codici II-3320 della Biblioteca Nazionale di Varsavia e Mil IV 77 della Biblioteca Universitaria di Worclaw* in «Bollettino della Società di Studi Valdesi», n. 144 (1978), pp. 27-44.

Owen Chadwick, The Popes and European Revolution, Oxford University Press, Oxford 1981.

—, *The Early Reformation on the Continent*, Oxford, Oxford University Press, 2001.

Helmut Claus, *New Light on the Presses of Adam Dyon and Kaspar Libisch in Breslau: (1518-1540)*, London, British Library, 1995.

Natale Cocci, *Il sangue di Cristo nella lettera ai Corinti di Clemente Romano* in *Atti della settimana: Sangue e antropologia nella liturgia*, Roma 21-26 nov. 1983, a cura di Francesco Vattion, Roma, Centro Studi Sanguis Christi, vol. II, 1984.

Willy Cohn, *Capistrano, ein Breslauer Judenfeind in der Mönchskutte* in «Menorah. Jüdisches Familienblatt für Wissenschaft, Kunst und Literatur», n. 5 (1926), pp. 263-264.

Arnaldo Comi, *Verità e anticristo. L'eresia di Jan Hus*, Bologna, Pendragon, 2007.

Domenico Comparetti, *Virgilio nel Medioevo*, Firenze, La Nuova Italia, 1985².

Valentin Krautwald, *De caena dominica et verbis caenae epistolae duae*, Straßburg, Schoffer & Schweintzer, ca. 1530.

Relation des Mongols ou Tartares par le Frère Jean du Plan de Carpin, a cura di Marie Armand d'Avezac, Parigi, Librairie Gèographique de Arthus-Bertrand, 1838.

John Norman Davidson Kelly, *Il pensiero cristiano delle origini*, Bologna, Il Mulino, 1972.

Norman Davies, *God's Playground. A History of Poland*, vol. 1: *The Origins to 1795*, Oxford, Clarendon Press, 1981.

—, *Heart of Europe. A Short History of Poland*, Oxford, Oxford University Press, 1987[2].

—, Roger Moorhouse, *Microcosm. Portrait of a Central European City*, London, Pimlico, 2003.

Brigitte Degler-Spengler, *Nikolaus von Riesenburg* in «Neue Deutsche Biographie» (NDB), vol. 19, Berlin, Duncker & Humblot, 1999, p. 266.

Klaus Deppermann, *Melchior Hoffman. Social Unrest and Apocalyptic Visions in the Age of Reformation*, Edinburgh, T. & T. Clark, 1987.

Gerardo di Nola (a cura di), *Monumenta Eucharistica*, vol. 1-2, Roma, EDB, 1994.

Giulio D'Onofrio, *Storia della Teologia nel Medioevo*, vol. 1, *La crisi dell'equilibrio teologico altomedievale* (1030-1095), Casale Monferrato, Piemme, 1996.

Gerald Dörner, *Reuchlin, Johannes* in *Deutscher Humanismus 1480–1520. Verfasserlexikon*, a cura di Joseph Franz Worstbrock, vol. 2, sez. 2 (Mu–Rh), Berlin, de Gruyter, 2011, coll. 579–633.

Dr. M. Luthers Samtliche Werke, Weimar, Erlangen edition, 1926-1857.

Alastair Duke, *Reformation and Revolt in the Low Countries*, London-New York, Hambledon & New York, 2003.

Gerhard Dünnhaupt, *Gottfried Arnold* in *Personalbibliographien zu den Drucken des Barock,* Stuttgart, Hiersemann, 1990, vol. 1, pp. 314 – 352.

Guillaume Durand de Mende, *Manuale per comprendere il significato simbolico delle cattedrali e delle chiese*, a cura di Rosanna Campagnari, Roma, Arkeios, 1999.

Winfried Eberhard, *Protas von Czernahora* in Erwin Gatz, *Die Bischöfe des Heiligen Römischen Reiches 1448–1648*, pp. 70-71.

Gerhard Eberlein, *Der kirchliche Volksunterricht nach den Anschauungen der Schwenkfeldischen Kreise in Schlesien im ersten Drittel des 16. Jahrhunderts: Zugleich ein Beitrag zur Würdigung des Valentin Krautwald* in «Correspondenzblatt des Vereins für Geschichte der Evangelischen Kirche Schlesiens» 7 (1900), pp. 1-48.

——, *Die evangelischen Kirchenordnungen Schlesiens im 16. Jahrhundert* in «Festschrift Silesiaca», 1898.

——, *Melanchthon und seine Beziehungen zu Schlesien* in «Correspondenzblatt des Vereins der evangelischen Kirche Schlesiens» 6 (1898), Heft 1, pp. 76—101.

——, *Prägend in der schlesischen Kirche. Ein Erinnern an Superintendent D. Gerhard Eberlein zu seinem 150. Geburtstag* in «Schlesischer Gottesfreund», 59 (2008), pp. 183-184.

——, *Urkunden Herzog Georgs von Brieg* in «Correspondenzblatt des Vereins der evangelischen Kirche Schlesiens», 6 (1898), Heft 1, pp. 119-132.

——, *Verhandlungen der Schlesier speziell der Breslauer mit König Ferdinand 1526/27* in «Zeitschrift des Vereins für Geschichte und Altertum Schlesiens» 1902, pp. 29-58.

——, *Zur Würdigung des Valentin Krautwald*. In: Correspondenzblatt des Vereins für Geschichte der Evangelischen Kirche Schlesiens 8, 1903, pp268-286.

Hellmut Eberlein, *Schlesische Kirchengeschichte*, Goslar, Verlag der Schlesischen Evang. Zentralstelle 1952.

Karl Ecke, *Schwenkfeld, Luther und der Gedanke einer apostolischen Reformation*, Berlin, Martin Warnck, 1952.

Karl A. E. Enenkel (a cura di), *The Reception of Erasmus in the Early Modern Period*, Leiden, Brill, 2013.

Kurt Engelbert, *Heinrich I. v. Würben* in «Neue Deutsche Biographie» (NDB), vol. 8, Berlin, Duncker & Humblot, 1969, p. 354.

Ernst Ludwig Enders et alii (a cura di), *Martin Luthers Briefwechsel*, Frankfurt am Main – Leipzig, Verlag von F.C.W. Vogel, 1884-1832.

Pál Engel, *The Realm of St Stephen: A History of Medieval Hungary, 895-1526*, London – New York, I.B. Tauris, 2005, p. 305.

Peter C. Erb, *Medieval Spirituality and the Development of Protestant Sectarianism: A Seventeenth Century Case Study* in «Mennonite Quarterly Review», 51 (1977), pp. 31-40;

—, *Adam Reissner. His learning and influence on Schwenckfeld* in «Mennonite Quarterly Review», n. 54 (1980), pp. 32-41, pp. 32-36.

—, *Valentin Crautwald* in *Bibliotheca Dissidentium*, vol. 6, Baden-Baden, Koerner, 1985.

— (a cura di), *Schwenckfeld and Early Schwenckfeldianism: Papers Presented at the International Colloquium on Schwenckfeld and the Schwenckfelders*, Pennsburg, Schwenckfelder Library, 1986.

Michael Erbe, *Johann Hess of Nürnberg* in *Contemporaries of Erasmus: A Biographical Register of the Renaissance and Reformation*, a cura di Peter G. Bietenholz, Thomas Brian Deutscher, 2 voll., Toronto, University of Toronto Press, 1985.

James Martin Estes, *Christian Magistrate and State Church: The Reforming Career of Johannes Brenz*, Toronto, University of Toronto Press, 1982.

—, *The Role of Godly Magistrates in the Church: Melanchthon as Luther's Interpreter and Collaborator* in «Church History», vol. 67, n. 3 (1998), pp. 463-483.

Romeo Fabbri (a cura di), *Confessioni di fede delle chiese cristiane*, EDB, Bologna 1996.

Christoph Fasbender, *Ach durch got vernempt die klag. Der Tod des Ladislaus Postumus, Königs von Ungarn und Böhmen, als mediales Ereignis* in «Daphnis» 39 (2010), n. 3-4, pp. 375-390.

Samuel E. Fernández, *La dottrina sull'Eucaristia in Origene* in *L'Eucaristia nei Padri della Chiesa*, a cura di Antonio Bonato, Roma, Borla, 1998, pp. 179-199.

Guy Fourquin, *Le sommosse popolari nel Medioevo*, Milano, Mursia, 1976.

Edward J. Furcha, *Schwenckfeld's Concept of the New Man. A Study in the Anthropology Caspar von Schwenckfeld as Set Forth in His Major Theological Writings*, Pennsburg, Schwenkfelder Church, 1970.

—, *The Essential Carlstadt*, Scottdale, Herald Press, 1995.

Thomas Gandlau, *Sudermann, Daniel* in «Biographisch-Bibliographisches Kirchenlexikon» (BBKL), vol. 11, Herzberg, Bautz, 1996, coll. 166–169

Klaus Garber, *Kulturgeschichte Schlesiens in der Frühen Neuzeit*, Tübingen, Niemeyer Verlag, 2005.

—, *Das alte Breslau: Kulturgeschichte einer geistigen Metropole*, Köln-Weimar-Wein, Bölhau Verlag, 2014.

Daniele Gianotti, *Apollinare di Laodicea. La cristologia tra istanza salvifica e pretesa dimostrativa* in «Rivista di Teologia dell'Evangelizzazione», n. 7, 4 (2000), pp. 29-45.

Aleksander Gieysztor, *Storia della Polonia*, Milano, Bompiani, 1983.

Jacqueline Glomski, *Patronage and Humanist Literature in the Age of the Jagiellons: Court and Career in the Writings of Rudolf Agricola Junior, Valentin Eck, and Leonard Cox*, Toronto, University of Toronto Press, 2007, pp.104-110.

Paul Godman, *The Saint as Censor. Robert Bellarmine between Inquisition and Index*, Brill, Leiden-Boston-Köln 2000

Hans-Jürgen Goertz, *Profiles of Radical Reformers*, Kitchener, Herald Press, 1982.

Bruce Gordon, *The Swiss Reformation, Manchester*, Manchester University Press, 2002, pp. 212-214;

Vasile Gorzo, *Cristo Dio e uomo secondo Cirillo di Alessandria* in «Studia Theologica» vol. VIII, 1 (2010), pp. 11-19, p. 15.

František Graus, *Die Nationenbildung der Westslawen im Mittelalter*, Sigmaringen, Jan Thorbecke Verlag, 1980.

Eric W. Gritsch, *Fortress Introduction to Lutheranism*, Minneapolis, Augsburg Fortress, 1959.

Vittorino Grossi, *L'Eucaristia in Agostino* in *L'Eucaristia nei Padri della Chiesa*, a cura di Antonio Bonato, Roma, Borla, 1998, pp. 261-270, p. 263.

Colmar Grünhagen, *Boleslaw II, Herzog von Schlesien, der Kahle* in «Allgemeine Deutsche Biographie» (ADB), vol. 3, Leipzig, Duncker & Humblot, 1876, p. 100.

Francesco Gui – Denisa De Angelis, *Boemia e Moravia nel cuore dell'Europa*, Roma, Bulzoni, 2009.

Graecogermania. Griechischstudien deutscher Humanisten. Die Editionstätigkeit der Griechen in der italienischen Renaissance (1469-1523), a cura di Dieter Harlfinger, Weinheim – New York, VHC, 1989.

Hartranft, Chester David in *Encyclopedia Americana*, New York – Chicago, The Encyclopedia Americana Corporation, 1919, vol. 13, p. 742.

—, Elmer Ellsworth Schultz Johnson, Selina Gerhard Schultz (a cura di), *Corpus Schwenkfeldianorum*, voll. 1-18, Leipzig - Pennsburg, Breitkopf & Härtel - Board of Publication of the Schwenckfelder Church, 1907-1961.

Jan Harasimowicz, *Schwarmergeist und Freiheitsdenken: Beitrage zur Kunst- und Kulturgeschichte Schlesiens in der Fruhen Neuzeit*, Koln, Bolhau, 2010.

Christopher Harper-Bill, *Religious Belief and Ecclesiastical Careers in Late Medieval England: Proceedings of the Conference Held at Strawberry Hill (Easter 1989)*, Boydell & Brewer, Woodbridge 1991.

Reginald A. R. Hartridge, *A History of Vicarages in the Middle Ages*, Cambridge University Press, Cambridge 2013².

Gerhard F. Hasel, *Capito, Schwenckfeld and Crautwald on Sabbatarian Anabaptist Theology* in «Mennonite Quarterly Review», n. 46 (1972), pp. 41-57.

Otto von Heinemann, *Die Augusteischen Handschriften 3. Cod. Guelf. 32.7 Aug. 2° — 77.3 Aug. 2°*, Frankfurt/M, Klostermann, 1966 (Nachdruck d. Ausg. 1898), p. 280.

Ernest F. Henderson, *Select Historical Documents of the Middle Ages*, London, George Bell and Sons, 1896.

Adolf Henschel, *Dr. Johannes Heß der Breslauer Reformator*, Halle, Verein für Reformationsgeschichte, 1901.

Arno Herzig – Julius H. Schoeps (a cura di), *Reuchlin und die Juden*, Sigmaringen, Jan Thorbecke Verlag, 1992.

—, Małgorzata Ruchniewicz, *Geschichte des Glatzer Landes*, Hamburg-Wrocław, Dobu Verlag, 2006.

—, *Schlesien. Das Land und seine Geschichte in Bildern, Texten und Dokumenten*, Hamburg, Ellert & Richter, 2008.

Yeide Herry, *Studies in classical pietism: the flowering of the ecclesiola*, New York, Peter Lang, 1997.

Frederick G. Heymann, *George of Bohemia. King of Heretics*, Princeton, Princeton University Press, 1965.

Paul Hinschius (a cura di), *Das Kirchenrecht der Katholiken und Protestanten in Deutschland*, Berlin, Guttentag Verlag, 1888.

Historische Kommission für Schlesien (a cura di), *Geschichte Schlesiens*, vol. 1, Sigmaringen 1988.

Ivan Hlaváček – Jan Hrdina et alii, *Facta probant homines: sborník příspěvků k životnímu jubileu prof. dr. Zdeňky Hledíkové*, Prague, Scriptorium, 1998.

Zdeňka Hledíková, Jana Zachová: *Život Arnošta z Pardubic podle Valentina Krautwalda* [Das Leben des Ernst von Pardubitz erzählt von Valentin Krautwald], Pardubice, Východočeské muzeum, 1997.

——, *Zbynko Zajíc von Hasenburg* in Erwin Gatz - Clemens Brodkorb, *Die Bischöfe des Heiligen Römischen Reiches 1198 bis 1448*, Berlin, Duncker & Humblot, 2001, pp. 593–594.

Richard Hoche, *Salig, Christian August* in *Allgemeine Deutsche Biographie* (ADB), Leipzig, Duncker & Humblot, 1890, vol. 30, p. 231.

Günther Hödl, *Ladislaus Postumus* in «Neue Deutsche Biographie» (NDB), vol. 13, Berlin, Duncker & Humblot, 1982, pp. 393-394.

Ryszard Holowni – Mateusz Kapustki, *Nysa: stzuka w dawnej stolicy ksiestwa biskupiego*, Wroclaw, Uniwersytet Wrocławski, 2008.

Gerhard Hultsch, *Silesia Sacra, Historisch-statistisches Handbuch über das evangelische Schlesien*, Düsseldorf, Druck und Verlag von Hoffman & Reiber, 1953

Pascale Hummel, *Un oposcule-relais: le* De dialectis *(1520/1530) d'Adrien Amerot* in «Bibliothèque d'Humanisme et Renaissance», vol. LXI, n. 2 (1999), pp. 479-494.

Jan Hus, *Il primato di Pietro. Dal "De Ecclesia"*, a cura di Luigi Santini, Torino, Claudiana, 2009.

Ulrich Hutter-Wolandt, *Tradition und Glaube: zur Geschichte evangelischen Lebens in Schlesien*, Dortmund, Forschungsstelle Ostmittleeuropa, 1995.

Joseph Edmund Hutton, *A History of the Moravian Church*, London, Moravian Publication Office, 1909.

Wolfgang Valentin Ikas, *Martinus Polonus' Chronicle of the Popes and Emperors. A Medieval Best-seller and its Neglected Influence on English Medieval Chroniclers*, in «The English Historical Review» 116 (2001), pp. 327-341.

Marco Innocenti, *Wenzel IV* in «Biographisch-Bibliographisches Kirchenlexikon» (BBKL), vol. 24, Nordhausen, Bautz, 2005, coll. 1521–1531.

Winfrid Irgang, Werner Bein, Helmut Neubach, *Schlesien. Geschichte, Kultur und Wirtschaft*, Köln, Verlag Wissenschaft und Politik, 1995.

Erwin Iserloh - Josef Glazik - Hubert Jedin (a cura di), *Storia della Chiesa*, vol. VI: *Riforma e Controriforma. Crisi, consolidamento, diffusione missionaria, XVI-XVIII secolo*, Milano, Jaka Book, 2001[5].

Wojciech Iwanczak, *Olesnicki, Sbigneus, (Zbigniew)* in «Biographisch-Bibliographisches Kirchenlexikon» (BBKL), vol. 6, Herzberg, Bautz, 1993, coll. 1195-1196.

Joseph Jungnitz, *Geschichte der Dombibliothek in Breslau in Silesiaca. Festschrift des Vereins für Geschichte und Altertum Schlesiens zum 70. Geburtstage seines Präses Colmar Grünhagen*, Breslau, 1898, pp. 187-206.

Howard Kaminsky, *History of the Hussite Revolution*, Berkeley – Los Angeles, University of California Press, 1967.

František Kavka, *The Caroline University of Prague. A short history*, Praga, Universita Karlova, 1962.

—, *Politics and culture under Charles IV* in Mikuláš Teich, *Bohemia in History*, Cambridge, Cambridge University Press, 1998, pp. 59-78.

Gundolf Keil, *"Virtus occulta". Der Begriff des empiricum bei Nicolaus von Polen* in *Die okkulten Wissenschaften in der Renaissance*, a cura di Augusta Buck, Wiesbaden, Harrosowitz, 1992.

—, *Nikolaus von Polen* in «Neue Deutsche Biographie» (NDB), Berlin, Duncker & Humblot, 1999, vol. 19, p. 273.

Karl Kern, *Sebastian Coccius, Erzieher un Lehrer des Prinzen Eberhard von Wurtenberg (1551-1562). Ein Beitrag zur Geschichte der Prinzener ziehung im 16. Jahrhundert* in *Mitteilungen der Gesellschaft für Deutsche Erziehungs-Und Schulgeschichte*, n. 15 (1905), pp. 100-118.

Klaus Kienzler, *Reuchlin, Johannes* in «Biographisch-Bibliographisches Kirchenlexikon» (BBKL), vol. 8, Herzberg, Bautz, 1994, coll. 77–80.

Ryszard Kiersnowski, *L'art monétaire en Pologne aux XIVe-XVIe siècles et les Italiens*, in *Italia, Venezia e Polonia tra Medio Evo e Età Moderna*, a cura di Vittore Branca – Sante Graciotti, Firenze, Olschki Editore, 1980, pp. 309-324.

Walther Killy, *Trotzendorf, Valentin* in *Dictionary of German Biography*, vol. 10: *Thibaut – Zycha*, a cura di Walther Killy et alii, München, De Gruyter, 2006, p. 103.

Martin Kintzinger, *Wenzel* in *Die deutschen Herrscher des Mittelalters. Historische Portraits von Heinrich I. bis Maximilian I. (919–1519)* a cura di Bernd Schneidmüller, Stefan Weinfurter, Beck, München 2003.

Walter Klaassen, *Spiritualization in Reformation* in «Mennonite Quarterly Review», 37 (1963), pp. 67-77.

Paul W. Knoll, *The Art Faculty at the University of Cracow at the End of the Fifteenth Century* in *The Copernican Achievement*, a cura di Robert S. Westman, Berkeley-Los Angeles-London, University of California Press, pp. 137-156.

Robert Knott, *Witelo*, in «Allgemeine Deutsche Biographie» (ADB), vol. 43, Leipzig, Duncker & Humblot, 1898, pp. 556–558.

Waldemar P. Könighaus, *Die Zisterzienserabtei Leubus in Schlesien von ihrer Gründung bis zum Ende des 15. Jahrhunderts (Quellen und Studien des Deutschen Historischen Instituts Warschau*, vol. 15), Harrassowitz, Wiesbaden, 2004.

Paul Konrad, *Dr. Ambrosius Moibanus. Ein Beitrag zur Geschichte der Kirche und Schule Schlesiens im Reformationszeitalter*, vol. 34, Halle, Schriften des Vereins für Reformationsgeschichte, 1891.

Jan Kopiec, *Przeclaus von Pogarell (1299-1376)*, in *Die Bischöfe des Heiligen Römischen Reiches. 1198-1448*, a cura di Erwin Gatz, Berlin, Duncker & Humblot, 2001, p. 111.

—, *Wenzel II. von Leignitz*, in *Die Bischöfe des Heiligen Römischen Reiches. 1198-1448*, a cura di Erwin Gatz, Berlin, Duncker & Humblot, 2001, p. 112.

—, *Konrad IV*, in *Die Bischöfe des Heiligen Römischen Reiches 1198 bis 1448*, a cura di Erwin Gatz, Berlin, Duncker & Humblot, 2001, p. 113.

Georg Kretschmar, *Die Reformation in Breslau* in «Quellen zur ostdeutschen und osteuropäischen Kirchengeschichte», vol. 3/4 (1961).

Howard W. Kriebel, *The Schwenckfelders in Pennsylvania*, Lancaster, Pennsylvania German Society, 1904.

Leszek Kolakowski, *Chrétiens sans Eglise. La Conscience religieuse et le lien confessionel au XVIIe siècle*. Traduit du polonais par Anna Posner, Gallimard, Paris 1987.

Jakub Koryl, *Erasmian, Mediterranean Humanism, and Reception of History. The Case of Jerzy Liban of Legnica at the University of Cracow (1518-1539)* in «Studi Slavistici», vol. 10 (2013), pp. 48-68.

Julius Köstlin, *Johann Heß, der Breslauer Reformator* in «Zeitschrift des Vereins für Geschichte und Alterthum Schlesiens», vol. 6 (1864).

Valentin Krautwald, *Catechesis und verwandte Schriften*, in *Monumenta Germaniae Paedagogica. Schulordnungen- Schulbücher und pädagogische Miscellaneen aus den Landen deutscher Zunge*, hrsg von Karl Kehrbach, Bd. XXIII: *Die evangelischen Katechismus-versuche vor Luthers Enchiridion*, 4, A. Hofmann & Comp., Berlin 1902, pp. 184-225.

Georg Kretschmar, *Heß, Johann* in «Neue Deutsche Biographie» (NDB), vol 9, Berlin, Duncker & Humblot, 1972, pp. 7-8.

Stephen Edmund Lahey, *John Wyclif*, New York, Oxford University Press, 2008.

Karen Lambrecht, *Aufstiegschancen und Handlungsräume in Ostmitteleuropäischen Zentren um 1500: Das Beispiel Der Unternehmerfamilie Thurzo* in «Zeitschrift für Ostmitteleuropa-Forschung» n. 47 (1998), vol. 3, 317-346.

—, *Breslau in the Age of Renaissance* in «German History», vol. 20, n. 1 (2002), pp. 1-19.

Andrew Larsen, *John Wyclif c. 1331-1384*, in Ian Christopher Levy (a cura di), *A Companion to John Wyclif. Late Medieval Theologian*, Leiden, Brill, 2006, pp. 1-61.

Daniel Liechty, *Andreas Fischer and the Sabbatarian Anabaptists, an Early Reformation Episode in East Central Europe*, Kitchener, Herald Press, 1988.

Valerio Lomato – Ermanno Malaspina, *Passato, presente e futuro dei grammatici latini* in *Grammatica e grammatici latini: teoria ed esegesi,* a cura di Fabio Gasti, Pavia, Ibis, 2003, pp. 205-219.

Peter Lombard [= Petrus Lombardus], *The Sentences,* vol. 4: *On the doctrine of Signs,* a cura di Giulio Silano, Toronto, Pontifical Institute of Medieval Studies, 2010.

Elisabetta Lo Vecchio, *"E il Verbo si fece carne". La figura di Gesù Cristo nell'immaginario moderno e contemporaneo,* dissertazione di dottorato, Università degli Studi di Bologna, 2007.

Christian Lübke, *Ostkolonisation, Ostsiedlung, Landesausbau im Mittelalter. Der ethnische und strukturelle Wandel östlich von Saale und Elbe im Blick der Neuzeit* in Enno Bünz, *Ostsiedlung und Landesausbau in Sachsen. Die Kührener Urkunde von 1154 und ihr historisches Umfeld,* Leipzig, Leipziger Univ. Verlag, 2008, pp. 467-484.

Heiner Lück, *Die Verbreitung des Sachsenspiegels und des Magdeburger Rechts in Osteuropa* In *Der sassen speyghel. Sachsenspiegel – Recht – Alltag* a cura di Mamoun Fansa, Oldenburg, Isensee, 1995, vol. 2, p. 37-49.

Jerzy Lukowski – Hubert Zawadzki, *Polonia. Il paese che rinasce,* Trieste, Beit, 2009.

Martin Lutero, *Contro le empie e scellerate bande dei contadini,* in *Scritti politici,* a cura di Giuseppina Panzieri Saija, Torino, Utet, 1959.

Josef Macek, *The monarchy of the estates* in *Bohemia in History,* a cura di Mikuláš Teich, Cambridge, Cambridge University Press, 1998, pp. 98-116.

Franz Machilek, *Böhmische Brüder* in «Theologische Realenzyklopädie», vol. 7 (1981), pp. 1-8.

Franz Machilek, *Dominikus Schleupner (um 1483–1547)* in *Schlesische Lebensbilder,* a cura di Joachim Bahlcke, vol. XI, Sigmaringen, Jan Thorbecke Verlag, pp. 205–224.

Paul L. Maier, *Caspar Schwenckfeld on the Person and work of Christ: a study of Schwenckfeldian theology at its core*, Assen, Van Gorcum, 1959.

Hermann Markgraf, *Protas von Czernahora* in «Allgemeine Deutsche Biographie» (ADB), vol. 26, Leipzig, Duncker & Humblot, 1888, pp. 668–670.

— (a cura di), *Descripcio totius Silesie et civitatis regie Vratislaviensis. Barthel Steins Beschreibung von Schlesien und seiner Hauptstadt Breslau*, Breslau, Wolfhart, 1927.

Gottfried Maron, *Einleitung: Die Gestalt Schwenkfelds im Spiegel der teologischen Literatur seit der Ortodoxie* in *Individualismus und Gemeinschaft bei Caspar von Schwenkfeld*, a cura di Gottfried Maron, Stoccarda, Evangelisches Verlagswerk, 1961, pp. 10-34.

Martini Oppaviensis Chronicon pontificum et imperatorum, in *Monumenta Germaniae Historica* (dMGH), «Scriptores», vol. XXII, Hannover, Hiersemann, 1872, pp. 443-475.

Mario Maritano, *L'Eucaristia nei Padri apostolici* in *L'Eucaristia nei Padri della Chiesa*, a cura di Antonio Bonato, Roma, Borla, 1998, pp. 12-60.

Jun Matsuura, *Erfurter Annotationen 1509-1510/11*, Köln-Weimar-Wien, Böhlau Verlag, 2009.

Grantley McDonald, *Laurentius Corvinus and the Epicurean Luther* in «Lutheran Quarterly», n. 22 (2008), pp. 161–176.

Alister McGrath, *Luther's Theology of the Cross*, Oxford, Blackwell Publishing, 1990.

Robert Emmet McLaughlin, *The genesis of Schwenckfeld's Eucharistic doctrine* in «Archiv für Reformationsgeschichte», 74 (1983), pp. 92-121.

—, *Schwenckfeld and the Strasbourg Radicals* in «Mennonite Quarterly Review», n. 59 (1985), pp. 268-278.

—, *Caspar Schwenkfeld, Reluctant Radical*, New Heaven, Yale University Press, 1986.

—, *The Politics of Dissent: Martin Bucer, Caspar Schwenckfeld, and the Schwenck-felders of Strasbourg* in «Mennonite Quarterly Review», n. 68 (1994), pp. 59-78.

—, *The Freedom of the Spirit, Social Privilege, and Religious Dissent: Caspar Schwenckfeld and the Schwenckfelders* in *Bibliotheca Dissidentium*, Scripta et Studia 6, Baden-Baden, Koerner, 1996.

—, *Spiritualism*, in *Teologische Realenzyklopedie*, Berlin-Stuttgart, De Gruyter, 2000, vol. XXXI, pp. 701-708.

—, *Sebastian Franck, Valentin Weigel, Spiritualism*, in *Encyclopedia of Protestantism*, New York, Routledge, 2004.

Josef Joachim Menzel, *Johannes IV. Roth* in «Neue Deutsche Biographie» (NDB), vol. 10, Berlin, Duncker & Humblot, 1974, pp. 481-482.

—, *Johannes V. Turzo*, in «Neue Deutsche Biographie» (NDB), vol. 10, Berlin, Duncker & Humblot, 1974, pp. 482-483.

—, *Konrad IV, Herzog von Oels* in «Neue Deutsche Biographie» (NDB), vol. 12, Berlin, Duncker & Humblot, pp. 502-503

Georg Müller, *Schleupner, Dominicus* in «Allgemeine Deutsche Biographie» (ADB), vol. 31, Leipzig, Duncker & Humblot, 1890, pp. 472-473.

Friedrich Merzbacher, *Institoris, Heinrich* in «Neue Deutsche Biographie» (NDB), vol. 10, Berlin, Duncker & Humblot, 1974, pp. 175-176.

Wayne Kyrel Meschter, *Schwenckfelders in the Twentieth Century*, Pennsburg, Schwenckfelder Library, 1984.

Arnold Oskar Meyer, *Studien zur Vorgeschichte der Reformation. Aus schlesischen Quellen,* München, R. Oldenbourg Verlag, 1903.

Georges Minois, *Storia del riso e della derisione*, Bari, Dedalo, 2000.

Johann Adam Möhler, *Simbolica. Esposizione delle antitesi dogmatiche tra cattolici e protestanti secondo i loro scritti confessionali pubblici*, Milano, Jaka Book, 1984.

Moibanus, Ambrosius in Johann Heinrich Zedler, *Grosses vollständiges Universal-Lexicon Aller Wissenschafften und Künste*, vol. 21, Leipzig-Halle, Verlag J.H. Bedler, 1739, coll. 872-873.

Amedeo Molnár, *Storia dei Valdesi*, vol. 1: *Dalle origini all'adesione alla Riforma (1176-1532)*, Torino, Claudiana, 1974.

—, *Böhmische Reformation* in *Tschechischer Ökumenismus. Historische Entwicklung*, a cura di Pavel Filipi, Praha, Zentraler Kirchlicher Verlag, 1977, pp. 81-144.

—, *I Taboriti. Avanguardia della rivoluzione hussita (sec. XV)*, Torino, Claudiana, 1986.

Battista Mondin, *Storia della Teologia*, voll. 1-2, Bologna, Edizioni Studio Domenicano, 1996.

John Monfasani, *Byzantine Scholars in Renaissance Italy: Cardinal Bessarion and Other Emigrés. Selected Essays*, a cura di John Monfasani, Aldershot - Hampshire, Variorum, 1995.

—, *Bessarion Scholasticus: A Study of Cardinal Bessarion's Latin Library*, Turnhout, Brepols, 2012.

Fracis R. Montgomery Hitchcock, *Tertullian's Views on the Sacrament of the Lord's Supper* in «The Church Quarterly Review» n. 134 (1942), pp. 21-36.

Franco Motta, *Bellarmino: una teologia politica della Controriforma*, Morcelliana, Brescia 2005

Carlo Nardi, *L'Eucaristia in Clemente di Alessandria* in *L'Eucaristia nei Padri della Chiesa*, a cura di Antonio Bonato, Roma, Borla, 1998, pp. 101-135.

William G. Nephi – Andrew Spicer, *La peste in Europa*, Bologna, Il Mulino, 2006,

Burkhard Neunheuser, *L'Eucharistie*, vol. II: *Au Moyen Age et à l'Epoque moderne*, Paris, Du Cerf, 1966.

Manel Nin, *La dottrina dell'Eucaristia nei Padri cappadoci* in *L'Eucaristia nei Padri della Chiesa*, a cura di Antonio Bonato, Roma, Borla, 1998, pp. 200-206.

Richard Ninness, *Between Opposition and Collaboration: Nobles, Bishops, and the German Reformations in the Prince-Bishopric of Bamberg, 1555–1619*, Brill, Leiden 2011.

Heiko Oberman, *Three Sixteenth-Century Attitudes to Judaism: Reuchlin, Erasmus and Luther* in *Jewish Thought in the Sixteenth Century*, a cura di Bernard Dov Cooperman, Cambridge, Harward University Press, 1983, pp. 326-364.

Otakar Odložilík, *The Hussite King. Bohemia in European Affairs 1440–1471*. New Brunswick, Rutgers University Press, 1965.

Oliver K. Olson, *Matthias Flacius* in *The Oxford Encyclopedia of the Reformation*, a cura di Hans J. Hillerbrand, 4 voll., New York, Oxford University Press, 1996, vol. II, pp. 110-111.

—, *Matthias Flacius and the Survival of Luther's Reform*, Wiesbaden, Harrassowitz, 2000

Origene, *Omelie su Giosuè*, a cura di Rosario Scognamiglio – Maria Ignazia Danieli, Roma, Città Nuova, 1993.

Carl Otto, *Über die Wahl Jacobs von Salza zum Bischof von Breslau* in «Zeitschrift des Vereins für Geschichte und Alterthum Schlesiens», n. 9 (1871), pp. 3138-327.

Charles Partee, *The Theology of John Calvin*, Lousville, Westminster John Knox Press, 2008.

Oskar Paulinyi, *Johann V. Thurzo, Bischof von Breslau*, in *Schlesische Lebensbilder*, a cura di Historische Kommission für Schlesien, vol. 4, Breslau, Jan Thorbecke Verlag, 1931, pp. 1–5.

Michel Pauly – François Reinert (a cura di), *Sigismund von Luxemburg. Ein Kaiser in Europa*, Mainz, Philipp von Zabern, 2006.

Ludwig Petry, *Friedrich II., Herzog von Liegnitz* in «Neue Deutsche Biographie» (NDB), vol. 5, Berlin, Duncker & Humblot, 1961, p. 514.

—, Joseph Joachim Menzel - Winfried Irgang, *Geschichte Schlesiens*, vol. 1: *Von der Urzeit bis zum Jahre 1526*, Stuttgart, Jan Thorbecke Verlag, 2000.

Monica Pieper, *Daniel Sudermann: Schwenckfelder Poet* in *Schwenckfeld and Early Schwenckfeldianism: Papers Presented at the Colloquium on Schwenckfeld and the Schwenckfelders*, a cura di Peter C. Erb, Pennsburg, 1986.

Jan Maria Piskorski, *The Historiography of the So-called "East Colonisation" and the Current State of Research* in *The Man of Many Devices, Who Wandered Full Many Ways. Festschrift in Honour of Janos Bak*, a cura di Balázs Nagy e Marcell Sebők, Budapest, Central European University, 1999, pp. 654–667.

Richard Plaschka, *Georg von Podïebrad* in «Neue Deutsche Biographie» (NDB), vol. 6, Berlin, Duncker & Humblot, 1964, pp. 200–203.

Jiří z Poděbrad, *The universal peace organization of King George of Bohemia: a fifteenth century plan for world peace (1462-1464)*, a cura di Václav Vaněček, Prague, Czechoslovak Academy of sciences, 1964.

Iwo Cyprian Pogonowski, *Poland: A Historical Atlas*, New York, Dorset Press, 1988[2].

David H. Price, *Johannes Reuchlin and the Campaign to Destroy Jewish Books*, New York, Oxford University Press, 2011.

Felix Priebatsch, *Wladislaw II* in «Allgemeine Deutsche Biographie» (ADB), vol. 43, Leipzig, Duncker & Humblot, 1898, pp. 688–696.

Claus Priesner, *Münster, Sebastian* in «Neue Deutsche Biographie» (NDB), vol. 18, Berlin, Duncker & Humblot, 1997, pp. 539–541.

Heinz Quirin, *Albrecht II* in «Neue Deutsche Biographie» (NDB), vol. 1, Berlin, Duncker & Humblot, 1953, pp. 154-155.

Albert Rabil, *Erasmus and the New Testament. The Mind of a Christian Humanist*, Lanham, University Press of America, 1993.

Werner Raupp, *Münster, Sebastian* in «Biographisch-Bibliographisches Kirchenlexikon» (BBKL), vol. 6, Herzberg, Bautz, 1993, coll. 316–326.

Christoph Reske, *Die Buchdrucker des 16. und 17. Jahrhunderts im deutschen Sprachgebeit*, Wiesbaden, Harrasowitz Verlag, 2008.

Paolo Ricca, *Zwingli tra i Valdesi* in «Zwingliana», vol. 16, n. 3 (1984), pp. 247-262.

Hans Jürgen Rieckenberg: *Bolko II* in "Neue Deutsche Biographie" (NDB), vol. 2, Duncker & Humblot, Berlin 1955, p. 431.

Manfred Roensch, *Die Konkordienformel in der Geschichte des deutschen Luthertums* in *Lutherische Theologie und Kirche*, a. 2 (1979), pp. 37-52.

Gunhild Roth (a cura di), *Peter Eschenloer. Geschichte der Stadt Breslau*, 2 voll., Münster, Waxmann Verlag, 2003.

John Roth – James Stayer, *A Companion to Anabaptism and Spiritualism, 1521-1700*, Leiden, Brill, 2007.

Hans Martin Rothkegel, *Ein Aktenstück zur Biographie Caspar Schwenckfelds*, in «Archiv für Reformationsgeschichte», 91 (2000), pp. 373–376.

Marina Roggero, *Le carte piene di sogni: testi e lettori in età moderna*, Bologna, Il Mulino, 2006.

Hans-Gert Roloff, *Reuchlin, Johannes* in «Neue Deutsche Biographie» (NDB), vol. 21, Berlin, Duncker & Humblot, 2003, pp. 451–453.

Alfred Sabisch, *Jakob von Salza*, in «Neue Deutsche Biographie» (NDB), vol. 10, Berlin, Duncker & Humblot, 1974, pp. 312-313.

Christian August Salig, *Vollständige Historie der Augspurgischen Confeßion und derselben Apologie,* Halle, 1730.

Ekkart Sauser, *Ernest von Pardubitz* in *Biographisch-Bibliographisches Kirchenlexikon* (BBKL), vol. 16, Herzberg, Bautz, 1999, coll. 463–464.

Victor Saxer, *Figura corporis et sanguinis Domini. Une formule echaristique des prmiers siècles chez Tertullien, Hippolyte et Ambroise* in «Rivista di Archeologia cristiana» n. 47 (1971), pp. 65-89.

Cosimo Scordato, *Il settenario sacramentale*, Trapani, Il pozzo di Giacobbe, voll. 1-3, 2007.

Silvana Seidel Menchi, *I giudici dell'Inquisizione romana: inquisitori e vescovi, commissari, nunzi, cardinali, papi*, in "Cromohs", 11, 2006, pp. 1-7.

Allen Anders Seipt, *Schwenckfelder Hymnology and the Sources of the First Schwenckfelder Hymn-Book Printed in America*, Philadelphia, Americana Germanica Press, 1909, pp. 38.

Carl Adolf Schimmelpfennig, *Die evangelische Kirche Schlesiens im XVI. Jahrhunderts. Ein geshichtlicher Vortag*, Strehlen, Gemeinhardt, 1877.

—, *Moibanus, Ambrosius* in «Allgemeine Deutsche Biographie» (ADB), vol. 22, Leipzig, Duncker & Humblot, 1885, pp. 81-82;

Ulrich Schmilewski, *Peter Nowag* in «Neue Deutsche Biographie» (NDB) vol. 20, Berlin, Duncker & Humblot, 2001, p. 220.

—, *Piasten, schlesische Dynasten* in «Neue Deutsche Biographie» (NDB), vol. 20, Berlin, Duncker & Humblot, 2001, pp. 403-405.

—, *Preczlaus von Pogarell* in «Neue Deutsche Biographie» (NDB), vol. 20, Berlin, Duncker & Humblot, 2001, pp. 704-706;

A. F. H. Schneider, *Zur Literatur der Schwenckfeldischen Liederdichter bis Daniel Sudermann*, Berlin, Schulze, 1857, p. 4.

Bernhard W. Scholz, *Das geistliche Fürstentum Neisse*, Köln-Weimar-Wien, Böhlau Verlag, 2011, pp. 338-397

Selina G. Schultz, *Caspar Schwenckfeld von Ossig*, Norristown, The Board of the Publications of the Schwenckfelder Church, 1946.

—, *A Course of Study in the Life and Teachings of Caspar Schwenckfeld von Ossig* (1489-1561), Norristown, Board of the Publication of the Schwenckfelder Church, 1964.

Hans-Rüdiger Schwab, *Johannes Reuchlin. Deutschlands erster Humanist*, München, Dtv, 1998.

Schweintzer, Hans in «Allgemeine Deutsche Biographie» (ADB), vol. 33, Leipzig, Duncker&Humblot, 1891, pp. 364-365.

Hans J. Schoeps, *Vom Himmlischen Fleisch Christi*, Tübingen, Mohr, 1951.

Theodor Schönborn, *Chronik der Stadt Liegnitz*, Berlin, Weise, 1940.

Werner Seibt, *Chrysobull* in *Lexikon des Mittelalters*, vol. 2: *Bettlerwesen bis Codex von Valencia*, Stuttgart, Metzler, 1999, col. 2050.

Joachim Seyppel, *Schwenckfeld, Knight of Faith*, Pennsburg, Schwenckfelder Library, 1961.

Douglas H. Shantz, *"Cognitio et Communicatio Christi Interna": The Contribution of Valentine Crautwald to 16th century Schwenckfeldian Spiritualism*, PhD thesis, University of Waterloo, 1986.

—, *Crautwald and Erasmus: a Study in Humanism and Radical Reform in Sixteenth Century Silesia*, Baden-Baden, Koerner 1992.

—, *The Crautwald-Bucer Correspondence 1528: a Family Feud within the Zwingli Circle*, in «The Mennonite Quarterly Review», 68 (1994), pp. 78-94.

—, *An Introduction to German Pietism: Protestant Renewal at the Dawn of Modern Europe*. Baltimore, Johns Hopkins University Press, 2013.

Marek Sikorski, *Nysa: w kręgu zabytków i historii*, Krapkowice, Drukarnia, 2010.

—, *Nysa slaskim Rzymem zwana i jey miejsce w polsko-czeskiej histori*, Nysa, Drukarnia, 2013.

Paolo Siniscalco, *L'Eucaristia negli Apologeti cristiani* in *L'Eucaristia nei Padri della Chiesa*, a cura di Antonio Bonato, Roma, Borla, 1998, p. 70.

Lorenz Sönke, *Johannes Reuchlin und die Universität Tübingen* in «Zeitschrift für Württembergische Landesgeschichte», n. 68 (2009), pp. 139–155;

Paul Vincent Spade, *The Cambridge Companion to Ockham*, Cambridge, Cambridge University Press, 1999, pp. 103-105.

Bernhard Stasiewski, *Lorenz* in «Neue Deutsche Biographie» (NDB), vol. 15, Berlin, Duncker & Humblot, 1987, pp. 168-169.

Aldo Stella, *Dall'Anabattismo veneto al "Sozialevangelismus" dei Fratelli Hutteriti e all'Illuminismo religioso sociniano*, Roma, Herder, 1996

Gustav Adolf Harald Stenzel, *Geschichte des preussischen Staats*, vol. 1, Hamburg, Perthes, 1830, pp. 320-323.

Jacob Strieder, Norman Scott Brien Gras, Mildred L. Hartsough, *Jacob Fugger the Rich: Merchant and Banker of Augsburg, 1459-1525*, Washington, Beard Books, 2001, pp. 105-114;

Robert Stupperich, *Franck, Sebastian* in «Neue Deutsche Biographie» (NDB), vol. 5, Berlin, Duncker & Humblot, 1961, pp. 320-321.

—, *Frecht, Martin* in «Neue Deutsche Biographie» (NDB), vol. 5, Berlin, Duncker & Humblot, 1961, pp. 384-385.

Mikuláš Teich, *Bohemia in History*, New York, Cambridge University Press, 1998.

Reinhard Tenberg, *Heinrich Kramer* in «Biographisch-Bibliographisches Kirchenlexikon» (BBKL), vol. 2, Hamm, Bautz, 1990, coll. 1307–1310.

Martina Thomsen, *Wider die Picarder. Diskriminierung und Vertreibung der Böhmischen Brüder im 16. und 17. Jahrhundert* in *Glaubensflüchtlinge. Ursachen, Formen und Auswirkungen frühneuzeitlicher Konfessionsmigration in Europa*, a cura di Joachim Bahlcke, Berlin, Lit Verlag, 2008, pp. 145-164.

Paul Tschackert, *Zinzendorf, Nicolaus Graf von*, in «Allgemeine Deutsche Biographie» (ADB), vol. 45, Leipzig, Duncker & Humblot, 1900, pp. 344–353.

Thilo Vogelsang, *Anna von Schweidnitz und Jauer* in "Neue Deutsche Biographie" (NDB), vol. 1, Duncker & Humblot, Berlino, 1953, p. 299.

Vincenzo Vozza, *La dottrina calviniana* (in: *Calvino e il calvinismo mediterraneo*), in *Dizionario di eretici, dissidenti e inquisitori nel mondo mediterraneo* (DEDIMM) [online: http://www.ereticopedia.org/].

Harald Wagner, *Johannes Wessel Gansfort* in Biographisch-Bibliographisches Kirchenlexikon (BBKL), vol. 3, Herzberg, Bautz, 1992, coll. 369–370.

Stephen H. Webb, *Jesus Christ, Eternal God: Heavenly Flesh and the Metaphysic of Matter*, Oxford, Oxford University Press, 2012.

Hugo Weczerka (a cura di), *Handbuch der historischen Stätten – Schlesien*, Alfred Kröner Verlag, Stuttgart, 1977.

Horst Weigelt, *Spiritualitische Tradition im Protestantismus. Die Geschichte des Schwenckfeldertums*, Berlino, De Gruyter, 1973.

—, *Valentin Krautwald: Der führende Theologe des frühen Schwenckfeldertums*, in *Bibliotheca Dissidentium, Scripta et Studia*, No. 1, Baden-Baden, Koerner, 1983.

—, *The Schwenkfelders in Silesia*, trans. Peter C. Erb. Pennsburg, Schwenkfelder Library, 1985.

—, *Von Schlesien nach Amerika. Die Geschichte des Schwenckfeldertums*, Köln, Bölhau Verlag, 2007.

Geroge Hunston Williams – Angel M. Mergal, *Spiritual and Anabaptist Writers: Documents illustrative of the Radical Reform*, Louisville, Westminster John Knox Press, 1957.

—, *Erasmianism in Poland* in «The Polish Review», n. 22 (1977), pp. 3-50.

—, *The Radical Reformation*, Philadelphia, Westminster Press, 1992[3].

Ernst Wolf, *Bugenhagen, Johannes* in «Neue Deutsche Biographie» (NDB), vol. 3, Berlin, Duncker & Humblot, 1957.

Siegfried Wollgast, *Philophie in Deutschland zwischen Reformation und Aufklärung (1550-1650)*, Berlin, Akademie-Verlag, 1998.

Katharina Schütz Zell, *Church Mother: The Writings of a Protestant Reformer in Sixteenth-Century Germany*, a cura di Elsie McKee, Chicago, Chicago University Press, 2006.

Peter Zimmerling, *Nikolaus Ludwig Graf von Zinzendorf und die Herrnhuter Brüdergemeine. Geschichte, Theologie und Spiritualität*, Holzgerlingen, Hänssler, 1999.

Sergio Zincone, *La dottrina sull'Eucaristia nei Padri antiocheni* in *L'Eucaristia nei Padri della Chiesa*, a cura di Antonio Bonato, Roma, Borla, 1998, pp. 189-199.

Ulrich Zwingli, *Commentarius de vera et falsa religione*, Zurich, Forschauer, 1525, p. 236.

—, *Daß diese Worte: Das ist mein Leib usw. ewiglich den alten Sinn haben werden usw* (20. Juni 1527) in *Huldreich Zwinglis sämtliche Werke*, Leipzig, Heinsius, 1934, vol. 5, pp. 918-920.

Huldreich Zwinglis sämtliche Werke, voll. 1-6.5, Leipzig, Heinsius, 1905-1991.

www.ingramcontent.com/pod-product-compliance
Lightning Source LLC
Chambersburg PA
CBHW031126090426
42738CB00008B/987